Alliance Francaise de Westchester
31 Mamaroneck Avenue
White Plains, NY 10601
(914) 681-8735

LE SOURIRE AUX LARMES

JEAN-PIERRE FOUCAULT

LE SOURIRE
AUX LARMES

calmann-lévy

ISBN 2-7021-3521-8

Avec celui que nous aimons,
nous avons cessé de parler,
et ce n'est pas le silence.

René CHAR

Retour dans ses pas

Un jour, j'irai là-bas... Bientôt, je retournerai sur les traces de mon père. Combien de fois me suis-je répété ces mots ? Et combien de fois ai-je imaginé la scène de mon arrivée en Algérie, sur les lieux qui virent ses derniers instants ? Dès le 22 février 1962, jour de sa mort, l'idée de ce voyage a commencé à mûrir dans ma tête, et puis les années ont passé, mes activités professionnelles m'en ont fait oublier l'urgence. Pendant plus de quarante ans, j'ai repoussé le moment. En 1981, une opportunité se présenta avec la visite de François Mitterrand à Alger. À ma demande, le directeur général de Radio-Monte-Carlo m'inscrivit sur ce voyage. Avec le guide officiel et le convoi du président, je passai en coup de vent au 18 de la rue Michelet, l'adresse des bureaux de mon père, ce terrible numéro 18 devant lequel il fut tué de deux balles dans le dos. Parce que je n'avais pas pris le temps de me poser, lui et moi nous étions frôlés sans nous retrouver. Je m'en voulais d'avoir traité ces retrouvailles avec tant de légèreté. Depuis, je guettais une occasion de repartir sans la provoquer vraiment.

Début de l'année 2004. Dans mon entourage, beaucoup connaissent l'histoire tragique de la mort de mon père et

11

savent combien il m'importe d'en apprendre davantage en me rendant sur place. Frédéric Papet, mon attaché de presse, qui me côtoie depuis des années, a fini par se dire que s'il n'organisait pas lui-même ce voyage, je ne franchirais jamais le pas. C'est ainsi que, sans me prévenir, il téléphone aux offices de tourisme français et algérien pour monter l'opération, en prévoyant également les services d'un photographe. Enfin, une date est arrêtée : le week-end du 22 février, jour anniversaire de la mort de mon père. Un pur hasard de calendrier qui me semble être un signe favorable. En revanche, j'émets des réserves sur la présence d'un photographe. Si je dois me retrouver, comme en 1981, précipité, gêné par quelqu'un qui ne comprendrait pas la dimension sentimentale de ce voyage, c'est inutile. J'ai besoin de sérénité pour voir, sentir, ressentir. Toucher même, car je me doute bien qu'en allant mettre mes pas dans ceux de mon père, j'aurai envie de caresser les pierres, les murs où ses yeux se sont posés. Mais Frédéric m'affirme que ni la sécurité qui me sera forcément imposée ni le photographe ne troubleront mon recueillement. Effectivement, les gendarmes algériens et l'équipe de reportage seront extrêmement discrets. Je les verrai à peine.

Une fois la date fixée, j'appelle un ami à Marseille pour m'informer des dangers que je cours, et que je pourrais faire courir à Évelyne, mon épouse, en me rendant en Algérie. Mon passé est devenu un peu son histoire et je tiens à ce qu'elle m'accompagne. Comme chacun, j'ai suivi les actualités et il semble que les attentats soient plus rares, que le pays ne baigne plus dans la terreur de ces dernières années, mais qu'en est-il réellement sur le terrain ? Cet ami me rassure et, pour plus de certitude, me met en relation avec Daniel Bernard, l'ambassadeur de France à Alger. « Vous savez, en réalité, je crains moins un attentat que des excès de sympathie à votre égard ! » me lance joyeusement ce dernier au téléphone. Voilà une réponse que je n'attendais pas. En conséquence, la police organisera sur place une surveillance légère et discrète. Un ministre algérien me confie ensuite que ma visite chez eux est plus importante que le déplacement de dix ministres français ! « La population voit un visage familier venir à eux, ce qui signifie qu'on peut se rendre en Algérie sans crainte. C'est très important que vous veniez nous voir, monsieur Foucault... » Craignant l'amalgame, je proteste : « Attendez, attendez... N'oubliez pas que je viens pour une raison précise, d'ordre privé, même... – Oui, oui, je suis informé, me dit-il. Mais, quelle qu'en soit la raison, c'est formidable que vous veniez jusqu'à nous... » Bon. Ne boudons pas notre plaisir. J'accepte que nous soyons, avec Évelyne, les hôtes de l'ambassade. Va également pour la voiture blindée si cela doit rassurer tout le monde. Ainsi, je pourrai être tout à mon père, à notre tête-à-tête.

En attendant le grand départ, je me plonge dans la vie professionnelle de « Marcel Foucault, importateur de fruits et légumes », et dans les documents, les papiers à en-tête, les enveloppes mentionnant les différentes adresses des succursales qu'il dirigeait en France et à l'étranger. J'ai localisé l'hôtel Saint-Georges, rebaptisé El Djazaïr, où il descendait à chacun de ses voyages, et surtout ses bureaux rue Michelet, devenue aujourd'hui rue Didouche-Mourad, mais que je continue à appeler de son ancien nom. J'ai révisé sur la carte l'itinéraire des lieux qu'il fréquentait pour retrouver la moindre de ses habitudes lorsqu'il venait à Alger. Tout est prêt dans ma tête. Reste cette question qui me taraude chaque jour davantage, au fur et à mesure que la date de départ se rapproche : ai-je bien raison d'y aller ? L'attente est telle... Je ne voudrais pas être déçu. Cet instant que j'espère depuis si longtemps ne doit pas être moins beau, moins fort que tout ce que j'ai imaginé.

Des hublots de l'avion qui survole Alger, un vent de sable me dissimule la ville, comme un rideau tiré sur sa beauté. Il faudra donc que je foule son sol, ses rues pour qu'elle se révèle à moi... Alger la secrète, Alger la fantasmée me cachera-t-elle sa vérité jusqu'au bout ? À l'arrivée, on nous propose de poser nos affaires à la villa Olivier, résidence de l'ambassadeur de France, où nous logerons le temps du séjour. Derrière les vitres fumées de la voiture blindée, les immeubles de banlieue défilent, puis les larges avenues, les terrasses des bars, les ruelles aux mille échoppes. Et les cybercafés... Il en fleurit partout. Au fur et à mesure que je m'approche du centre d'Alger, je frôle ses habitants et je peux interroger leurs visages. Comment serai-je accueilli dans ce pays que mon père aimait tant et que la douleur, après sa mort et pendant des semaines, m'a fait tellement haïr ? De la résidence qui domine la ville, je peux enfin admirer Alger dans toute sa splendeur et ce qu'elle me donne à voir, à ce moment-là, augure de tout ce qu'elle me donnera à vivre durant ces deux jours. Je la contemple longuement, en essayant d'en saisir les particularités, de repérer des parallèles avec Marseille, que j'ai maintes fois détaillée du haut de Notre-Dame-de-la-Garde. Et il y en a, c'est indéniable ; il suffirait d'appliquer le calque d'une photo de l'une sur l'autre pour constater de nombreuses similitudes. Le port en étant le cœur économique, tout est construit autour de la mer en montant vers les collines, exactement comme à Marseille où la cité s'étage sur les massifs environnants. Une architecture qui ressemble à celle d'un amphithéâtre. La blancheur des murs des patios explose, comme si le soleil allumait les maisons les unes après les autres, et me rappelle l'éclat des massifs de calcaire qui plongent en falaise dans la Méditerranée. Je reconnais la mythique Casbah, les vieux quartiers d'Alger aux ruelles labyrinthiques, aux escaliers voûtés et aux impasses sombres ; j'admire, en regrettant d'avance de ne pouvoir les visiter, les monuments de l'art musulman, les palais d'Alger, les mosquées aux minarets. Sur les hauteurs, à l'écart des turbulences de la ville, se dressent des villas magnifiques aux colonnades de marbre et aux jets d'eau. Déjà Alger me séduit, Alger m'appelle en son cœur. Il est temps à présent d'aller rencontrer ses habitants.

Après m'être imprégné de l'atmosphère, je me demande comment les Algérois vont me recevoir. Nous avons une histoire commune, certes, mais nous n'étions pas du même côté, et peut-être trouverai-je chez certains des signes d'hostilité. Après tout, ils ignorent l'état d'esprit dans lequel je viens à eux. Ceux qui connaissent l'histoire de mon père ne vont-ils pas me croire haineux envers leur peuple, animé d'une soif de vengeance que je porterais en moi depuis l'enfance ? Nous verrons bien. Première étape : l'hôtel Saint-Georges. Le propriétaire nous accueille chaleureusement et nous fait visiter la partie neuve de l'établissement, les mosaïques, les patios inondés de lumière, il nous montre les statues, les fontaines et les plantes avec fierté. Il a raison, l'endroit est sublime. Mais moi, je lorgne plutôt vers les escaliers et les couloirs d'antan, tels que mon père les connut, et les cartes postales de l'hôtel datant des années 60 m'intéressent davantage que ses récents embellissements. Malheureusement, les anciens registres de la réception ont disparu depuis longtemps et personne ne peut me dire dans quelle chambre mon père dormait. Où il passa sa dernière nuit. Qu'importe, cette visite m'a confirmé ce que je devinais : situé au milieu d'un extraordinaire jardin botanique, l'hôtel où il descendait est un établissement prestigieux, élégant et raffiné. Comme lui.

Nous quittons l'hôtel et l'avenue Souidani. Dehors, tout est calme. On me salue de loin, on m'appelle en riant, je fais des signes de la main. Avec Évelyne, nous remontons les petites rues sans ressentir l'ombre d'une acrimonie. Tout se passera bien. Je comprends mieux à présent ceux qui ont tenu à me montrer qu'Alger est une ville comme les autres où l'on peut circuler librement, en toute sécurité. Mais je ne suis pas dupe du rôle que l'on me fait jouer, même si je me promène sans avoir l'impression de me faire « balader »... Rien ne manque à la devanture des bouchers, des primeurs. Au passage d'un marchand ambulant, des parfums de fruits, d'oranges et d'ananas, me submergent. C'est exquis. Jusqu'à présent, j'avais surtout senti les effluves d'épices, de mets cuisinés à l'huile d'olive en marchant devant les restaurants ouverts sur la rue. Les yeux fermés, je tente de retrouver les senteurs des marchés de Provence, mais les odeurs ici sont plus fortes, entêtantes, elles vous grisent délicieusement. Surtout, ne pas quitter Alger sans acheter un ou deux kilos de ces oranges qui imprègnent encore mes souvenirs d'enfance... Je pensais me rendre ensuite rue Michelet, but ultime de mon voyage, mais les accompagnateurs m'exhortent à visiter la cathédrale du Sacré-Cœur. Quelques rues plus tard, elle apparaît à nos yeux. C'est un immense chapiteau de béton comme on en raffolait au début des années 60, très austère, qui renferme des mosaïques de toute beauté provenant d'Orléansville, uniques vestiges après les séismes dont la ville fut victime il y a cinquante ans. Frère Julien, un prêtre chrétien et kabyle, dirige la paroisse. Je n'espérais pas avoir un contact avec ma religion dans un pays dont on sait qu'elle n'en est pas l'élément majeur et je trouve plutôt judicieux de me faire visiter cet endroit, comme un symbole d'ouverture au monde. Un signe qui ne peut que rassurer quelqu'un d'inquiet comme moi. À l'inté-

16

rieur de l'édifice, il semble qu'un office va commencer, mais je ne vois que deux personnes dans le chœur, deux vieilles femmes agenouillées. Les dernières fidèles. Ces longs bancs de bois désertés, ce vide, c'est triste, tout de même... Frère Julien retarde de quelques minutes le début de la messe et vient me saluer. Il est tellement heureux de me faire partager sa foi, le sens de sa mission, qu'il tient à me montrer l'autel des moines de Tibhirine, rapatrié de Kabylie après l'assassinat des sept religieux en 1996. Nous restons silencieux quelques instants, émus l'un et l'autre devant ce grand rectangle de bois poli où les moines célébraient leurs offices, puis il me remercie de m'être arrêté « chez lui » et retourne à son ministère, après m'avoir longuement serré les mains.

Rue Michelet, mes hôtes me proposent de laisser la voiture et d'en poursuivre la descente à pied. La rue est très commerçante et interminable. Je guette le numéro 18 avec une impatience grandissante, et nous ne sommes qu'au 240 ! Je n'en peux plus. Tout au long de notre progression, ce ne sont que témoignages chaleureux, rires, apostrophes sympathiques. « Bienvenue, monsieur Foucault ! » « C'est votre dernier mot, Jean-Pierre ? », tout ce que l'on me dit en France, mais qui surprend davantage à l'étranger. L'ambassadeur avait raison : les gens sont contents de me voir. Sur le chemin, on s'arrête à la radio El Bahdja pour une interview pendant laquelle, surprise, Salim, l'animateur vedette de la station, me fait entendre la voix de Léon, le partenaire de mes débuts sur RMC. À l'époque, beaucoup m'écoutaient ici et m'encourageaient par leurs courriers. Petit crochet jusqu'au lycée Théophile-Gautier où un groupe de jeunes filles m'entoure, légères comme une volée de mésanges, rieuses et malicieuses. Voilées ou cheveux au vent, elles réclament toutes des bises. Elles aussi connaissent ma carrière par cœur. J'ai beau le savoir, je ne m'y habituerai jamais. Leur proviseur m'invite à visiter les salles de classe, le laboratoire, le réfectoire... Leur accueil me touche, oui, mais comme j'ai hâte d'arriver au numéro 18 ! Puisque ce long détour était le prix à payer pour me laisser aller où je voulais, permettez-moi de m'y rendre à présent. Quelqu'un m'attend et j'ai assez tardé. À la sortie du lycée, la voiture me conduit directement aux premiers numéros de la rue. Finalement, la reconnaissance des Algérois m'a rassuré, j'ai pu m'acclimater à l'ambiance de la ville, et grâce à cette balade apéritive, j'arrive détendu au rendez-vous que me donne mon père, l'esprit exclusivement occupé par lui.

18 rue Michelet. Me voilà donc parvenu au terme de mon voyage. Combien de fois me suis-je répété cette adresse, l'endroit maudit où mon père fut tué alors qu'il réceptionnait un camion d'oignons et en vérifiait le chargement, comme il le faisait assurément à chaque arrivée de marchandises ? Oui, mais ce jour-là, quelqu'un lui a tiré deux balles dans le dos, et ce quelqu'un n'a jamais été identifié. Le chauffeur arrête l'automobile et, à travers les vitres teintées, je regarde à m'en imprimer la rétine ce numéro 18 au-dessus de la grande porte en bois. Maintenant, cette adresse existe vraiment, elle s'incarne en moi. J'ai comme une hésitation en sortant de la voiture, ou une peur... Peur de quoi. D'être excessivement ému ou, pire, que les minutes qui vont suivre soient moins bouleversantes, moins intenses que dans mon imagination. Peur aussi de croiser celui ou celle qui était là, qui a vu, qui va me raconter. Peur que le voile opaque du mystère se déchire et que ma douleur se ravive...

Ce moment clé de toute une vie, je veux le réussir. Personne ne me le gâchera. Allons-y. À l'instant précis où je franchis

18

le seuil de l'immeuble, mon téléphone mobile fait retentir sa sonnerie guillerette. Mon Dieu, je l'avais complètement oublié, celui-là. « Hé ! Salut Jean-Pierre ! Comment vas-tu ? » La voix joyeuse et claironnante de cet ami parisien qui ne se doute pas de l'endroit où je suis me sort brutalement de mon intimité. « S'il te plaît, laisse-moi... », lui dis-je avant d'éteindre le téléphone. Il n'a pas compris, je le sais, et il m'en voudra de l'avoir ainsi éconduit. Mais, à cette seconde, rien d'autre n'existe que mon émotion, le recueillement que je dois à mon père. Le gendarme qui m'accompagne s'éloigne sans que j'aie même à le lui demander, et Évelyne recule de quelques pas pour que je puisse, tout seul, mesurer le lieu, m'en imprégner et penser intensément à mon père. Quarante ans que j'attendais cette communion.

J'ai tout détaillé avec une minutie d'archéologue : les arabesques en mosaïque du trottoir, les deux marches usées de l'entrée, la porte en bois sculpté qu'il a poussée si souvent. Et ce numéro 18 d'une typographie plutôt moderne qui m'a fait penser en le voyant : « Voilà, c'est ici que ça s'est passé... » Mon regard a tout embrassé, passionnément. Aucune transformation n'a été effectuée, on me l'a dit, et ce que j'ai vu, ce que j'ai touché, mon père l'a vu et touché avant moi. Le couloir sombre et frais de l'entrée me donne la sensation de pénétrer dans une église. Je crois que si Évelyne m'avait parlé à cet instant, je lui aurais répondu en chuchotant. Les mains posées sur les boîtes aux lettres, je ferme les yeux. À n'en pas douter, si j'en juge par l'état du bois et des serrures, elles sont d'époque. C'est donc ici qu'arrivaient nos courriers, dans cette pénombre qu'il découvrait l'écriture de ma mère. J'ai envie de refaire tous ses gestes. Je cherche un indice, la trace d'un nom effacé indiquant l'étage des bureaux de mon père, l'empreinte d'une plaque de société. Mais rien. Soudain, une

19

silhouette traverse la clarté de la porte sur la rue et s'avance vers nous. Je sursaute. « Qu'est-ce que vous faites là ? » me demande cet habitant de l'immeuble, intrigué de me voir caresser les boîtes. Après avoir compris les raisons de ma présence, le jeune homme m'invite à monter voir sa grand-mère, âgée de quatre-vingts ans. « Elle était là en 1962. Venez ! » Brusquement, mon cœur s'affole. Et si la vérité m'avait attendu ici pendant quarante-deux ans et qu'elle se manifestait aujourd'hui par l'intermédiaire de cette femme dont je rencontre, par hasard, le petit-fils dans le hall ? Hasard ou destin, qui le sait ? Pendant une seconde, j'ai l'impression que ces coïncidences sont organisées, comme ces courses aux trésors télévisées où les détenteurs d'indices surgissent comme par enchantement... Cela paraît trop beau pour être vrai. Négligeant l'ascenseur en panne depuis 1962 – pour lui aussi, la vie s'est arrêtée cette année-là –, nous grimpons jusqu'à l'appartement, au troisième étage. La vieille femme nous reçoit et écoute attentivement mon récit. En fait, elle est bien arrivée ici en 1962, mais un mois après la mort de mon père, et elle n'a jamais entendu parler de lui. Quelle déception ! De même, j'ai peu d'espoir que son fils Mounir, actuellement fonctionnaire à l'Unesco et qui aurait vécu ici au début des années 60, me renseigne sur quoi que ce soit. Lui aussi a dû arriver après le drame. Nous redescendons l'escalier. Derrière les portes qui se ressemblent toutes, j'entends des cris d'enfants, des exclamations, des rires. Des voix jeunes. Aucune de ces personnes n'a connu mon père. C'était il y a si longtemps. Je m'en retourne donc sans qu'on ait pu me dire à quel étage il travaillait. De toute façon, les appartements ont remplacé les bureaux, je n'aurais rien vu.

Alors que nous sortons de l'immeuble, un homme s'approche de nous et offre à Évelyne un grand foulard multicolore. Cet Algérois m'a reconnu de loin et, pendant que je discutais avec la vieille dame, il est allé acheter ce cadeau pour ma femme. Nous nous serrons longuement les mains tandis qu'il prononce des paroles de bienvenue et, spontanément, des passants s'arrêtent et commencent à discuter. Je constate à nouveau qu'ils suivent avec fidélité tous les programmes de nos chaînes. Rien ne leur échappe. D'ailleurs, cette Alger qu'on appelle « la blanche », on pourrait la rebaptiser « Alger la parabole » tant elles ont éclos en l'espace de quelques années. En voyant, du balcon de l'ambassade de France, l'immense tapis d'antennes que forment ensemble tous les toits de la capitale, j'ai mieux compris ma popularité auprès des Algérois. Comme mes collègues du petit écran, je fais partie de leur vie au quotidien. Et ici, la télévision est reine.

Mes sœurs Anne et Françoise ne m'ont pas accompagné dans ce périple. Elles étaient très jeunes à l'époque du drame et notre conception du souvenir est différente. Moi, il fallait que je sente, que je touche, que j'aille voir et que je m'interroge, alors que pour elles, la vérité est simple : mon père s'était trouvé au mauvais endroit au mauvais moment. Deux balles perdues l'avaient fauché, faisant de lui la victime innocente d'un pays en guerre, voilà tout. En revanche, je n'ai pas prévenu maman de ma visite à Alger. Elle a quatre-vingt-sept ans, je prends soin de ses émotions. Depuis quelque temps, chaque fois que je m'absente, elle m'appelle le jour de mon retour, même à l'aube, pour s'assurer que je suis bien rentré. Ce déplacement l'aurait trop inquiétée. Dès mon arrivée à Marseille, je lui ai tout raconté en montrant les photos de l'hôtel, des bureaux, du quartier où mon père travaillait. Ma mère est venue ici pour rechercher son corps, et elle ne fera pas d'autre voyage en Algérie. Non pas qu'elle nourrisse contre ce pays quelque animosité que ce soit, mais elle ne tient

21

pas à revenir là où il est tombé. Je m'attendais donc à des remarques étonnées, voire à quelques reproches, mais pas du tout. Elle regarda les photos, longuement, silencieusement. Ses mains tremblaient un peu. « Je suis sûre que ça t'a fait du bien... », dit-elle en s'arrêtant sur celle du 18 de la rue Michelet. Puis, elle eut ce dernier mot : « Comme ça, la boucle est bouclée... »

La boucle est bouclée... Pour ma part, je dirais que ce pèlerinage était le chaînon manquant de mon existence. Ce flou qui demeure sur la disparition de mon père, l'absence d'éléments tangibles perturbaient le travail de deuil, et je n'étais pas vraiment apaisé. Lui et moi nous connaissons mieux à présent. Le seul contact « physique » que j'avais avec lui était cette pierre froide du cimetière de la petite église de Saint-Georges-les-Baillargeaux, près de Poitiers, ce marbre glacé que je fais fleurir toutes les semaines. Ce n'était guère réjouissant. Il me manquait cet élément, ce pan de vie. Aujourd'hui, tout a changé : il me suffit de fermer les yeux pour voir la porte cochère, le couloir un peu sombre et mon père monter l'escalier vers son bureau après avoir ramassé son courrier, mes petites lettres, dans la vieille boîte sur le mur de droite... Désormais, je l'imagine marchant dans ces rues grouillantes, colorées et chaudes d'Alger, saluant les commerçants du quartier devenus ses amis au fil des années. Il saisit sur un étal une poterie de terre brune, un cendrier turquoise rehaussé de lapis-lazuli, caresse de la main les foulards rouges frangés d'orange qui se balancent à hauteur de sa tête en se demandant lequel plaira à ma mère. Ou bien il porte à ses lèvres un verre étroit et long au liséré d'or, et sirote le thé à la menthe et aux pignons. C'est sûr, il a fait tous ces gestes qui appartenaient à ses séjours algériens, cette parenthèse qu'il vivait loin de nous et qui m'échappait jusqu'à présent. Cet ultime rapprochement pour ramener de lui une image chaleureuse, oserais-je dire... vivante, m'a détendu, tranquillisé. Définitivement.

Après ces retrouvailles, je ne comptais pas me transformer en touriste, mais on me supplie de ne pas quitter l'Algérie sans voir les célèbres ruines romaines de Tipasa. « Vous ne le regretterez pas, monsieur Foucault, allez-y. » Je ne suis pas un fou de vieilles pierres, mais effectivement le site est magnifique, éclaboussé de soleil avec, en arrière-plan, le ciel et la mer qui se fondent et une nature qui a repris le dessus sur la roche de façon anarchique et joyeuse. Quelle splendeur ! Nous admirons l'amphithéâtre, la basilique et le cimetière chrétien, immortalisés entre autres par l'écrivain Albert Camus dans son livre *Noces*. Camus, c'est mon adolescence, l'ombre douloureuse et aveuglante de l'Algérie, la mort et la jeunesse étroitement mêlées pour l'éternité. Tous ces éléments résonnent toujours en moi... Et je repense aux « Noces à Tipasa » que j'ai relues juste avant de venir ici. Une phrase, en particulier, semble illustrer le but de mon voyage : « Ce n'est pas si facile de devenir ce qu'on est, de retrouver sa mesure profonde. »

En acceptant à mes côtés la présence d'un photographe et d'un journaliste, je n'ai pas voulu faire état de ma vie privée, me livrer à un « déballage » comme je les crains tant. Si j'ai rendu publique ma démarche, c'est que je caressais secrètement l'espoir qu'une personne se manifesterait et me donnerait des informations sur la mort de papa, même si l'autodétermination fut proclamée en mars 1962, un mois après son assassinat, et que l'on sait dans quelle précipitation, dans quelle panique ceux qui gagnaient la métropole s'en allèrent, abandonnant dans les administrations les dossiers en cours. Et les enquêtes de police aussi, je suppose. J'espérais que l'article relatant ma venue à Alger déclencherait une réaction, un témoignage, mais rien de tel ne s'est produit. La réponse à la question « pourquoi », je ne l'ai pas eue. Pas encore. Tout de même, un homme d'origine pied-noir m'a écrit après avoir lu le reportage de cette visite dans la presse française. Il s'est souvenu qu'il y a quarante ans, à Marseille, il louait des bureaux à mon père. Ils discutaient souvent de l'Algérie ensemble et il avait demandé à papa, qui voyageait beaucoup, de lui rapporter un appareil photo d'Allemagne, un Zeiss, ce dont papa s'était acquitté. « Je ne pouvais pas laisser passer cet article sans évoquer ce souvenir de jeunesse et la mémoire de votre père que j'aurais voulu connaître plus longtemps », écrit-il pour conclure. Un témoignage qui me va droit au cœur, mais ce n'est pas tout à fait ce que j'attendais...

Avant que je reparte pour Paris, l'attaché culturel de l'ambassade me promet de ressortir les journaux de l'époque pour voir s'ils relatent ce tragique fait divers. Je doute fort d'apprendre quoi que ce soit de nouveau. Comment les journalistes auraient-ils pu s'intéresser à cet événement, eux dont les assassinats, les embuscades, les règlements de comptes constituaient le quotidien ? Des dizaines d'inconnus étaient tués tous les jours dans les rues sans que personne ne le mentionne... J'ai reçu depuis la lettre d'un ancien habitant d'Alger qui m'a appris que, dans les années 60, la rue Michelet était occupée essentiellement par des commerces européens. Dans le contexte violent et vindicatif de cette guerre, on peut imaginer que cette artère ait représenté, par son modernisme, ses habitants et ses fréquentations, le territoire de l'envahisseur, et que certains aient voulu faire justice à leur manière...

Dans le rapport de police établi après sa mort, un voisin affirma qu'une voiture avait démarré en trombe tandis que mon père tombait sur le trottoir. Le numéro d'immatriculation fut relevé, mais les policiers qui se rendirent chez le propriétaire de l'automobile trouvèrent porte close, et ce témoin de premier ordre ne répondit jamais à leur convocation. Lorsque ma mère fit les démarches auprès des administrations pour que les autorités françaises prennent en compte la mort de son mari, elle dut présenter ce rapport et, de photocopie en photocopie, le document finit par s'égarer. Sans ce papier, toute recherche de témoin devenait vaine. On ne manquera pas de me dire qu'en n'en parlant pas et en différant pendant quarante ans ce retour « sur les lieux du crime », j'ai vraisemblablement ruiné tout espoir de connaître un jour la vérité. Mais, à l'époque, avais-je vraiment envie de savoir ? Et savoir quoi ? Le nom de l'assassin ? Et après ? Mon père était mort et nulle enquête ne le ferait revenir, voilà la seule chose dont j'étais sûr.

Qu'aurais-je pu découvrir d'autre de mystérieux, d'inavouable chez cet homme dont chacun me vantait la droiture et l'intégrité ? Jamais je n'ai douté de lui. Je sais qu'il n'a trempé dans aucune affaire louche, donc qu'il ne s'agit sûrement pas d'un règlement de comptes. Comme mes sœurs, j'ai fini par me rallier à l'hypothèse que mon père a été, ce jour-là, la cible du destin. Malgré tout, les choses ne sont pas aussi nettes dans mon esprit, et j'analyse mal mon envie de ne pas en savoir davantage, tout en espérant que des informations viendront à moi... De même, j'ignore si je reviendrai à nouveau à Alger, en tout cas dans le quartier où travaillait mon père. J'ai eu le sentiment de vivre des heures uniques, indéfinissables, de me fondre comme jamais dans son souvenir. Un deuxième voyage perdrait en intensité. Mon regret est d'avoir oublié de me rendre rue Thiers, où ma mère et moi lui avions envoyé notre dernière lettre. J'ignore à quoi correspondait cette adresse. Peut-être lui abandonnerai-je ce mystère... Il faut boucler la boucle, oui. Je n'en apprendrai pas davantage.

Mon père avait cinquante-deux ans, un mois et huit jours quand il nous fut enlevé. Il y a quelques années, je m'étais amusé à calculer à quelle date je deviendrais plus âgé que lui, et ce jour tombait précisément le 31 décembre 1999. À minuit sonnant, en passant à l'an 2000, j'atteignis l'âge de mon père. Cette nuit-là, Évelyne et moi avions rejoint des amis en Côte-d'Ivoire pour fêter le nouveau millénaire. Lorsqu'aux douze coups de l'horloge tout le monde leva son verre et s'embrassa en se souhaitant la bonne année, je vous jure que j'avais la tête ailleurs ! Intérieurement, à chaque minute qui s'écoulait, je me répétais : « Ça y est, je suis plus vieux que lui... » et j'essayais de ressentir cette condition, cet état de fait au plus profond de moi. C'était une impression étrange, comme le passage d'un relais à travers le temps et l'espace. Je devenais l'adulte qu'il avait cessé d'être, en me préparant à vivre de nouvelles aventures dans une ère nouvelle. Au-dessus de nous, le ciel de jais strié d'azur ruisselait d'étoiles et allumait des étincelles sur la mer. On aurait dit que le vent avait arraché des éclats dorés à la lune pour en saupoudrer l'océan et en calmer le souffle rauque. Ce spectacle magnifique aimantait mon regard vers la Voie lactée et j'en eus le vertige. Entre émotion et souvenirs, mes yeux interrogeaient les étoiles, fouillaient chaque pli du ciel. Il ne devait pas être bien loin, celui dont l'ombre forte et belle se penche sur moi depuis l'enfance...

Plus tard, dans la campagne enfiévrée, j'écoutais les bruits et les craquements de milliers d'animaux et d'insectes dans leur marche nocturne, cette faune obscure, vaguement inquiétante, dont le nouveau millénaire n'allait en rien modifier la course. En ce qui me concerne, je n'arrivais pas à croire qu'une telle coïncidence de dates soit le fait du hasard... Mais alors, quoi ? Le grand cycle de la vie ? Une main tendue par mon père, de l'au-delà, pour m'indiquer la suite du chemin ? Je l'ignore, mais jamais autant qu'à cette seconde, comme une révélation éblouissante, je n'eus la sensation que nos vies étaient inscrites dans le temps et le cosmos.

Dans mon antre

Ce bureau, c'est ma tanière. Comme un animal qui installe et organise son nid, son terrier, j'ai fait creuser mon « trou » dans ma maison de Carry-le-Rouet, en Provence. La pièce est en bout de rez-de-chaussée, à l'écart des allées et venues, naturellement fraîche et un peu sombre. Juste assez grande pour m'y poser. Cet endroit, c'est un peu ma mémoire, et je suis le seul à y venir. La porte n'est pas fermée à clé, mais qui oserait pénétrer dans cet antre qui ne concerne que moi, très directement et très intimement ? Quand je suis assis à ma table, aucune chaise ne me fait face, on ne vient pas ici pour discuter. Au risque de passer pour un sauvage, je dirais même qu'il a été conçu pour ne recevoir personne d'autre que moi... Cette pièce, c'est plus qu'un bureau, c'est un grand journal intime, un peu codé comme tous les lieux secrets où, au fil des ans, j'ai réuni les objets chers à mon cœur, essentiels à ma vie. Comme des animaux que l'on caresse, l'un après l'autre, je les ai faits miens à force de soins, de regards attentifs, de manipulations tendres.

Sur ma table d'écriture, deux cadres de bois clair entourent des photos que j'aime plus que tout : sur l'une, ma tante Delphine me serre dans ses bras le jour de mon baptême avec

29

une affection dont elle ne s'est jamais déprise; sur l'autre, un bébé installé dans une chaise haute attend impatiemment qu'on lui donne à manger. C'est moi. Affamé, déjà. On ne peut pas dire que me nourrir ait été un problème pour ma mère : j'avais toujours la bouche ouverte ! Sur une photo en noir et blanc, mon père marche en lisant le journal, cigarette aux lèvres, dans un beau manteau croisé. On dirait qu'il traverse un film de Truffaut... C'est tout lui, ça, prendre des nouvelles du monde sans ralentir le pas. Sur une autre, il est assis, en train de travailler, téléphone à l'oreille, le même appareil qui trône aujourd'hui sur mon bureau parisien. Près de moi, j'ai posé sa petite machine à calculer, un engin archaïque dont j'entends encore les cliquetis d'avant en arrière qui m'amusaient lorsque, petit enfant, je l'accompagnais à son travail et qu'il comptabilisait des wagons et des wagons d'agrumes. Au fond de la pièce, j'ai installé les deux fauteuils en bois brun qu'il fit dessiner et réaliser pour son bureau de la rue Breteuil. Personne ne s'y assiéra plus jamais, d'ailleurs ils ne sont pas là pour ça, mais juste en évidence afin que je les contemple.

Sur les murs, d'autres souvenirs dansent une ronde amicale, les événements marquants de ma vie professionnelle, qui vont de mes premiers pas dans le métier jusqu'au message de Charles Aznavour me remerciant d'avoir présenté l'émission anniversaire de ses quatre-vingts ans, il y a quelques semaines. Tout est là. Ce qui me touche profondément se trouve dans cette pièce. Mes souvenirs ne sont jamais aussi vivaces que lorsqu'ils sont matérialisés par des objets qui me les rappellent. Près des photos de ma prime jeunesse avec mes parents, se dresse un arbre généalogique que j'ai fait réaliser il y a quatre ou cinq ans, après qu'un auditeur de RTL habitant Poitiers m'eut révélé que nous étions cousins. Ma curiosité titillée, j'eus envie de connaître mes racines et un généalogiste se chargea de retrouver mes ancêtres en remontant jusqu'à la Révolution. J'ai découvert ainsi qu'ils étaient essentiellement agriculteurs, cultivateurs, ou « bordiers », comme on appelait alors les cantonniers. Des hommes et des femmes marqués du sceau du bon sens, qui furent les artisans de leur vie, les pieds dans la terre et pas dans le même sabot. Le généalogiste en profita pour m'apprendre que, dans cette filiation, le chanteur Julien Clerc et moi sommes lointains parents. Amusant, non ?

Tous les week-ends, je passe une ou deux heures, parfois davantage, dans ce bureau. J'aime m'y attarder et il m'arrive d'en émerger uniquement à la sonnerie de cloche du repas, comme un adolescent absorbé dans son univers consent à faire preuve de sociabilité à heure fixe. J'exagère à peine. Quand on me cherche, je suis dans mon garage ou dans mes souvenirs. Il y a toujours un objet, une lettre, une photo que je n'avais pas bien détaillés ou dont j'avais oublié l'existence. Les moments que je passe ici ne sont pas nostalgiques. Certains n'aiment pas se retourner sur leur passé, moi j'y trouve une grande sérénité. Il me suffit de prendre l'appareil photographique à soufflet de ma tante, d'actionner le système d'ouverture qui provoque un petit déclic et d'appuyer sur le déclencheur pour revivre un instant heureux que je me souviens avoir déjà vécu dans mon enfance. Outre le bien-être qui est le mien aujourd'hui, la satisfaction d'aimer, d'être aimé, j'ai aussi le bonheur de pouvoir, grâce à ces tonnes de petites madeleines, me replonger de façon quasi mécanique dans un passé plus ou moins lointain, de revisiter ma vie. Certaines personnes auxquelles je pense étant parties, j'ai besoin de me rattacher à quelque chose de concret, et seule la lecture de leurs lettres me restitue le son de leurs voix.

31

Évidemment, la mort de papa a amplifié ma tendance naturelle à tout conserver et si je garde tout, c'est aussi pour ma fille Virginie, ma descendance.

À l'étage, au-dessus, résonnent les rires et les pas d'Évelyne qui arpente le grand salon de long en large et dresse la table de l'apéritif sur la terrasse. Chez nous à Marseille, comme dans toute la Provence, à l'heure de l'apéro tout s'arrête. C'est un moment de détente joyeuse et de pure gourmandise : petits légumes parfumés, carottes, choux-fleurs, radis et fenouil, tomates cerises et anchoïade, tout ce que je devrais manger plutôt que de me jeter sur la saucisse sèche, les olives épicées, la tapenade et les amandes grillées. Promis, juré, demain, salade à tous les repas, mais ce soir, relax... c'est le premier jour de l'été. Les glaçons claqueront dans les verres, mêlant leur transparence, et bientôt une délicieuse odeur d'anis nous enveloppera. Allez, pastis pour tout le monde, sirop d'orgeat pour maman, non, plutôt un doigt de porto ou bien une mauresque, un perroquet... Ce soir, c'est fête, et nous sommes déjà ivres : j'avais oublié la douceur des prémices de la belle saison.

Poussée par le vent, la fenêtre face à moi s'entrouvre et je vois trembler le mimosa et mon vieux poivrier qui perd ses feuilles. Ce n'est pas le mistral qui allonge les cyprès et redessine le paysage provençal, mais le souffle de la mer qui se jette sur les rochers, en contrebas devant la maison. Les vagues viennent lécher le bord de la petite plage avant d'y mourir, hors d'haleine. La journée s'est étirée paresseusement, le soleil a « mordu », comme on dit ici lorsqu'il brûle les peaux les plus tannées. Tout le monde dormait dans les maisons alentour quand, tôt ce matin, je me suis baigné. À sept heures et demie, il faisait déjà chaud. La mer semblait sommeiller, elle aussi. J'ai arpenté le court sentier qui descend jusqu'à la plage, un chemin caillouteux où les épines craquent sous les pas et où l'odeur des pins vous étourdit. Au bas de quelques marches, devant une porte en bois rongée par le sel, sous une pierre, se cache la « clef de la mer ». Une fois la porte franchie, je me suis glissé dans l'eau. Elle était presque chaude car le vent n'a pas soufflé depuis plusieurs jours. Première baignade de l'année. Réveil des sens, renaissance, un indescriptible bien-être. Une harmonie absolue entre le corps et l'esprit. Au sec sur un rocher, un peu inquiète, Orphée, notre petite chienne, me regardait m'éloigner vers le large.

L'enclave où je fais trempette est une réserve naturelle interdite au mouillage et à la pêche. Dans ce parc marin, les oursins sont rois et le port de chaussures en plastique vivement conseillé. À travers le masque m'apparaissent des milliers de poissons que personne n'a jamais traqués. Ils lèvent les yeux vers moi et s'approchent, curieux, pour s'enfuir comme de minuscules comètes dès que je bouge le petit doigt. Un vrai paradis qui me fait me réjouir toutes les semaines de ne pas vivre à Saint-Tropez ! Après une dernière observation sous-marine et mes civilités à sa faune, j'ai refermé la porte en bois et remis sous la pierre la clef de la mer, comme Alice qui reviendrait du terrier du Lapin blanc. Rituel enfantin auquel je me livre avec délectation. Jusqu'à demain ou, peut-être, tout à l'heure. Parfois, quand les quelques baigneurs du coin ont plié bagage, je donne un coup de sifflet vers la maison de Claude, mon vieux copain, mon plus proche voisin, pour l'inviter à une dernière baignade. Lui et moi tenons à notre tranquillité. Le feuillage sombre des pins parasols, les cyprès noirs, les palmiers vert tendre, mon pauvre poivrier déplumé, un grand mimosa et toute une végétation que je laisse se déployer forment un écran naturel devant la maison. Ces arbres me protègent un peu des bateaux d'excursion qui passent trois ou cinq fois par jour, en annonçant par haut-parleur aux touristes l'emplacement de ma maison. Parfois, il m'arrive de traverser la terrasse en jetant un œil distrait vers la mer et de voir toutes les têtes tournées vers moi. Et quand le vent souffle en direction de la maison, j'entends claironner mon nom comme un appel du large !

Tout à l'heure, Claude déboulera pour l'apéro, accompagné de Paul Léaunard, notre ami d'enfance, le complice timide de nos coups pendables. Le hasard, l'amitié nous ont fait tous les trois habiter le même endroit. C'est une chance, particulière-ment dans mon métier où l'on est souvent amené à jouer des rôles, de pouvoir, en venant à Marseille, m'immerger dans ma vraie vie, dans ma ville, et être moi-même. Ce qui n'est pas le cas à Paris, même si je continue à m'épanouir dans mes activités professionnelles. Ici, je partage mon temps avec des gens qui me connaissent, en qui j'ai une confiance totale et qui, me concernant, ne se livreront jamais à un jugement à l'emporte-pièce. Carry est le seul endroit où je peux me pro-mener en short et tee-shirt sans choquer, aller au cinéma en famille, faire mes courses, vivre normalement. Où je ne suis pas obligé d'adopter une contenance. Ici, tout le monde me connaît et ma présence est un non-événement. Personne ne m'importune parce que tout le monde s'en fiche.

Il doit encore faire lourd sur la terrasse, je rejoindrai la société un peu plus tard. Que l'on m'accorde le « quart d'heure marseillais », celui que mon père n'a jamais toléré de personne, lui qui m'a transmis son extrême ponctualité. Quelques minutes encore pour feuilleter l'album en gris et en couleurs de ma vie. Si je n'ai jamais parlé de mon enfance jusqu'à présent, c'est qu'il me manquait un élément essentiel :

la journée du 22 février 1962 ; et mon voyage en Algérie n'avait d'autre but que de lever le voile. Je ne pouvais pas décemment me raconter tant que cette période charnière n'était pas concrétisée par des images, des objets. En parfait saint Thomas, j'avais besoin d'aller toucher. Aujourd'hui, à travers l'histoire de mon père et la révélation du drame de mon enfance, j'ai envie que l'on me connaisse un peu mieux. Après tant d'années de vie commune partagée avec mes fidèles anonymes, les auditeurs, les téléspectateurs, je fais un pas vers eux, je leur dois bien ça : pas une journée ne se passe sans que, vingt fois dans la rue, on me dise bonjour gentiment... Ce livre est un éclairage destiné à ceux qui me font l'amitié et la confiance de me suivre depuis si longtemps. C'est aussi l'occasion de rendre hommage à mon père et à ma mère, dont je n'ai presque jamais parlé. Une démarche que je n'aurais pas conduite avant, mais aujourd'hui il est temps.

Pessa dite Paula

« Tout être humain est le résultat d'un père et une mère. On peut ne pas les reconnaître, ne pas les aimer, on peut douter d'eux. Mais ils sont là, avec leur visage, leurs attitudes, leurs manières et leurs manies, leurs illusions, leurs espoirs, la forme de leurs mains et de leurs doigts de pied, la couleur de leurs yeux et de leurs cheveux, leur façon de parler, leurs pensées, probablement l'âge de leur mort, tout cela est passé en nous. »

J.M.G. LE CLÉZIO, *L'Africain,*
Mercure de France, 2004

En évoquant les siens dans le très beau livre consacré à son père, Jean-Marie Gustave Le Clézio me renvoie à ma propre mémoire, à ce qui résonne en moi de mes parents, si proches et si mystérieux à la fois. Proches par l'amour qu'ils me témoignèrent et que ma mère continue aujourd'hui à m'exprimer, mystérieux par la fatalité de leur histoire personnelle. Quelle empreinte laissèrent-ils de leur personnalité sur l'enfant admiratif et rebelle qu'ils tentèrent, tant bien que mal, d'éduquer? Mon père me transmit le goût du travail bien fait, le sens de l'honnêteté, le respect de la parole donnée, la ponctualité, je l'ai dit, ces qualités essentielles ou plus accessoires, sans toujours me les expliquer. Ou bien à coup de taloches. « C'est comme ça ! » disait-il. Ces valeurs-là ne se discutaient pas. Elles étaient la base de tout bon fonctionnement. En voyant vivre ma mère, en l'accompagnant dans les épreuves qui furent les nôtres après la disparition de mon père, j'ai compris le sens profond des mots opiniâtreté, combativité, persévérance. La somme de ces apports a façonné mon caractère, donné un sens à ma vie. Rigueur et détermination sont, sans doute, les maîtres mots de mon existence.

Je me livre peu, on me le reproche assez. Manque d'habitude, manque d'entraînement aussi... De mes parents, j'ai hérité la maîtrise de mes émotions. Chez nous, on ne pleurait pas en public, on ne laissait pas paraître ses sentiments. Les épanchements, les confidences n'étaient pas la spécialité de la maison. Ainsi ai-je rarement abordé la vie de ma mère, je veux parler de sa jeunesse et des circonstances qui l'ont fait venir en France, à Marseille où elle connut mon père, elle qui est née en 1916 à Mogelnica, un village en Pologne, d'une famille juive. Ma mère n'a raconté les événements dramatiques de sa jeunesse que récemment, parce que ma fille Virginie l'a encouragée à se souvenir. « Encouragée », c'est bien le mot. Comme tous ceux qui vécurent l'abomination, elle ne tenait pas à revenir sur le passé. Trop de chagrin, trop de douleur... Au cours de notre enfance, elle nous en avait révélé quelques bribes, peu de chose en fait, lors de l'évocation d'un parent disparu ou d'une visite d'amis juifs dont la famille avait subi le même sort que la sienne et celui de sa communauté : l'extermination systématique de tous ses membres.

Pessa, ma mère, que tout le monde appelle Paula depuis que l'administration française a, d'office, francisé son prénom, était le troisième enfant d'une fratrie de neuf, dans une famille modeste dont le père était boulanger-pâtissier. À Mogelnica, les commerces étaient tenus principalement par des Juifs, les Polonais de souche se consacrant surtout à l'agriculture ou travaillant dans les usines proches. Les Leska, ces grands-parents que je n'ai pas eu la chance de connaître, ont passé le plus clair de leur courte existence au labeur : la nuit, mon grand-père pétrissait le pain, quant à ma grand-mère, elle partageait son temps entre la boutique et les tâches ménagères. « Combien de fois ai-je vu papa tomber de fatigue devant son four... et jamais une plainte... », se souvient ma mère. Une vie de travail et d'abnégation, exempte de distractions, toute dévouée aux enfants. Il n'y avait pas toujours de viande aux repas, mais les brioches au sucre que le père remontait du fournil le matin avant que les petits ne partent en classe ont laissé dans la mémoire de ma mère une sensation d'une grande douceur. Elle se souvient de sa famille comme d'un clan très soudé, chacun aidant l'autre, les aînés se chargeant des plus jeunes pour que les parents puissent prendre un peu de repos. Les plaisirs étaient ceux de la campagne : promenades en forêt, baignades à la rivière en été, bals de village, sorties en bande, courses en ville à Varsovie, située à soixante kilomètres... Le week-end, la micheline bondée de villageois emmenait ma mère à la capitale chez une tante qui tenait un commerce et à qui elle donnait un coup de main. Les fruits et légumes, déjà... La maison des Leska résonnait en permanence des rires et des cris de tous ses enfants auxquels se joignaient copains et copines. Le dimanche, comme dans beaucoup de familles polonaises où l'on pratiquait un instrument de musique, ma mère jouait de la mandoline pour faire chanter les amis. Je l'imagine assez bien, cette petite musicienne gaie et malicieuse. Ma mère a toujours gardé une lueur espiègle dans l'œil, quelque chose d'enfantin. La même lueur qui s'allumait en elle lorsque, certains jours, elle voyait une calèche s'arrêter devant la boutique familiale et en descendre une femme d'une grande élégance, celle que les villageois appelaient respectueusement « madame la comtesse », et qui appartenait à une grande famille aristocratique du village. Son père sortait alors du magasin et allait l'accueillir en se découvrant. Son apparition provoquait toujours un grand silence. On aurait dit que le temps s'arrêtait quelques instants pour laisser passer une image. Ma mère ne l'a jamais oubliée. Comme tous les membres de sa communauté, la famille respectait les rites de sa religion, allait au temple, faisait shabbat. Maman prenait des cours pour parfaire son yiddish. « On ne passait pas non plus notre vie à la synagogue. On célébrait surtout les grandes fêtes, se rappelle-t-elle. D'ailleurs, papa n'avait jamais le temps d'y aller. Quand il remontait du fournil, il s'arrêtait à la cuisine, un coup de schnaps, une soupe de légumes, un peu de fromage et au lit pour être d'attaque à quatre heures du matin ! Pour la fête de Pâque, les enfants recevaient tous un habit neuf. Je me souviens avec quelle fierté maman nous regardait de la fenêtre partir au temple avec nos beaux vêtements... Modestes mais élégants. Pendant ce temps, papa nettoyait la boulangerie de la moindre trace de levain et fabriquait le pain azyme pour une grande partie du village. » C'était une vie saine, faite de joies simples, qui aurait pu se prolonger dans la même harmonie si, à la veille de la Deuxième Guerre mondiale, l'antisémitisme dont la famille souffrait dans le village de façon diffuse ne s'était acharné sur leur communauté. Il commença par les séparer de manière brutale avant de les poursuivre et de les anéantir les uns après les autres, comme un rouleau compresseur.

Adolescente, ma mère fut souvent le témoin impuissant d'actes de vandalisme exercés dans son village contre les siens. Elle a vu les commerces tenus par des Juifs pillés ou vandalisés, les agressions physiques, les humiliations. Et les plaintes des victimes n'étaient pas prises en compte, les crimes jamais punis. On persécutait les Juifs dans l'indifférence générale. Comme les autres familles, les Leska subissaient une hostilité sourde et anonyme : un jour, par exemple, une pierre qui fracasse la vitrine du magasin, les menaces pour qu'ils partent, les vexations du quotidien. Et des insultes, de plus en plus fréquentes, de plus en plus cruelles. « Des petites jalousies aux grandes misères..., ainsi que le résume ma mère. Pourtant, nous étions bien vus pas le maire, par beaucoup de gens... Mais que pouvaient-ils faire contre cette haine qui montait, qui envahissait tout ? » Peu à peu, les atteintes se précisèrent. Un après-midi, son père rentra à la maison le crâne entaillé, le visage en sang, après qu'un Polonais ivre d'alcool et de rage lui eut jeté une bouteille à la tête, alors qu'il se promenait tranquillement avant de retourner au fournil. Tout simplement parce qu'il était juif et que certains ne le supportaient plus. Bien que dans le village la famille Leska, honnête, travailleuse et qui ne faisait pas parler d'elle, bénéficiât d'un certain respect – il y avait toujours, par exemple, une âme bien intentionnée pour les prévenir avant une commission d'hygiène ou autres contrôles qui eurent pu les inquiéter malgré l'excellente tenue du commerce –, elle n'était pas vraiment assimilée. « Nous étions des Polonais, mais pas à part entière... », se souvient-elle. Et, comme tous les Juifs de la communauté, ils préféraient rester entre eux. Ma mère sentait qu'aucun avenir n'était envisageable dans ce pays : une fois acquis l'équivalent du certificat d'études, les enfants juifs ne pouvaient guère aller plus loin et sûrement pas accéder à l'université. Son futur s'inscrivait forcément dans un départ à plus ou moins brève échéance.

41

À partir de 1938, la menace se faisant chaque jour plus précise, la famille de ma mère commença à quitter le pays. Les uns s'installèrent en Amérique latine, en Palestine, les autres en France ou en Belgique, comme sa sœur Anna et son mari qui ouvrirent une épicerie fine à Anvers. Bientôt, ils proposèrent à ma mère de venir les rejoindre pour les aider au magasin. Le constat était simple : elle avait vingt-deux ans, aucune perspective professionnelle sinon le travail à la boulangerie dans un village à l'atmosphère irrespirable. Elle dit oui tout de suite et ses parents ne cherchèrent pas à la retenir. Dans le contexte de l'époque, toute possibilité de travailler à l'étranger était considérée comme une chance. « Ce départ m'exaltait. Je ne me doutais pas, en disant au revoir à mes parents et à mes frères et sœurs, que c'était la dernière fois que je les embrassais... », se souvient-elle.

Avec une joie mêlée de crainte, compréhensible lorsque l'on quitte son pays pour la première fois de sa vie, ma mère prit le train à Varsovie pour la Belgique, un voyage de près de deux mille kilomètres qui l'obligea à traverser toute l'Allemagne. Un périple dangereux pour une jeune fille juive dans un pays dont on sait avec quel acharnement il traquait les siens. D'un autre côté, ses papiers étaient en règle et Mathys, son beau-frère, l'attendait en gare de Bruxelles. Tout devait bien se passer. Elle a oublié qui l'avait accompagnée à la gare ce jour-là et quel fut le dernier visage aimé à disparaître dans la fumée de la locomotive. Dans le compartiment, son attention fut attirée par un homme d'une grande élégance, à la mine avenante, plongé dans la lecture de son journal. Les autres voyageurs, elle les a oubliés aussi, mais les traits de cet homme resteront gravés dans sa mémoire jusqu'à la fin de ses jours. Des heures durant, le nez collé à la vitre tandis que ses compagnons somnolaient, elle regarda défiler les gares, les villages, sans curiosité, guettant le moindre signe de l'imminence de la frontière belge, avec l'angoisse sourde que le train change de destination pour une raison inconnue, qu'un imprévu interrompe le cours du voyage. Elle échangea quelques mots avec une jeune Polonaise qui se rendait comme elle à Bruxelles, et elles partagèrent leur repas. En découvrant la miche de pain blanc que son père avait glissée dans son sac, elle eut un sourire attendri. « Tenez, c'est mon père qui l'a fait, vous pouvez lui faire confiance... », dit-elle en coupant une belle tranche à sa voisine. Puis, elle reprit son observation à la fenêtre en priant le Ciel que tout aille bien. Jusqu'à la frontière allemande, aucun contrôle n'eut lieu, en tout cas pas dans son compartiment. À quelques kilomètres d'Aachen (Aix-la-Chapelle), le train ralentit puis roula au pas avant de s'immobiliser en gare. Aachen, dernière étape avant la Belgique, la liberté. Ma mère commença à se détendre. Dans moins d'une heure elle serait rendue. Des claquements de bottes résonnèrent sur le bitume du quai. Il y eut comme un mouvement dans le couloir, quelque chose d'indéfinissable, qui ressemblait à une menace. En se penchant par la portière, elle vit monter, en bout de wagon, les contrôleurs de la police des frontières. Vérification d'identité. Sans crainte, elle les regarda s'approcher et tendit son passeport. « Visa ? » demanda un homme en uniforme en levant les sourcils. Elle resta interdite. Quel visa ? « Vous n'avez pas de visa ? » répéta-t-il tandis que tous les visages se tournaient vers elle. Elle blêmit. Celui qui, moyennant finance, lui avait obtenu son passeport affirmait que ses papiers étaient en règle. Auprès de qui aurait-elle pu vérifier ? Elle lui faisait confiance et il l'avait abusée. Elle baissa la tête. « Alors, suivez-nous ! » dit le contrôleur en allemand. Sans saisir tous les mots, ma mère comprit à son ton comminatoire qu'elle allait devoir descendre du train. Elle se leva, se hâta de rassembler ses affaires sous les regards désolés de ses compagnons de route et quitta le compartiment sans avoir eu le temps de leur glisser un mot, un message à l'attention de Mathys qui devait déjà l'attendre à Bruxelles. La jeune fille polonaise lui adressa un sourire triste auquel ma mère n'osa même pas répondre. Les contrôleurs ne la lâchaient pas des yeux. Elle descendit sur le quai avec quelques autres qui tentaient de fuir l'Allemagne, la sirène hurla et le train repartit sans elle. « Je ne sentais plus mon corps tellement je tremblais... Je ne sais même pas comment j'ai pu marcher », se souvient-elle encore. Les Allemands l'interrogèrent une partie de la nuit dans une arrière-salle du poste de contrôle. Terrorisée, elle bredouillait sans fin les mêmes réponses avec le peu de mots qu'elle connaissait : « Ma sœur, travail, magasin à Anvers... » Elle n'avait pourtant pas l'allure d'une terroriste ou d'une espionne. Puis ils l'emmenèrent dans un café désaffecté de la gare et l'abandonnèrent à ses angoisses. Qu'allaient-ils faire d'elle ? Au mieux, la renvoyer en Pologne, et au pire, quoi ? Elle voulait se retenir de pleurer mais les larmes coulaient malgré elle, de solitude, d'effroi. Au petit matin, alors qu'elle tombait de sommeil la tête appuyée contre un mur, un homme apparut à la porte du café, en costume civil, encadré de deux militaires. « Mademoiselle Leska ? » Elle se leva en tremblant. « Prenez vos affaires et suivez-moi... » Il avait un ton courtois et bienveillant. Les soldats remirent un laissez-passer à ma mère et elle quitta le poste de contrôle aux côtés de son sauveur sans rien comprendre. Arrivé au bout du quai, l'homme se présenta. Il était fonctionnaire à l'ambassade de Belgique. « Tout ira bien maintenant... Vous pouvez repartir », dit-il en lui serrant la main. Il avait certifié à la police allemande que ma mère serait bien hébergée à Anvers chez sa sœur Anna et que celle-ci s'en portait garante. Abasourdie par cet heureux coup de théâtre, elle reprit le premier train pour Bruxelles sans demander son reste. Comment l'ambassade avait-elle été informée de la situation ? Mystère. Au terminus, quel soulagement, quel immense bonheur d'apercevoir au loin Mathys, son beau-frère, qui l'attendait ! D'émotion, elle tomba dans ses bras tandis qu'il lui révélait le fin mot de l'histoire. La veille, il l'avait guettée en vain parmi les voyageurs en provenance de Varsovie et, tandis que la gare se vidait, un homme très chic s'était approché de lui. « Monsieur, est-ce que la personne que vous attendez est une jeune fille brune, aux cheveux mi-longs, vêtue d'un tailleur marine... » et il dressa un portrait très ressemblant de ma mère. Je crois même qu'il avait lu son nom sur le passeport lors de l'interpellation dans le compartiment. C'est ainsi que Mathys fut informé de l'arrestation de ma mère. Toute la nuit, il fit des démarches auprès de l'ambassade jusqu'à ce qu'un de ses agents aille la récupérer à Aachen. Voilà pourquoi ma mère n'a jamais oublié cet inconnu si élégant, cet envoyé du Ciel à qui elle doit peut-être la vie et qu'elle n'aura jamais pu remercier.

À Anvers, au domicile de sa sœur et de son mari, une autre vie l'attendait, un nouveau départ au sein d'une famille unie, égayée par la présence de ses deux neveux, Paulette et Maurice. La petite épicerie prospérait, ma mère aidait autant qu'elle le pouvait et se plaisait dans ce travail. Au contact de la clientèle, elle apprit le flamand, noua des amitiés et profita des plaisirs de la ville dans un pays où son appartenance religieuse était admise sans discrimination. La menace semblait enfin se dissiper. Il lui suffisait de faire renouveler tous les six mois son visa de touriste pour circuler librement, sans l'obsession d'être contrôlée et expulsée. La mésaventure de la gare d'Aachen lui avait servi de leçon... De temps à autre

45

arrivaient des cartes postales de Pologne où ses frères et sœurs lui décrivaient combien, là-bas, la situation se dégradait. Bientôt les nazis obligeraient tous les Juifs à arborer un brassard blanc avec l'étoile de David, sous peine de prison. Elle les supplia de fuir, mais il était déjà trop tard, et lorsque la guerre se déclara en septembre 1939, les correspondances cessèrent brutalement.

Et puis les Allemands envahirent la Belgique.

Installés à Anvers depuis plusieurs années, Anna et son mari s'y sentaient en sécurité. Leurs papiers étaient en règle, leur position reconnue et appréciée, ils ne craignaient rien, pensaient-ils. En revanche, le statut de simple touriste de ma mère la plaçait en position de fragilité. Peut-être valait-il mieux qu'elle s'éloigne quelque temps, quitte à revenir quand la situation se serait stabilisée. Mais partir pour aller où ? À Paris, où vivait une cousine germaine, elle ne voyait que ça. À pied, trois cents kilomètres, tout de même... L'urgence était de descendre vers le Sud, on aviserait ensuite. Quel autre choix avait-elle ? Il lui fallut refaire son bagage, le plus léger possible celui-là, et quitter le nid douillet, la tendresse de sa sœur pour se jeter au hasard, sur les routes. Les larmes lui coulaient de douleur et de rage, mais elle partit. Tout son courage est là, sa force. Son immense détermination. À la dernière minute, Sarah, une cousine de son âge, décida de l'accompagner. Bientôt, elles se retrouvèrent au milieu de dizaines, de centaines de gens qui marchaient comme elles, sans savoir où ils allaient. L'exode. Il fallait fuir, avancer, avancer, comme des robots, comme des bêtes. S'éloigner de l'envahisseur, c'est tout ce qu'ils savaient. Elles marchaient depuis plusieurs heures, harassées, la tête vide, lorsqu'un véhicule ralentit à leur hauteur en klaxonnant. Ma mère se retourna et s'arrêta, stupéfaite. C'était la camionnette avec laquelle Mathys allait faire son marché... Et tout d'un coup, elle les reconnut. Anna ! Anna, Mathys et les petits ! Ils avaient tout abandonné sur place et gagnaient le Sud eux aussi. Les deux jeunes filles montèrent à l'arrière en jetant les baluchons à leurs pieds et ma mère serra un long moment les enfants dans ses bras. Elle ne savait plus si elle devait pleurer de désespoir ou remercier la Providence. Quelle chance inouïe, quel incroyable hasard de s'être retrouvés dans cette débâcle ! Dieu la protégeait, c'était certain. Les nouvelles que lui donna sa sœur lui firent froid dans le dos. À Anvers, la violence, la mort s'étaient abattues sur leur communauté : plus question de passeports ou de visas à présent, tous les Juifs étaient traqués. Pour l'heure, il importait de creuser la distance avec les Allemands et de sauver leur peau. Ils roulèrent au ralenti toute la journée, slalomant entre les carrioles écroulées au milieu de la chaussée, les charrettes chargées de matelas, les bagages abandonnés, et s'arrêtèrent la nuit pour se reposer dans un champ. Alors qu'ils s'installaient, des avions ennemis apparurent dans le ciel et bombardèrent les colonnes de gens le long de la route. La famille allongée près d'eux, avec qui ils discutaient quelques secondes plus tôt, fut massacrée sous leurs yeux. Cette scène, ma mère ne l'a jamais oubliée. Les corps mutilés, les cris de souffrance des blessés, leurs regards qui supplient, toutes ces images de sang et de mort s'imprimèrent pour toujours dans sa mémoire.

En juin 1940, après des mois de dérive dans le nord de la France, à l'heure où Pétain signait l'armistice, Anna et Mathys décidèrent de regagner Anvers. Non pas que la situation y soit redevenue calme, mais cette errance les avait exténués. Ils n'en pouvaient plus. C'est à ce moment que le destin de ma mère bascula : plutôt que de rentrer avec les siens en Belgique, elle choisit de rallier Paris puis Marseille, et d'embarquer pour l'Argentine afin de rejoindre des cousins installés là-bas depuis plusieurs années. Cette résolution de quitter l'Europe la condamnait peut-être à ne jamais revoir ses parents, ses amis, mais ma mère a toujours fait selon son instinct et il l'a rarement trompée. Se séparer d'Anna pour affronter, seule, des lendemains hasardeux dans des moments où l'on ignore si la décision prise est la bonne, fut un déchirement supplémentaire. Les adieux furent encore plus douloureux que les précédents. Quand et où se retrouveraient-ils cette fois ? La liberté était à ce prix. Ma mère le sentait. À Paris, la cousine qui l'hébergeait et à laquelle ma mère avait confié ses projets de fuite lui trouva un contact à Marseille pour quitter le pays. Il s'agissait du frère de sa voisine, « un certain M. Falek, demeurant cours Belsunce », se souvient maman, qui prit l'habitude de mémoriser les noms à la première écoute, comme tous ceux qui, en situation de péril, peuvent être amenés à fuir d'un instant à l'autre. Sam, un parent qui habitait également la cité phocéenne, viendrait l'accueillir à son arrivée et la logerait le temps qu'elle embarque pour l'Amérique. Tout s'organisait donc au mieux. Le problème était de descendre à Marseille par le train, ma mère n'ayant aucune autorisation de circuler sur le territoire français. Mais il fallait courir le risque, coûte que coûte. Ce voyage, elle le fit les sens à vif, le cœur s'emballant au moindre bruit, voyant des Allemands partout ! Dijon, Chalon-sur-Saône, Lyon... Les villes passaient au loin. Une de plus, se disait-elle. Chaque minute qui s'écoulait semblait durer une heure. Le parcours le plus long de sa vie. Vienne, Montélimar, Avignon... Dernière ligne droite. En arrivant gare Saint-Charles à Marseille, elle jeta un coup d'œil par la fenêtre et crut défaillir. Au bout du quai, avant que les voyageurs ne pénètrent en zone libre, un cordon de policiers français et d'agents de la Gestapo barraient la sortie et vérifiaient les papiers d'identité. L'horreur ! Une fois le train immobilisé, des soldats avec des chiens grimpèrent sur les marches et entreprirent de vider les compartiments à grands coups de gueule. Ils exploraient chaque recoin. Impossible de se cacher. Terrorisée, ma mère descendit et marcha sur le quai à petits pas, laissant les gens la dépasser, se demandant comment échapper à ces cerbères. « Mon cœur ne battait plus. Jamais je n'ai eu autant l'impression de me jeter dans la gueule du loup ! » raconte-t-elle. Un vrai cauchemar, et que faire d'autre que d'avancer ! La foule était très dense au bout du quai, le brouhaha des retrouvailles, les cris, les appels l'étourdissaient. Elle allait atteindre le barrage policier quand, derrière les uniformes sinistres des SS, elle aperçut Sam qui la regardait fixement comme pour attirer son attention. Autour d'elle, les gens poussaient, s'interpellaient, pressés de sortir. Elle se sentait portée par la cohue et souriait à son cousin pour ne pas croiser les yeux des policiers. « Sam ! Hé, Sam ! » cria-t-elle en se haussant sur la pointe des pieds et en faisant de grands signes de la main comme les autres. Dans la bousculade, elle se retrouva collée à un voyageur qui passait le contrôle. Un coup d'épaule à droite, un coup de coude à gauche et elle glissa de l'autre côté de la barrière. Quelle main divine détourna le regard des soldats à cet instant, je ne sais pas, mais dans le désordre et les gens qui s'agitaient en tous sens, personne ne la remarqua. Devant elle, Sam lui tendait les mains. « Viens vite, vite... », souffla-t-elle en prenant le bras de son cousin et en quittant la gare au pas de course. « Je suis passée... Je suis passée... Je ne sais pas comment j'ai fait, se souvient-elle. On aurait dit que quelqu'un me poussait dans le dos au bon moment. Un vrai miracle... »

À Marseille, zone libre encore pour quelques mois, ma mère retrouva le plaisir de se promener sans risque, au milieu d'une population dont elle percevait le pittoresque et la spontanéité, même si elle ne saisissait pas encore la langue. Les cafés ombragés sous les platanes, les ruelles étroites et bruyantes qui descendent vers le Vieux-Port ; cette puissante odeur d'iode et de marée, ces effluves inconnus au détour d'un restaurant, le poivron grillé, l'huile d'olive, la bouilla-baisse ; la lumière éblouissante et cette chaleur lourde, le soleil qui malmène les teints pâles des filles du Nord, et *a fortiori* des jeunes Polonaises... Elle avait la sensation d'atterrir sur une autre planète. Planète Mars, comme chantent certains... Peu à peu, elle fit des connaissances, M. et Mme Falek, entre autres, lui travaillant dans une entreprise de fruits et légumes dont le patron était un certain... Marcel Foucault, « Monsieur Foucault », comme elle appelle encore celui qui allait changer son destin lorsqu'elle évoque cette rencontre, qui fut une magnifique embellie dans une période bien périlleuse. Dès le premier regard, elle fut impressionnée, il l'intimidait, bien qu'il n'ait que six ans de plus qu'elle. Il faut dire qu'il en imposait. À trente ans, mon père, qui venait d'être démobilisé après avoir combattu contre l'Allemagne et l'Italie dans l'unité du Train, avait déjà son affaire d'import-export à Marseille, au 4 de la rue Rouvière. (Pour l'anecdote, le cinéaste Henri Verneuil et sa famille vécurent à cette même adresse lorsqu'ils arrivèrent à Marseille après le génocide arménien.) D'abord garçon de café dès l'âge de quatorze ans à Neuville-du-Poitou, un petit village de la Mayenne, mon père fut repéré par un négociant en fourrage et produits agricoles qui l'engagea, flairant en lui l'entrepreneur talentueux. Il ne se trompait pas. Mon père fonda bientôt sa propre société, puis il quitta la Vienne pour Carpentras et Cavaillon. Pendant la guerre, il noua des contacts professionnels à Annemasse où il installa une mûrisserie de bananes. (À l'époque, les bananes en provenance d'Afrique étaient cueillies vertes sur l'arbre pour ne pas s'abîmer pendant le voyage. Elles achevaient leur maturation à l'eau chaude dans d'immenses hangars.) Par la suite, mon père s'établit à Marseille où il ouvrit deux autres succursales, puis des bureaux à Paris, Alger, Abidjan et Tunis. Il avait le commerce dans le sang : tout ce qu'il entreprenait lui réussissait !

Le polonais et le yiddish étant du chinois au pays de Marius, ma mère s'inscrivit au cours de français à l'école Berlitz. Après avoir servi quelques jours d'interprète entre mes parents, Falek comprit que les jeunes gens n'avaient besoin de personne pour s'entendre... En fait, ces deux-là tombèrent amoureux assez vite et passaient le plus clair de leur temps ensemble. Les déjeuners où il l'invitait avec ses bons clients furent suivis de dîners plus intimes, les derniers avant les restrictions, dans ces petits restaurants aux rideaux de perles et au sol irrégulier en tomettes vernissées. Bientôt, ils ne se quittèrent plus. « Regarde, ton père ressemblait à Tyrone Power... », me dit ma mère en exhumant des photographies de l'époque. C'est vrai. À tel point qu'un jour, au cinéma, je devais avoir cinq ou six ans, voyant l'acteur apparaître à l'écran, je me levai en criant : « Papa ! C'est papa ! » Le visage glabre, les cheveux gominés, l'œil de velours, le sourire franc, il était effectivement très séduisant. « Je n'étais pas mal non plus ! » ajoute-t-elle immédiatement en me présentant d'autres clichés. Effectivement, elle était ravissante avec sa peau très claire, ses cheveux noirs crantés et son rouge à lèvres couleur griotte. Un maquillage très contrasté qui donnait aux jeunes filles des années 40 un visage de poupée de porcelaine et des airs de Mary Pickford. Un détail m'a toujours frappé : sur les photos de cette période où ils man-

51

quaient de nourriture, d'argent, de tout, mes parents mettaient un point d'honneur à paraître élégants et souriants. Mon père, droit et altier, ma mère, le corps aminci par les privations corseté dans des tailleurs qu'on aurait dit coupés sur elle, tout en eux exprimait le bonheur de s'être rencontrés. Faire bonne figure, c'était aussi une manière de résister à l'oppresseur.

Depuis l'irruption de Monsieur Foucault dans la vie de maman, son projet d'exil en Argentine perdait sérieusement de sa vigueur. Elle n'en parlait plus. Même si le péril allait croissant, quitter mon père lui semblait insupportable, c'est auprès de lui qu'elle voulait affronter les épreuves. Après quelques mois de quiétude où la relation amoureuse leur fit oublier leurs craintes, le piège se referma sur ma mère. En 1942, les Allemands occupèrent la zone libre. Fuir, désormais, devenait impossible. Autour des Juifs, l'étau se resserrait, les rafles se multipliaient. « À n'importe quel moment de la journée, la rue où tu marchais était brusquement fermée à ses extrémités et tous les Juifs qui s'y trouvaient étaient embarqués, souvent sans même avoir eu le temps de prévenir chez eux », me raconta ma mère. Les nouvelles mesures antisémites signifiaient pour eux la fin de la libre circulation et de l'anonymat. Les Juifs furent astreints au port de l'étoile jaune, infamie à laquelle ma mère refusa de se plier. Elle dut quitter d'urgence l'appartement de Sam où on l'avait sans doute déjà repérée. Mon père lui trouva une cache dans le quartier de La Rose, au nord-est de Marseille, chez une habitante qui accepta de l'accueillir contre rétribution. Durant toute cette sombre période, il fit en sorte qu'elle ne manquât de rien. Son commerce avant guerre ayant été prospère, ses économies servirent à payer la logeuse. Pendant des mois, ma mère resta recluse, ne voyant mon père que le soir, avant le couvre-feu.

Chaque séparation était un déchirement, mais la prudence s'imposait. Le temps ne s'écoulait pas, elle ne distinguait plus le jour, la nuit et les saisons et, malgré la grande gentillesse de sa logeuse, elle s'ennuyait mortellement dans son abri. Les bruits de la rue lui parvenaient comme assourdis. « Parfois, j'entendais les cris d'une femme que la police arrêtait et qui suppliait qu'on sauve ses enfants... Et moi, je me terrais, je me demandais quand allait venir mon tour... » S'endormir tous les soirs en se disant que le lendemain matin on viendra vous surprendre dans votre lit, après dénonciation d'une voisine jalouse de votre logeuse, s'attendre à voir surgir la Milice à chaque instant... l'angoisse occupait toutes ses pensées. Angoisse d'autant plus prégnante qu'à l'époque on voyait partir les Juifs dans les trains sans connaître leur destination, et surtout dans l'ignorance totale du traitement qui leur serait réservé.

Au même moment, sa sœur Anna fuyait à nouveau Anvers, où elle avait retrouvé son magasin dévasté, pour se réfugier avec les siens à Lyon puis à Aiguebelette-le-Lac, un petit village de Savoie, pensant qu'elle serait plus en sûreté à la campagne. C'est exactement l'inverse qui se produisit. Ma mère l'avait pourtant conjurée de venir avec elle à Marseille. « La campagne, ce n'est pas une bonne idée... Dans une grande ville, on passe inaperçu, pas dans un village, méfie-toi... », mais Anna ne l'avait pas écoutée. Bravant le risque qu'elle courait à circuler, même munie de faux papiers, ma mère leur rendit visite en juillet 1942. Une seule et unique fois. Il n'y en eut pas d'autre. Quelques semaines après leur installation, un coup de téléphone anonyme les dénonça à la police française, ainsi que plusieurs familles juives cachées dans le village. Un matin, entendant les cris des voisins qu'on arrêtait, Anna courut prévenir son mari. « Sauve-toi, sauve-toi... », hurla-t-elle, persuadée que seuls les hommes étaient réquisitionnés pour partir en camp de travail. Mathys bondit par la fenêtre, disparut dans une forêt proche et, la nuit venue, trouva refuge sur un vieux bateau ancré au milieu du lac. Grâce à sa femme, il eut la vie sauve, mais les policiers emmenèrent Anna en laissant derrière eux Paulette et Maurice, leurs enfants âgés de sept et quatre ans, dont les noms ne figuraient pas sur les listes. D'autres furent moins scrupuleux et embarquèrent grands et petits, dans un large mouvement de faux... Après le départ d'Anna, les gens du village entrèrent dans la maison du couple et découvrirent les enfants en pleurs. Ils durent leur salut à une dame au nom très sympathique, Mme Patate, la gérante de la pension qui avait logé ma mère lors de sa venue à Aiguebelette. Émue par leur détresse, elle les accueillit chez elle et les réconforta. Puis, ayant retrouvé l'adresse de maman sur le registre de réception, elle l'avertit par télégramme de l'arrivée des enfants, le lendemain, en gare d'Aix-en-Provence. Mon père récupéra les petits en larmes, pieds nus et tremblants de peur, exténués après plus de cinq heures de train. On ne sut jamais ce qui leur était arrivé, si les villageois les avaient laissés partir ainsi sans chaussures, sans bagages, ce qui paraît peu probable, ou si on leur avait tout volé en cours de route. La guerre est sans pitié... « Paulette couvait son frère comme une maman son petit... C'était un spectacle à la fois terrible et touchant que ces deux enfants totalement perdus », se souvient ma mère.

Elle prit son neveu et sa nièce avec elle et mon père paya une pension supplémentaire à la logeuse. Du jour au lendemain, il se retrouvait chargé de famille. Les premières semaines furent atrocement tristes dans la cachette. Les enfants pleuraient, réclamaient leurs parents. Inconsolable,

Maurice passait son temps collé au portail de la maison. Malgré le danger, on ne pouvait l'empêcher de sortir sans provoquer ses hurlements. « Maurice, qu'est-ce que tu fais là-bas ? lui criait ma mère, inquiète de le voir debout, immobile depuis des heures. – J'attends ma maman », répondait-il en guettant le bout de la rue. « C'était un crève-cœur de le voir ainsi. Mais que lui dire ? De toute façon, personne ne savait... » Pour plus de sûreté, les enfants furent envoyés dans une institution religieuse à Thonon-les-Bains, avec de faux papiers. Mon père avait même pris soin de les faire baptiser ! Quand Mathys, qui se cachait et travaillait dans une ferme en attendant de pouvoir circuler plus tranquillement, apprit que ses enfants étaient passés chez leur tante à Marseille puis repartis chez les pères, il alla les chercher et parvint *in extremis* à embarquer avec eux pour l'Argentine, où ils attendirent la fin de la guerre. Anna n'eut pas cette chance. Au moment de son interpellation, alors qu'elle partait entre deux gendarmes, une voisine l'entendit s'écrier, la tête dans les mains : « Mais pourquoi n'ai-je pas écouté ma sœur ? ! » C'était un cri de regret, de désespoir, de révolte... Ma mère n'eut plus aucune nouvelle d'elle, jusqu'au jour où on l'informa du prochain départ de Juifs, en gare de Lyon-Perrache, pour les camps de travail. C'est ainsi qu'on les appelait à l'époque, on ne savait pas... Au péril de sa vie, elle prit le train depuis Marseille pour tenter de voir sa sœur, et si ce devait être la dernière fois, qu'elle sache au moins que les enfants étaient sauvés, elle qui partait pour une destination inconnue dont on sentait intuitivement qu'elle ne reviendrait pas. Qu'elle ait cet ultime réconfort. Sur les quais, où des centaines de personnes se cherchaient comme des insectes se cognent dans le noir, ma mère guetta sa sœur au milieu de cette foule qui criait, qui pleurait, et elle mêla ses cris aux leurs, se dérobant aux soldats allemands qui poussaient tout le monde avec leurs fusils vers

les wagons plombés. Les valises craquaient, les femmes tré-
buchaient, tombaient avec leurs enfants, et les soldats conti-
nuaient à les presser vers les voies. Vingt fois, ma mère faillit
être embarquée avec les autres. De loin, elle interrogeait ceux
qui commençaient à grimper dans les trains de la mort,
« Anna ? Vous connaissez Anna ? Anna, de Mogelnica... »,
mais personne ne lui répondait. Elle aurait voulu hurler :
« Anna, ne t'inquiète pas, les enfants sont avec nous...! »
À quoi bon... Ce jour-là, des dizaines d'Anna se croisèrent qui
n'avaient déjà plus de prénom, d'identité, de visage. Finalement, les portes des wagons se fermèrent et elle dut laisser
partir les trains sans avoir revu sa sœur. Le retour à Marseille
fut un vrai calvaire. Elle retenait ses larmes pour ne pas attirer
l'attention sur elle, alors que la douleur la submergeait. Les
hurlements sauvages des soldats résonnaient encore à ses
oreilles, elle les avait vus frapper les femmes à coups de crosse,
indifférents aux pleurs, aux supplications. Quels hommes
étaient-ils donc, et quel sort pouvaient-ils bien leur réserver
ensuite, à ces malheureuses, eux qui les traitaient déjà comme
du bétail ? Jusqu'à la fin de la guerre, ma mère n'eut aucune
information concernant sa sœur. D'ailleurs, peut-être eût-il
mieux valu qu'on ne lui en donnât jamais... Un de ses cousins,
rescapé du camp de Birkenau, lui confia avoir croisé Anna
dans le camp des femmes. Elle était très faible, malade, et il
lui avait passé un peu de pain. Il laissa entendre à ma mère,
mais sans entrer dans des détails qui l'auraient désespérée,
qu'Anna avait été victime d'expériences que les tortionnaires
nazis faisaient subir aux femmes. Aujourd'hui encore, lorsque
ma mère évoque cette ignominie, elle secoue la tête comme
pour chasser des pensées trop pénibles. Tout ce que l'on peut
imaginer de pire en matière de sévices, ces hommes l'ont fait...
Comment oublier cela ? C'est intenable. Je me souviens de
ce cousin, véritable miraculé des camps, qui dut son salut à

ses talents de comique. Il amusait les SS qui aimaient le voir siffler et danser sur les tables, disait-il. Remontant un jour sa manche de chemise, il me montra le numéro tatoué sur son poignet. À l'époque, j'étais trop petit, je n'avais rien compris à toute cette horreur. Bien des années plus tard, ma mère consultera les listes de Serge Klarsfeld qui recensent les noms des déportés et la date de leur départ vers les camps de la mort, et elle constatera que sa sœur était bien dans l'un des trains qu'elle avait guettés, ce jour-là, en gare de Lyon-Perrache...

En 1941, mon père avait rejoint le réseau Combat, la plus importante organisation de la Résistance en zone sud, où il tenait le rôle de « boîte aux lettres » dans les services de liaison, s'occupait aussi des dépôts d'armes et, surtout, de la fabrication de tickets d'alimentation et de faux documents. Dès 1940, le plateau du Vercors était devenu le site de résistance des Français qui refusaient la soumission à l'occupant. De loin, le massif ressemblait à une forteresse végétale, un lieu inaccessible, ce qui conféra aux maquisards le sentiment d'y être à l'abri de toutes représailles. On sait, malheureusement, comment les Allemands vinrent à bout de ce site réputé imprenable... Situé en zone libre, le Vercors fut, un temps, le refuge des victimes des mesures discriminatoires du gouvernement de Vichy. Avec d'autres résistants, mon père était chargé de leur faire passer la frontière, de trouver des caches et des lieux d'hébergement, aidés par les cheminots et les douaniers de la région. La contrefaçon étant sa grande spécialité, ma mère en fut l'une des premières bénéficiaires. Sur ses papiers d'identité, elle répondait à présent au doux nom de Paulette Lefebvre. Un patronyme à consonance impeccable et un lieu de naissance qui inspirait confiance : Brive-la-Gaillarde. Je ne me souviens pas qu'elle y ait jamais mis les pieds. Grâce à cela, elle put sortir de sa retraite pour quelques courses rapides, avec interdiction absolue de parler à qui que ce soit. Bien qu'elle maîtrisât davantage le français, son accent à couper au couteau pouvait lui être fatal. Dans les transports en commun, elle faisait mine de dormir afin que personne ne lui adresse la parole. Les miliciens étaient aux aguets pour coincer les Juifs français ou étrangers. Ils les traquaient et, racontait-on, les jetaient vivants dans des puits. D'autres disparaissaient sans laisser de traces. Un accent trop prononcé et vous risquiez de voir surgir la Gestapo à la station suivante. Un faux pas et c'était l'arrestation. Certains auraient vendu père et mère pour obtenir un passe-droit ou quelques provisions. Parfois, ma mère contemplait avec horreur les étoiles jaunes sur les vêtements et elle détournait les yeux de honte et de pitié. Désormais, les Juifs étaient soumis à une surveillance haineuse et incessante. Maintes fois elle passa entre les mailles du filet de la police française. « Car, répète-t-elle souvent, j'ai eu bien plus à craindre de la police et de la gendarmerie de mon pays, vendues à l'envahisseur, que des soldats allemands eux-mêmes... » Ainsi, à Grenoble où elle rejoignait mon père à leur hôtel, elle fut accostée par un policier français qui lui demanda ses papiers. Bien qu'en possession de sa fausse carte d'identité, elle ne répondit pas et continua son chemin. L'homme lui emboîta le pas. « Vous êtes israélite ? Vous êtes israélite ? » questionnait-il en la suivant tandis qu'elle hâtait le pas en essayant de s'en défaire. Mais l'autre insistait et tentait d'arrêter sa course. Arrivée sur un grand boulevard, excédée, ma mère se retourna vers le policier en hurlant : « D'abord, vous devez être deux pour m'arrêter. Alors, laissez-moi tranquille ! » Puis elle se mêla à un groupe de jeunes gens qui sortaient d'un cinéma, se faufila dans une petite rue en même temps qu'elle retournait prestement sa veste côté doublure, un bon truc pour s'évanouir dans la nature, et sauta dans un triporteur qui passait. De peur d'être pistée jusqu'à l'hôtel où mon père l'attendait, elle se réfugia chez des cousins et le retrouva quand la voie fut libre.

Jusqu'aux derniers jours de l'Occupation, mes parents furent inquiétés par les Allemands. Marseille baignait dans un climat d'angoisse épouvantable après les bombardements, qui firent un grand nombre de victimes civiles comme dans toutes les villes du Sud-Est, et surtout après le dynamitage du quartier du Panier ordonné par Hitler en représailles à des attentats de la Résistance. En 1943, les affaires de mon père le retenant souvent à Annemasse, mes parents s'installèrent ensemble dans un grand studio. Une initiative au doux parfum de scandale. À l'époque, le concubinage était chose rare et considérée comme peu convenable, mais ma mère était insoucieuse du qu'en-dira-t-on, assez moderne et anticonventionnelle pour vivre avec l'homme qu'elle aimait sans autorisation officielle. Même s'il n'était pas juif. Lorsque les Allemands occupèrent la zone sud, papa fut arrêté pour avoir voulu protéger sa secrétaire, qui était juive, en lui procurant de faux papiers d'identité. Une fois de plus, un anonyme la dénonça aux policiers, et la jeune fille fut emmenée et torturée jusqu'à ce qu'elle livre son fournisseur. Dans l'heure qui suivit, la Gestapo vint chercher mon père tandis que maman passait par miracle à travers cette nasse diabolique. Maurice, le frère de papa, qui pour échapper au Service du travail obligatoire institué par Vichy avait fui l'Allemagne et s'apprêtait à rejoindre le maquis, et Delphine, sa sœur, furent arrêtés et relâchés assez vite. Mon père, lui, fut bastonné, frappé à coups de chaise, laissé pour mort puis, finalement, interné par la police de Vichy. N'écoutant que son courage, ma mère alerta un avocat et ami, maître Ruggiéri, les rares relations qu'elle pouvait avoir et elle parvint à le tirer des griffes de ses geôliers après quinze jours d'enfer. M. Zanini, l'ami dévoué, lui fut d'un grand secours. « J'étais comme un bloc de pierre en marche. Jamais je ne me serais crue capable de tant de force », dit-elle. Déterminée, courageuse, elle l'était comme tous ceux qui n'imaginaient pas pouvoir se mesurer à de tels événements et les dominer en dépassant leurs peurs, leur timidité. La France occupée eut son lot de lâches et d'opportunistes, mais aussi de personnes comme ma mère dont la témérité, la capacité de résistance œuvraient au quotidien. Et si, comme dit l'adage, c'est dans l'adversité que l'on se connaît véritablement, ma mère n'avait pas fini d'être révélée à elle-même...

Quant à mon père, son emprisonnement par la police française ne l'empêcha pas, une fois relâché, de rejoindre en 1943 les Mouvements unis de la Résistance, fusion des trois principaux réseaux de la zone sud, et son chef direct, Henry Aubry, qui dirigeait l'Armée secrète. Après avoir failli le perdre, ma mère le vit repartir, plus décidé que jamais à s'opposer à l'occupant. L'attente et l'angoisse reprirent de plus belle. « J'avais peur, bien sûr, mais jamais je ne lui aurais demandé de ne pas y aller. De toute façon, il ne m'aurait pas écoutée ! » Une peur augmentée par l'arrivée dans le paysage des groupes de miliciens. « Ils étaient pires que les autres... » Quand elle dit cela, je sais qu'elle pense au massacre des quatre cents maquisards du plateau des Glières en Haute-Savoie, où la Milice prêta main-forte aux Allemands. Comme beaucoup de résistants, mon père perdit des amis dans la lutte. La mort de l'un d'entre eux lui fit particulièrement mal. À la fin des hostilités, Francis Naville, un ami intime de mes parents, fut arrêté par les FFI qui lui reprochaient d'être pétainiste. Aveuglés par le désir de vengeance et de sang, certains d'entre eux ne prenaient pas le temps de vérifier les dénonciations qui fusaient de toutes parts. Non seulement l'accusation était fausse, mais mon père savait que Francis ravitaillait régulièrement en vivres les résistants de la région du Grand Bornand. Avant même que papa ait pu intervenir pour lui auprès de ses chefs, Francis fut arrêté et fusillé sur la place du marché d'Annemasse avec une cinquantaine d'autres. Mes parents furent très affectés par cette barbarie, d'autant que le jeune homme devait épouser Hélène, la meilleure amie de maman, quelques jours plus tard.

Ils vécurent en Haute-Savoie jusqu'en 1947, avant de quitter la région pour s'installer définitivement à Marseille où mon père venait de créer la Socomex, une nouvelle société d'import-export dans l'alimentation, et d'inaugurer ses bureaux de la rue Breteuil. Désormais, sa vie se construisit là-bas et, peu à peu, il perdit de vue les quelques amis qu'il s'était faits dans la Résistance. Les années passant, les contacts s'interrompirent. « Il ne parlait presque jamais de cette période. Comme s'il préférait éviter de penser à ses amis morts ou déportés. Comme moi, finalement... La guerre, les nazis, nous les abandonnions au passé... », se souvient maman. Un texte dactylographié, extrait du *Journal officiel* du 17 mai 1946, témoigne de la vaillance paternelle. Il orne aujourd'hui l'un des murs de mon bureau à Carry : « Marcel Foucault, résistant dès le début 1941. A milité à Petites Ailes, à Vérité, à Combat puis aux MUR. [...] a rendu les meilleurs services jusqu'à la Libération », avec, accrochée dessous, la médaille de la Résistance. C'est toujours réconfortant de savoir que son géniteur s'est comporté dignement dans une période où il était plus facile de succomber à la lâcheté...

Les recherches que ma mère entreprit après guerre pour retrouver sa famille restèrent vaines. Anna était morte à Birkenau. Quant aux autres, parents, frères et sœurs, ils furent sans doute assassinés en Pologne, dans leur village ou au ghetto, comme nombre de Juifs vivant aux environs de Varsovie. Leurs noms ne figurent sur aucune liste de déportés. Maman se refusant à retourner « dans ce pays qui n'a pas voulu de nous », comme elle dit, l'enquête s'arrêta sur ce constat implacable, terrible : des onze membres de sa famille, elle était la seule survivante. En revanche, peu après la fin de la guerre, elle eut la joie de revoir Mathys, Maurice et Paulette, désormais citoyens américains, lors de leur passage en France. Ils lui racontèrent leur visite amicale à celle qui les avait sauvés en les envoyant à Marseille. Mme Patate était alors gravement malade et hospitalisée. Quand elle les vit entrer dans sa chambre, elle reconnut Maurice en premier et lui tendit les bras en sanglotant : « Maurice ! C'est toi ! Mon Dieu, maintenant, je peux mourir ! » Depuis des mois, elle attendait de retrouver « ses petits ». Comme tous les Juifs ayant subi directement ou non le génocide, ma mère posa une chape de silence sur ce drame qu'elle ne pouvait partager et dont personne ne la soulagerait. Elle ne s'est jamais plainte mais, pendant de longues années, elle fit des cauchemars et se réveilla la nuit en hurlant. Maman, courageuse et battante le jour et si fragile dans son sommeil... Comment aurions-nous pu l'aider ? Je me souviens qu'un après-midi, en se promenant avec ma jeune sœur Françoise, elle lut cette inscription sur le mur : *Les nazis hors de France*. Elle s'arrêta quelques secondes et hocha la tête. « Moi, je sais ce que ça veut dire... », dit-elle. Rien de plus.

Mes parents se marièrent le 22 mars 1947 à la mairie de Marseille en présence de quelques amis. « Je portais un manteau d'astrakan avec des manches gigot. Ce fut une belle journée... », se souvient ma mère, la première depuis longtemps pour ce jeune couple dont l'histoire d'amour naquit dans les turbulences de la guerre et se renforça au fil des épreuves. En plus d'aimer ma mère et de l'avoir protégée jusqu'à la fin des conflits, mon père sauva plusieurs membres de sa famille et participa à la recherche d'éventuels survivants. Elle lui en fut infiniment reconnaissante et l'amour qu'elle avait pour lui se doubla d'une estime profonde. « Le peu de famille que j'ai aujourd'hui, c'est à ton père que je le dois », me confia-t-elle à l'occasion d'une fête qui réunit, outre-Atlantique, cousins et neveux. Bien que vivant aux États-Unis, Paulette et Maurice sont restés très proches de maman, ils s'appellent toutes les semaines, se parlent, se voient autant que cela leur est possible. Parce qu'ils savent d'où ils viennent et à côté de quoi ils sont passés, parce que la folie meurtrière a soufflé sur eux sans les emporter, l'attachement à leur tante sera toujours plus fort que la distance et le temps. Et, surtout, parce qu'elle est le lien unique, intime et vivant qui les relie à Anna, leur mère, dont ils n'ont aucun souvenir.

À Marseille, mon père acheta dans le quartier de Bonneveine une grande villa pour laquelle il eut un vrai coup de foudre alors que ma mère était moyennement séduite. Huit mois plus tard, le 23 novembre 1947, je débarquais dans leur vie. Quand ma mère tomba enceinte, Delphine, la sœur de mon père que nous appelions tous « Tati », vint s'installer avec eux. Depuis l'enfance, une grande affection les liait, et il sembla à mon père, qui s'absentait régulièrement de la maison pour ses affaires, que Tati était la personne idéale pour aider maman dans les besognes ménagères. Les deux femmes avaient sympathisé lors de leur rencontre à Marseille durant l'Occupation et, à la fin de la guerre, Tati avait regagné Neuilly où elle travaillait comme femme de ménage chez des particuliers. L'installation dans la maison, son organisation n'étaient pas simples pour ma mère, d'autant que ma venue au monde fut suivie, dix-huit mois plus tard, de celle de ma sœur Anne. Françoise, la cadette, naquit quatre ans après. De quinze ans plus âgée que ma mère, Tati lui fit profiter de son expérience, l'accompagnant pour les formalités administratives aux caisses d'allocations familiales, à la Sécurité sociale, partout. Grâce à elle, la barrière du langage pesa moins lourdement sur maman.

Toute sa vie, ma tante se consacra aux autres, quitte à mettre entre parenthèses les dernières années de sa jeunesse et à renoncer à une vie sentimentale. Pour nous, ses neveux, l'essentiel de son activité a consisté à nous couvrir de cadeaux et d'attentions. C'est le souvenir que mes sœurs et moi conservons d'elle. Tout était prétexte à Tati pour brûler ses économies en gâtant ceux qu'elle considérait comme ses propres enfants. Le jour de ma naissance, n'avait-elle pas soufflé, un peu perfidement, à ma mère : « Je l'ai tenu avant vous dans mes bras... » J'étais son grand amour, elle ne l'a jamais caché. Ce qui n'alla pas sans tensions avec ma mère, qui en conçut un peu de jalousie et peut-être même un semblant d'inquiétude. Qui aime le plus les enfants ? Et qui les enfants aiment-ils le plus ? Maman a dû se poser la question, elle qui n'avait pas forcément le beau rôle puisqu'elle gérait le quotidien tandis que Tati alimentait nos rêves de cadeaux somptueux. Les deux femmes étant animées d'un fort tempérament, il y eut quelques étincelles au-dessus des fourneaux, des portes claquèrent, mais rien de grave. On peut penser que ma mère aurait aimé parfois s'affranchir de l'autorité de cette belle-sœur, face à qui elle devait vaguement se sentir comme une bru devant sa belle-mère. Difficile, j'imagine, pour une jeune épouse de préserver l'intimité de son couple et de s'accommoder de la présence d'une autre femme pendant six ans. Quoi qu'il en soit, et malgré quelques tiraillements percep-

64

tibles, je ne me souviens pas avoir souffert d'une mauvaise ambiance. Mes sœurs et moi avons dû tirer parti de cette situation : deux sources d'affection, deux fois plus de gâteries et d'attentions. Des mathématiques où les enfants excellent. La tendresse qui me faisait défaut en l'absence de mon père se reporta souvent sur ma tante, qui sut recueillir mes confidences, même si je n'ai pas le souvenir de grandes effusions entre nous. D'elle, j'ai acquis une certaine bonhomie, une propension à arrondir les angles. L'écoute d'autrui, si l'on veut bien m'en reconnaître un peu, le bonheur simple de faire plaisir aux autres, tout cela, c'est à elle que je le dois.

Chez nous, les deux cultures se mêlaient, s'enrichissaient sans qu'on y prête attention. Entre plats traditionnels de la cuisine française et quelques recettes polonaises, chacun s'y retrouvait ! Ma mère continuait de voir et de recevoir des amies juives que la guerre avait fait échouer à Marseille, comme tant d'autres. Elles parlaient yiddish ensemble et riaient beaucoup de nos airs interrogateurs. Moi, j'écoutais, intrigué, fasciné même. Cet aspect mystérieux de la vie de maman lui conférait une aura et un charme supplémentaires. Mon père était comme moi, amusé, totalement largué. Le seul point d'éducation sur lequel il ne transigea pas fut celui de la spiritualité. Alors que nous étions naturellement juifs par ma mère, papa eut la volonté farouche que ses enfants embrassent la religion catholique, la sienne, celle de ses parents. Y eut-il un accord tacite entre mes parents ? Ma tante, très croyante, influa-t-elle sur son frère pour qu'il nous éduque comme de vrais chrétiens ? Je l'ignore. Quoi qu'il en soit, Anne, Françoise et moi fûmes baptisés les uns après les autres. Non seulement ma mère ne s'y opposa pas (elle assista même aux cérémonies) mais, en nous plaçant ainsi sous la protection de la foi catholique, elle fit en sorte de nous mettre à

l'abri d'éventuels conflits et de nous soustraire à une appartenance qui pourrait encore représenter un danger, une menace.

La décision peut surprendre aujourd'hui, mais il faut se
replacer dans le contexte de l'époque. Au sortir de la guerre,
le judaïsme était une religion dont on faisait peu état car
les principaux concernés avaient peur. Je suis né deux ans
après la fin des hostilités, et ma mère demeurait traumatisée
par le sort qui avait été réservé aux siens et aux millions de
Juifs d'Europe. Ainsi, dès la maternelle, elle nous inscrivit
tous les trois à l'école catholique. Par sécurité avant tout, et
parce que ce choix allait dans le sens de ce que notre père
voulait pour nous. Sans l'exprimer précisément, maman nous
fit comprendre qu'il valait mieux éviter de dire que nous
étions juifs, qu'il convenait de garder cela pour nous, même si
ce n'était pas tabou. Être juif, je ne savais pas ce que cela signifiait et quand il m'arrivait d'y réfléchir, je le ressentais comme
un plus indéfinissable. Être juif me semblait une particularité
de l'ordre de l'intime, de la vie privée, et qui concernait surtout maman. Et puisqu'il s'agissait de sa religion plus que de
la nôtre, nous n'en parlions pas. J'étais juif, catholique prati-
quant et cette polarité ne provoqua pas en moi de question-
nements supplémentaires. C'était ainsi. Mes sœurs et moi
nous étions rangés à l'autorité familiale, et nous appliquions
cette décision comme beaucoup d'autres.

À la maison, les préoccupations religieuses n'étaient pas
omniprésentes, loin de là, il s'agissait davantage de règles à
suivre, strictes et ennuyeuses, comme la messe le dimanche,
les vêpres parfois, et quelques prières de temps en temps.
Puis, le patronage et les scouts, où on s'amusait plus qu'on
ne se recueillait. Tous les enfants ont connu cela. Tandis que

notre père insistait pour que nous allions au catéchisme et s'énervait si nous ne « faisions » pas, au moins, « nos » Pâques, ma mère se rendait une fois par an à la synagogue de Grenoble, pour le Grand Pardon. Jamais elle ne nous a proposé de l'accompagner et je pense qu'elle aurait refusé si nous le lui avions demandé. C'était son territoire, pas le nôtre. À tel point qu'enfant, lorsqu'il m'arrivait d'entendre des insultes antisémites à l'école ou dans la rue, j'étais choqué pour ma mère, concerné par cette violence gratuite, mais je ne me sentais pas visé directement. Avec l'âge, les années, je ne me suis pas rapproché de ma religion originelle. Même si je suis né juif, la transmission ne s'est pas faite et c'est, à l'évidence, ce qui aurait dû définir mon appartenance. On ne reviendra pas en arrière et, plus que tout, je respecte les choix parentaux, car je sais ce qui les motiva.

Après quelques années passées à Marseille, maman acquit la certitude que les siens ne reviendraient plus et qu'elle ne remettrait jamais les pieds en Pologne. La fuite était terminée. Elle avait posé ses valises. Dès cet instant, elle devint profondément française. Par le mariage avec mon père, d'une part, et par une volonté toute personnelle de se fondre dans sa nouvelle nationalité. Elle conquit ce territoire inconnu avec autant de force et de passion que sa déception fut grande d'être bannie de son pays d'origine. Elle intégra les coutumes, les habitudes et apprit le français qu'elle maîtrise aujourd'hui remarquablement. Quand les hommes politiques évoquent « la fierté d'être français » et déclarent que la nationalité, « ça se mérite », je pense toujours à elle. Elle voulait l'acquérir. De toute son âme. Désormais, sa vie se déroulait en France et nulle part ailleurs. De la Pologne, encore maintenant, ma mère ne veut plus entendre parler, et elle m'a avoué oublier peu à peu certains mots de la langue. J'aurais pourtant aimé voir les lieux de son enfance, le village de Mogelnica, la maison des parents, si elle existe encore... J'en doute un peu, mais peut-être reste-t-il une église, un bout d'école qui m'auraient raconté l'histoire de cette famille engloutie. Marcher sur les chemins où elle courait, petite fille, en lui tenant le bras, l'entendre prononcer cette langue qui nous reste à tous si mystérieuse, cela m'aurait fait plaisir. Nous aurions pris le temps, elle et moi... Mais rien à faire. Personne ne transformera cette personnalité au caractère entier. Elle n'y retournera plus. Ma mère doit sa survie au fait de ne jamais avoir regardé en arrière, ce n'est pas aujourd'hui, à plus de quatre-vingt-cinq ans, qu'elle va changer sa manière de contempler le monde. Sa vie est ici. Marseille, c'est sa ville, elle s'y plaît. Elle s'y sent libre et respectée. Chassée de Pologne par la haine des hommes, c'est l'amour de mon père qui la retint en Provence. Si la vie est une suite de hasards heureux ou malheureux, de coïncidences surprenantes, de choix providentiels, l'histoire de mes parents fut, avant tout, celle de leur rencontre avec une terre qui n'était pas la leur, mais où ils décidèrent de vivre pour s'aimer.

À Bonneveine

Le Marseille que je percevais lorsque j'étais enfant n'était pas si éloigné de celui des romans et des films de Marcel Pagnol. Partout on retrouvait ces ambiances qui en firent une ville familière, même de ceux qui n'y avaient jamais mis les pieds. On l'a écrite, chantée, filmée. Marseille est une métropole agitée, à la fois authentique et caricaturale, excessive, violente, généreuse et vicieuse, énervante et formidablement attachante. Avec, collée à elle, comme tatouée, cette réputation méridionale au sens noble et anecdotique du terme, qui l'associe à la détente et à la paresse, aux coups de cœur et aux coups de gueule, aux célèbres galéjades, ce mot bien de chez nous dont les syllabes contiennent déjà l'accent provençal... Pastis, pétanque, sieste et bouillabaisse, marlous en borsalino, règlements de comptes, Marseille et ses magouilles, Marseille et ses combines... Existe-t-il une autre ville en France qui soit à ce point affublée de clichés, d'images vraies ou exagérées, que les habitants, un peu las qu'on les traite de hâbleurs et de fainéants, ne cherchent même plus à contester ?

« Marseille appartient à celui qui vient du large », disait l'écrivain suisse et bourlingueur Blaise Cendrars. Pour ce qui me concerne, j'y suis né, m'en suis éloigné par la force des choses, et m'en rapproche de plus en plus au fil des années. En fait, je ne l'ai jamais réellement quittée. Marseille, quand elle vous tient, ne vous lâche plus. Elle est une et multiple, avec ses quartiers comme autant de villages où chacun s'intéresse à ce que fait l'autre, contrairement à Paris et à d'autres grandes métropoles où les solitudes grouillent. Signe de convivialité, ici les arrondissements ne sont pas désignés par leur numéro mais par les quartiers qui les composent. Avec, je m'en suis aperçu récemment, une majorité d'entre eux célébrant un saint patron : Saint-Victor, Saint-Marcel, Saint-Barthélemy, Saint-Barnabé... et tous les autres, plus évocateurs, la Pointe rouge, le Lapin blanc, Belle-de-Mai, Castellane. Des noms d'une grande poésie, même si les quartiers ont beaucoup perdu de leur caractère et de leur spécificité. Celui où j'ai grandi s'appelle Bonneveine, à moins que ce ne soit le Lapin blanc, la frontière entre les deux étant assez floue. Va pour Bonneveine, un nom pareil, c'est un bon départ dans la vie, non ? Et puis, il y a l'accent. Il est dans l'air qu'on respire, il tourne autour des places où les vieux en pantoufles semblent faire corps avec les bancs, sur les pavés que l'on foule et l'ocre rose qui recouvre les maisons. Il passe partout, l'accent, comme une légère brise entre le moindre interstice de pierres. Les Marseillais n'aiment pas qu'on les imite, moi le premier, et pour cause : l'accent diffère d'un quartier à l'autre. Il faut être né et avoir vécu ici pour en saisir toutes les nuances. L'accent de la Vieille Chapelle ne ressemble pas à celui du Panier et encore moins à ceux des quartiers Nord. Le langage est émaillé, ici et là, d'expressions en provençal, car même s'ils ne le parlent pas couramment, beaucoup de Marseillais le comprennent. J'aime cette langue chantante qui, si l'on n'y prend garde, après quelques jours dans le Midi, s'invite à chaque détour de vos phrases. Elle vous pénètre, vous enchante et vous donne bientôt des envies de discours ou de bonnes blagues.

70

Je ne flâne plus beaucoup dans les rues de Marseille, si ce n'est pour montrer à ceux qui découvrent la ville l'extraordinaire point de vue de Notre-Dame-de-la-Garde. L'ascension est raide, y grimper aussi spectaculaire qu'exténuant, mais la récompense est au bout. Du haut de ses cent cinquante-quatre mètres, au sommet de la basilique, la Vierge immense, rehaussée d'or, un peu clinquante à mon goût, « notre bonne mère » comme on dit chez nous, « protège Marseille et les Marseillais ». Elle est notre emblème à tous. Que l'on arrive par la mer ou l'autoroute, elle semble vous contempler ou vous surveiller, selon votre conscience. Qu'on marche sur le Vieux-Port ou qu'on franchisse la lourde porte de sortie de la prison des Baumettes, c'est vers cette silhouette dorée, étincelante quand le soleil la caresse, que se tournent les regards. Personne n'y échappe et elle nous a à l'œil. De part et d'autre de l'embouchure du port, le fort Saint-Jean et le fort Saint-Nicolas, les deux mastodontes, veillent eux aussi. On dit qu'ils furent construits pour garder le roi... à moins que Louis XIV ne les ait édifiés pour maîtriser les révoltes de ces insupportables habitants ! Qui protègent-ils aujourd'hui, et qui sont les princes de la ville ? Les joueurs de l'OM, cette institution du football, ce club mythique, fédérateur de toutes les couches sociales qui fait vibrer Marseille d'un seul cœur lorsqu'il gagne, ou bien les rappeurs du groupe IAM qui chantent une ville moins rieuse, mais avec une hargne témoignant de la passion qu'elle leur inspire ? Quoi qu'il en soit et d'où qu'ils viennent, ils sont tous enfants de Marseille, héros populaires d'une ville hors norme et, du stade Vélodrome à la grande salle du Dôme, ils baladent leurs supporters et leurs fans entre rêves et âpre réalité...

Le secteur de Bonneveine, où mes parents s'installèrent après guerre, se situe au sud de la ville, sur la route de Mar-

71

seilleveyre, massif aux collines caillouteuses couvertes de broussailles, d'arbres maigres et secs aux troncs noués comme torturés par le vent, et qui plonge dans la mer. À l'époque, ce quartier résidentiel était un mélange anachronique de grands terrains vagues sur lesquels s'élevèrent peu à peu des villas bourgeoises, d'espaces abandonnés où l'herbe poussait jusqu'à deux mètres et de lieux assez chics comme la plage du Prado ou le magnifique parc Borely. Les maraîchers, les serres, les baraques en bois et la laiterie avec ses deux vaches où j'allais chercher le lait mousseux et fumant, donnaient à l'endroit des allures de campagne. Je me souviens que lorsque ma mère allait acheter une salade, le maraîcher sortait la lui couper dans le champ et revenait en tapotant son couteau contre la jambe pour faire tomber la terre. Il entourait la salade qui me semblait énorme dans une feuille de journal accrochée à un clou et me la tendait, encore humide du dernier arrosage. Ces gestes simples, naturels me paraissent aujourd'hui délicieusement désuets. À quelques centaines de mètres de la maison se trouvaient des écuries de courses et, plus loin, l'hippodrome des trotteurs. De fait, nous étions un peu excentrés, au grand dam de ma mère qui avait vécu quelque temps dans un studio avenue du Prado, au cœur de la ville, et qui aurait préféré davantage d'animation. La campagne, elle en avait goûté les délices, à présent elle aspirait à autre chose. Lorsqu'elle voulait se rendre rue de Rome et rue Saint-Ferréol, au Magasin général ou aux Dames de France, ces grands magasins qui faisaient alors le bonheur des Marseillaises, elle allait prendre l'autobus, « le 44 », et quittait la maison en lançant à la cantonade : « Je descends en ville... À plus tard. » Je l'entends encore. On aurait dit un randonneur en partance pour une grande excursion... Nous, les jeunes, nous préférions rejoindre la plage et attraper « le 19 », un tramway bruyant qui faisait le tour de la corniche pour nous

72

emmener au centre de la ville. Le tramway ne se nommait pas « désir », mais il était aussi brinquebalant et secoué par les cahots, comme à la merci du soupir des rails. La course était beaucoup plus longue et l'aventure présente à chaque voyage. Perchés sur les marches, cheveux au vent, nous étions cow-boys dans une diligence, surveillant l'arrivée d'éventuels Indiens qui auraient surgi des collines ou de la plage... Notre Indien, c'était « l'homme au crayon rouge », qui créait le vide, comme par enchantement, lorsqu'il montait dans le wagon... Le contrôleur, bien entendu, qui vérifiait le nombre de tickets compostés puisqu'il variait selon la distance à parcourir. Le clou du spectacle se produisait aux changements de direction donc de ligne, quand le wattman, le conducteur, descendait de la machine une manivelle à la main et baissait la perche sur le toit pour, en visant bien, réussir l'opération. Alors, d'immenses jets d'étincelles tombaient sur la voie au grand ravissement des gosses. Je me souviens de la pancarte en évidence près du chauffeur : *Interdit de fumer, de cracher et de parler au machiniste.* Je me demandais bien qui osait cracher dans le tramway ! Autres temps, autres mœurs : c'est vrai que, à l'époque, on chiquait volontiers.

Notre maison, au 44 boulevard du Collet, était bâtie sur un terrain tout en hauteur, au sommet du col. Avant d'atteindre la porte d'entrée, nous devions grimper différents niveaux de pierre qui traversaient le jardin jusqu'à un escalier assez raide. « Un aménagement provisoire... C'est ce qu'avait dit ton père... », se souvient maman, qui détestait ces marches. Finalement, elle y vécut presque trente ans sans s'habituer aux escalades quotidiennes. Pour nous, les enfants, le jardin en cascade, dont les arbres dissimulaient certaines parties à la vue des adultes, était le lieu rêvé pour jouer en toute tran-quillité. Il y avait même un joli belvédère en bois qui surplombait la rue et où j'entreposais mon matériel de bricolage, le bric-à-brac que maman préférait ne pas voir traîner dans ma chambre. Deux figuiers dont il fallait régulièrement couper les branches quand ils attaquaient la dalle de béton de la terrasse supérieure, un bassin de poissons rouges, un cerisier et un amandier agrémentaient les différents niveaux. Sur la dernière terrasse avant la porte d'entrée, le mûrier nous inondait de ses chatons ouatés, faisant, à la floraison, comme un tapis de plumes blanches que maman balayait rageusement tous les soirs. C'était une maison charmante avec un potager, des arbres fruitiers et des fleurs, le lieu idéal pour occuper les week-ends de mon père. Des petits robinets longeaient les escaliers à intervalle régulier pour permettre l'arrosage du jardin jusqu'au moindre recoin. La nuit, crapauds et rainettes, qui avaient élu domicile près de chez nous, au pied d'une maison bourgeoise que nous appelions pompeusement « le château » parce qu'elle possédait une tour ronde, s'en donnaient à cœur joie dans un concert de cris gutturaux. Au printemps, le vacarme était tel que nous trouvions difficilement le sommeil. À l'arrière, la maison dominait une immense carrière de pierres qui s'achevait en terrain vague, à l'abri du vent, où mes copains et moi bâtissions des cabanes, et qui devint le rendez-vous favori de tous les clochards du quartier.

Au rez-de-chaussée de la maison familiale, un couloir menait à la salle à manger, au grand salon et à la cuisine. À gauche, une vaste penderie où mon père entreposait tous ses costumes, vestes et gilets dans un alignement impeccable, et une pièce qui contenait la glacière et que nous appelions « la cave ». À l'étage, après une petite salle de bains, trois chambres se succédaient, celle de mes parents, celle de mes deux sœurs et la mienne. Il me suffit de fermer les yeux pour revoir mon territoire qui, privilège absolu, possédait un petit promontoire dit « terrasse de derrière », d'où l'on voyait la mer, le phare de Planier et le très célèbre château d'If, immortalisé par *Le Comte de Monte-Cristo*. Certains Marseillais disent que c'est juste « un château vide sur un bout de rocher ». Peut-être sont-ils blasés de le voir dans le paysage. Pas moi. Enfant, cette forteresse battue par les flots à l'entrée de la rade faisait galoper mon imagination. Tout de même, un château bâti par François Ier, ce n'était pas rien ! Longtemps, j'ai considéré Alexandre Dumas comme un historien, pensant qu'Edmond Dantès avait réellement existé et qu'il s'était bel et bien jeté du haut de la tour. « Ce qui compte, ce n'est pas la réalité mais la beauté », disent les Italiens. Et comme ils ont raison. (Les touristes, eux, n'en continuent pas moins de visiter la cellule du comte le plus célèbre de la littérature...) Plus tard, j'ai appris que le château d'If et, non loin, l'hôpital Caroline sur les îles du Frioul avaient servi de lieu de quarantaine pour les marins aux fièvres suspectes, et mon imaginaire a continué de foisonner. Aujourd'hui, éclairé comme il l'est, ses tours se découpant dans l'horizon infini de la mer, le château a encore gagné en mystère. Vraiment, je ne peux pas concevoir Marseille sans notre petit Alcatraz de légende.

Dans un coin de ma chambre se tenait un lit à une place, un lit d'adolescent avec un encadrement en bois servant de rangement qu'on appelait « cosy-corner ». À l'époque, tous les jeunes avaient ce genre de meuble. Les trois petits placards, destinés initialement à recevoir un pyjama et quelques livres, étaient bourrés de magazines, de jolis galets, de vieilles pièces de monnaie, de figurines – mes cyclistes en métal –, sans compter les emballages vides de friandises, tout un bric-à-brac poussiéreux qui se répandait sur le lit en avalanche quand on ouvrait les portes sans avancer la main pour retenir le flot. C'était mon grenier miniature, « mes petits secrets », et j'ai encore dans l'oreille le bruit mat d'ouverture et de ferme-ture des placards. Des milliards de fois je les ai claqués, sans que jamais le mécanisme ne se dérègle. À la tête du lit, des tiroirs remplis de photos en noir et blanc de mes parents. J'ignore ce qu'elles faisaient là, mais elles y dormirent toute mon enfance. Sur un meuble bas à côté, une machine à écrire Remington attendait qu'on veuille bien décroiser ses touches que je m'évertuais à enfoncer toutes en même temps. Objet d'amusement en premier lieu, elle devint un instrument de travail lorsque, après la mort de papa, je dus aider ma mère à remplir toutes sortes de documents administratifs. Enfin, trônant au milieu de la pièce, un des bureaux en bois foncé de l'office de mon père, un meuble énorme aux tiroirs très profonds, eux aussi débordants de paperasses et de tout ce que, déjà, je refusais de jeter. La porte-fenêtre d'où je pouvais sortir et entrer en toute discrétion permettait aussi à Pâque-rette, ma chatte chérie, de me rejoindre tous les soirs. Elle se glissait silencieusement et surgissait soudain sur mon lit, cher-chant ma tête pour venir me lécher le front et les cheveux. C'était ma confidente préférée, avare de paroles mais ronron-neuse de première, qui m'accompagna de sa tendresse une bonne quinzaine d'années. Elle et mon nounours que je cajo-lais encore, j'ai un peu honte de le dire, à quatorze ans !

Avant de découvrir les camps scouts et de rencontrer mon ami Claude qui me fit complètement délaisser la maison, je passais de longues heures vautré sur le lit avec mes copains à faire d'interminables parties de Monopoly, à feuilleter *Tintin*, les volumes de *Tout l'Univers* offerts par Tati, qui m'avait abonné à de multiples journaux pour la jeunesse, et tout un tas de bandes dessinées. Ou bien, à plat ventre sur le sol, je collais dans des albums les images d'inventions scien-tifiques trouvées à l'intérieur des plaquettes de chocolat

Prado, ou celles d'équipes de foot que je trimballais partout pour les échanger. C'est fou comme ces occupations, qui étaient de vraies passions, me semblent calmes, presque poétiques comparées aux jeux des adolescents d'aujourd'hui. Sur mon cosy, quelques volumes des Bibliothèques rose et verte, *Croc-Blanc, Le Dernier des Mohicans*, et d'autres que j'ai oubliés. Je revois le magnifique album de photos du film d'Albert Lamorisse, *Crin Blanc*. Cette histoire d'un enfant rejeté de tous et les chevaux blancs de Camargue galopant ivres de liberté dans les marécages de boue me faisaient sangloter sans retenue. Je ne me souviens pas qu'il y ait eu beaucoup de livres à la maison, si ce n'est les volumes de la « Série noire » et du « Masque » dont papa raffolait, mais ma petite littérature me suffisait pour appréhender le monde. Les livres atterrissaient dans ma chambre grâce à ma tante, car nous n'avions pas d'argent de poche et les quelques pièces de monnaie que nous récupérions des courses finançaient exclusivement l'achat de réglisse en spirale avec la bille en sucre colorée, de boules de coco, de roudoudous, de malabars. Avec une pièce, la vendeuse me remplissait la poche de sucreries, et je me souviens très bien de cette agréable sensation d'« en avoir pour mon argent » !

Le matin, je rejoignais l'école Notre-Dame-des-Neiges en coupant à travers champs, accompagné par Tati qui n'hésitait pas à faire un trajet de vingt minutes à pied deux fois par jour. À l'époque, nous marchions des kilomètres sans nous poser de questions. Ou bien mon cousin Michel, qui vécut un temps avec nous, sautait dans la Simca 8 noire paternelle et me déposait en moins de temps qu'il fallait pour dire ouf ! Cramponné à mon siège, les pieds écrasant la boîte à gants, j'étais aux anges. Je crois qu'il faisait crisser les roues uniquement pour soulever de la poussière et m'entendre glousser de contentement. Je revois ma petite école, une vraie bonbonnière, la cour et ses grands platanes aux troncs pelés, pauvres victimes de notre jeu favori qui consistait à décoller délicatement de larges bouts d'écorce que nous réduisions en miettes, comme on enlève des croûtes disgracieuses aux genoux ; la classe ressemblait à toutes les classes avec ses dessins au mur, ses collages, les cendriers modelés et les tables minuscules sur laquelle notre institutrice, dont j'ai toujours le nom en mémoire, Louise Bergon, s'asseyait pour être à notre hauteur. Tous les matins, elle nous posait la même question : « Alors, quel jour sommes-nous ? » Et tous les matins, je levais le doigt, sûr de moi, après avoir interrogé papa – ou ma tante, s'il était absent – pour pouvoir briller devant les autres. J'avais à cœur de montrer ma science et de contenter enseignant et parents. Ils auraient dû en profiter : ce temps béni n'allait pas durer.

C'est en classe maternelle que je rencontrai Jean-Marie, le premier grand copain de mon enfance. Il avait les cheveux en brosse, comme souvent les petits garçons à l'époque, et moi la mèche dans les yeux : nous nous reconnûmes tout de suite. Il vivait seul avec sa mère dans une grande bastide provençale, près de l'église. Son père était mort dans un accident de voiture juste après la guerre. Il ne l'avait jamais connu et m'en parlait souvent. Quand je me plaignais du mien, toujours parti, il me répondait : « Oui, mais ton père à toi, il va revenir... » et je me taisais, un peu gêné, un peu bête. Jean-Marie et moi, c'était l'alliance du verbe et du muscle. J'avais l'un, il avait l'autre. Grand, solide, costaud, rien ne pouvait l'arrêter quand il avait décidé d'aller traîner dans la maison abandonnée qui s'élevait juste en face de chez lui. « N'y allez pas, elle est hantée », disaient nos parents, craignant moins la rencontre avec un fantôme que notre chute à travers un

78

plancher pourri. Il nous en fallait plus pour nous décourager, surtout Jean-Marie, qui explorait, une torche à la main, l'enfilade des pièces vides et sombres de la maison tandis que j'avançais frileusement derrière lui. C'était un vrai casse-cou, que j'aurais pu surnommer « l'homme des cicatrices » tant elles fleurissaient sur lui. Il avait toujours du Mercurochrome, un pansement, une bande sur les bras et les jambes. Je nous revois tous les deux sur son Vap, l'un des premiers vélos à moteur avant l'avènement du Solex, descendre à toute allure les rues en pente de Bonneveine, à une époque où le port du casque était considéré comme superflu. On tombait, on pleurait, on se relevait, on rigolait et une nouvelle tache rouge allait décorer les genoux de mon indomptable copain. Cher Jean-Marie, je me sentis perdu quand il quitta Marseille pour entrer chez les maristes à Aix, mais notre amitié ne sombra pas pour autant. Ami fidèle il était, ami fidèle il resta en venant me voir aussi souvent que possible.

Ma sœur Anne n'avait qu'un an et demi de moins que moi et, loin de nous entendre, nous étions comme chien et chat. Je crois même que Pâquerette et Boy, notre caniche royal, se seraient beaucoup mieux supportés que nous. Pourtant, Dieu que ce chien était hargneux ! Boy vivait à Bonneveine depuis quelques mois lorsque je suis né et il en conçut une jalousie tenace qui s'exprima à grands coups de dents dans les mollets des habitants ou des visiteurs. Bébé chéri de la maison, il comptait bien défendre ses privilèges. Le dimanche, si mes parents avaient le malheur de partir en promenade sans lui, il se vengeait sur le linge suspendu dans le jardin ou bien se roulait dans le charbon entreposé au pied de la terrasse. Combien de fois ai-je entendu mon père crier parce que je me disputais bruyamment avec ce chien acariâtre ! Longtemps, j'ai gardé sur le poignet la trace d'un de ses crocs. Face à ma sœur, mes

79

colères ne se manifestaient pas de la même façon – je ne mordais pas –, mais elles pouvaient être aussi violentes. Je n'étais pas un tendre. Il y eut donc quelques tirages de cheveux, des bousculades non contrôlées dans les escaliers et des décapitations de poupées pour clore une dispute qui s'enlisait trop à mon gré. Lorsque Françoise, la benjamine, vint au monde, les filles furent installées dans la même chambre et leur clan se renforça naturellement. Du coup, je me retrouvai un peu seul. Nous ne partageâmes pas souvent nos jeux, en tout cas jusqu'à l'adolescence. C'est moi qui appris à Françoise à faire du vélo et, ainsi qu'elle le clame haut et fort : « J'en garde encore la cicatrice ! » Ce jour-là, je l'avais emmenée en haut d'une pente très raide, et je m'étais posté à mi-parcours, en travers de la route avec mon vélo, pour la regarder descendre. « Vas-y, n'aie pas peur ! Je suis là pour t'arrêter ! » lui criai-je. Elle pouvait faire confiance à son grand frère. Françoise grimpa sur son engin, se mit à dévaler la pente à toute allure et vint se fracasser contre mon vélo et moi avec une violence inouïe. Résultat des courses : dix points de suture dans la cuisse. Du coup, à mon premier salaire, pour me racheter et parce qu'elle était la seule de la maison à ne pas être véhiculée, je lui offris un minivélo. Entre-temps, elle avait appris à en faire. Toute seule, cette fois.

Si certains conservent de leur maison d'enfance des odeurs de plats cuisinés, de pâtisseries ou de tabac froid, pour ma part les effluves parfumés d'agrumes et de fruits exotiques me rappelleront toujours la présence paternelle. Lorsqu'il revenait d'Espagne ou du Liban, mon père rapportait une caisse d'oranges, de pamplemousses, qu'il déposait dans la cave. Quelques minutes plus tard, toute la maison embaumait. Au retour de l'école, il me suffisait de pénétrer dans le couloir pour comprendre que papa était rentré de voyage. Quel délice, l'hiver, de déguster ces ananas de Côte-d'Ivoire, ces raisins délicatement emballés dans des caissettes de liège ou ces mandarines dans leur robe de papier de soie que nous ne trouvions pas sur nos marchés, surtout hors saison ! Je me souviens de récentes vacances en Tunisie et au Maroc qui furent pour moi le lieu de chocs olfactifs à répétition. Sur les étals, je respirais les oranges dont certaines étaient ouvertes par moitié pour mieux faire apprécier la couleur sanguine, la chair juteuse, et tout me revenait ! Je revoyais mon père et notre maison à chaque coin de rue. Une vraie petite madeleine. À Paris, c'est plus difficile : il faut bien reconnaître que les devantures des primeurs n'expriment plus grand-chose.

Ces senteurs de fruits étaient aussi le signe que tout allait bien sur le front des affaires paternelles. Durant les périodes creuses, il restait à la maison, un mois ou deux, parfois plus longuement, et puis ça repartait. Lors de ses déplacements à l'étranger, mon père avait pris l'habitude de m'envoyer des cartes postales des pays avec lesquels il commerçait, le Liban, l'Espagne, certains pays d'Afrique du Nord, cartes que je classais chronologiquement dans une longue boîte de bois clair, un ancien tiroir à fiches qui contenait exactement les petits formats rectangulaires. Ces bouts de paysages sur papier glacé que mon père choisissait pour leur style chatoyant, pour leur exotisme le plus signifiant, me faisaient rêver les yeux ouverts. Les cèdres enneigés du Liban, les femmes de Côte-d'Ivoire en boubou bariolé, la forteresse des rois maures à Grenade, les thermes de Carthage compensaient ses absences et m'offraient des évasions dans un imaginaire que mon père traversait avec une prestance qu'il a toujours gardée, même dans les moments pénibles. Quand j'avais examiné chaque détail de la photographie, je revenais au texte de la carte, à cette écriture qui lui ressemblait tant. « Ton père était un homme droit. Un honnête homme. » C'est la première chose que me disent ceux qui l'ont bien connu. Son caractère franc et stable transparaissait dans les pleins et les déliés que permettait l'usage de l'encre et de la plume. Le texte était souvent le même : *Bons baisers de...* ou *Meilleur souvenir*, rien de bien original car, il le savait, c'étaient surtout le paysage, les visages, les couleurs qui m'intéressaient.

Sans doute avais-je insisté pour qu'il m'écrive puisque ces cartes m'étaient adressées personnellement, et à personne d'autre. À chacune de ses absences, je surveillais donc la boîte aux lettres, avec un intérêt croissant à mesure que les jours s'écoulaient. Mon père ne m'a jamais déçu. Je crois me souvenir que, à peine reçues, j'apportais les cartes en classe pour les montrer à mes camarades. À l'époque, les voyages étaient rares, et pour nous, gamins, le Liban, l'Afrique représentaient le bout du monde. « Tiens, regarde, mon père il est encore à Abidjan ! » disais-je à mes copains, ce qui signifiait : « Toi, ton père, il n'a pas quitté le Lapin blanc ! » Ces forfanteries me font sourire aujourd'hui, mais j'en avais besoin : les cartes postales attestaient l'existence de l'absent, et, surtout, la dimension extraordinaire de sa vie. Moi-même, j'ai voulu en perpétuer la tradition : depuis des années, à chaque déplacement que mes émissions m'imposent, j'envoie une carte à ma fille Virginie. Parfois deux dans la même journée ! Comme je le faisais, elle les a regroupées dans une boîte. Je croyais avoir égaré la mienne lors d'un déménagement, je ne me consolais pas d'avoir perdu ma boîte à rêves, rêves qui tenaient dans ce rectangle de quarante centimètres de long et vingt de large. Et puis, il y a quelques mois, ma mère l'a ressortie de son garage-grenier. Comme une récompense.

82

Quand mon père partait à l'étranger, ma mère et moi l'accompagnions à l'aéroport, ou, lorsqu'il montait à Paris, à la gare Saint-Charles. Il se rendait à ses bureaux, situés près de la Bourse du Commerce, environ une fois par semaine. Je me souviens de la gare et des immenses locomotives à charbon qui nous enveloppaient de leur vapeur et qui m'effrayaient par leur masse imposante. On aurait dit des machines vivantes, elles respiraient, grondaient, tels des animaux imprévisibles. (Des années plus tard, en voyant le film *La Bête humaine*, je retrouverais les mêmes sensations de peur.) *Le Phocéen* partait à 22 h 30, et maman m'autorisait à accompagner mon père jusque dans son compartiment. Ma grande terreur était que le train démarre avant que j'aie eu le temps de redescendre ! Excité comme jamais, l'oreille pointée vers les haut-parleurs qui hurlaient pour couvrir les bruits des jets de vapeur, j'attendais l'annonce du départ puis je me ruais vers maman qui, haussée sur la pointe des pieds, me faisait signe de revenir, les yeux exorbités, comme si j'avais le feu aux trousses. J'adorais jouer à me faire peur.

Au fil de mon enfance et de mon adolescence, j'ai suivi l'électrification de la ligne dite « impériale » : de Paris à Lyon, de Lyon à Valence, puis de Valence à Montélimar. Les machines électriques arrivèrent à Marseille en 1962. Je me souviens très bien des escarbilles qui piquaient mon visage lorsque je me penchais à la fenêtre du train à vapeur, et qui m'ont manqué le jour où tout le réseau fut électrifié. Quand le chef de la très jolie gare de Valence annonçait : « Valence ! Valence ! La Provence commence ! Dix minutes d'arrêt, changement de machines », avec ce délicieux accent qui donne aux Parisiens des envies de vacances, nous étions déjà chez nous. Je revois les cheminots enlever les charbonnières des rails, les belles Pacific, pour y installer les électriques froides et sans âme. Et dire qu'à l'époque nous nous en réjouissions ! Les multiples départs de mon père m'ont sensibilisé à tous les moyens de transport, voitures, trains, avions, tout ce qui permet de changer de vie en opérant un simple déplacement dans l'espace. Mais jamais je n'aurais imaginé, en l'accompagnant à Marignane, que cet aéroport deviendrait pratiquement ma résidence secondaire. J'y passe deux fois par semaine ! Même si, évidemment, le Marignane d'aujourd'hui n'a plus rien à voir avec celui d'antan...

Parce que les absences de mon père étaient nombreuses, l'autorité reprenait sa place dès qu'il rentrait à la maison. On aurait dit qu'il voulait rattraper le temps perdu. Déjà, il commençait par nous raconter son voyage, avec objets souvenirs à l'appui. Les statuettes, les masques, les bois sculptés d'Afrique noire, les poteries du Maghreb, les gourdes et castagnettes d'Andalousie, les sabres recouverts d'or de Tolède, les poupées folkloriques pour mes sœurs envahirent peu à peu la maison. Si à son retour d'« expédition » il n'avait pas eu le temps de tout détailler, il reprenait son récit lors de déjeuners dominicaux, pour satisfaire la curiosité des amis. Tandis que mon père commerçait, à la maison ma mère et Tati ne chômaient pas et elles n'étaient pas trop de deux pour s'occuper de nous et venir à bout de la lessive, du ménage et de la cuisine. Sans compter mon cousin Michel, de quinze ans plus âgé que moi, arrivé de Poitiers pour seconder mon père et qui vivait chez nous. On a oublié aujourd'hui ce que pouvaient être les corvées de lessive, et je revois encore ma mère penchée sur le lavoir derrière notre maison, ou au-dessus de la grande lessiveuse fumante posée sur le gaz, tournant des heures durant le linge avec un bâton, dans une chaleur d'étuve et une vapeur qui me faisaient fuir la cuisine. On aurait dit les hauts-fourneaux. Parfois, il arrivait que

84

maman loue une machine à laver. De la fenêtre, je voyais l'employé de l'entreprise de location monter à petits pas du bas de notre rue, la machine sur le dos, les reins entourés d'une large ceinture de cuir. C'était impressionnant, et il faisait ça toute la journée. Tout comme notre livreur de glace, qui jetait une épaisse toile de jute sur ses épaules, puis attrapait les énormes pains glacés avec un crochet digne des meilleurs films d'horreur et, courbé en deux, les chargeait sur son dos. Les réfrigérateurs étaient chers à l'époque et, comme beaucoup, nous ne disposions que d'une glacière.

À la maison, si le dimanche était jour du Seigneur, il ne signifiait pas pour autant repos pour ses fidèles serviteurs. Car mon père aimait recevoir, s'entourer d'amis, lui plus que maman qui, bien qu'aidée par ma tante, n'avait pas forcément envie de passer tous ses week-ends à cuisiner pour douze ou quinze ! Je la comprends. De plus, elle se méfiait de certains d'entre eux, surtout de collaborateurs passablement malhonnêtes de papa, les soupçonnant de profiter de ses largesses. « Allez voir Bédranne ! » répondait mon père quand un employé venait lui demander de l'argent. M. Bédranne était le comptable de la société et mon père ne savait rien refuser. Il accueillait indifféremment ceux qui l'aimaient et ceux qui le frappaient dans le dos. Ma mère vivait cela très mal. Longtemps, elle m'a répété : « Arrête de faire comme ton père ! Il invitait tout le monde et jamais on ne le lui rendait ! C'est trop facile ! », faisant référence à l'époque où, commençant à gagner ma vie, je payais pour les bons copains dans le besoin. De la générosité, maman n'en manquait certes pas, mais comme tous ceux qui ont souffert de l'exil, dont la confiance a été abusée, elle se méfiait des profiteurs. Mon père levait les épaules et la rassurait : « La vie est courte, Paula, il ne faut pas négliger ses amis... » Ça, il n'imaginait pas combien elle peut être courte, la vie... Parmi les fidèles, les vrais, M. Zanini, père de Marcel Zanini, le jazzman facétieux créateur de l'inoubliable *Tu veux ou tu veux pas ?*, était le véritable stratège des affaires paternelles, le majordome, l'homme de confiance. Il venait souvent chez nous. Le dimanche, boulevard du Collet, c'était donc table ouverte pour les voisins, les amis, mes parrain et marraine, jamais moins d'une quinzaine de convives. « Il y avait toujours quatre ou cinq voitures devant la maison », se souvient ma mère. Je revois les invités monter les marches, des œillets ou des glaïeuls dans les bras – j'allais ajouter « ces fleurs de l'époque » tant j'ai l'impression qu'elles aussi appartiennent à un temps révolu –, des grands bouquets qui allaient fleurir les vases africains aux côtés des géraniums et des marguerites cultivés par mon père dans le jardin d'agrément.

Au menu, colin froid mayonnaise, macédoine de légumes, bouchées à la reine, ces nourritures riches et bourratives que ma tante nous servait comme si elle voulait rattraper les années de manque. Je me souviens du crabe « Chapka », mets considéré à l'époque comme luxueux, que mon père importait, du gigot dont ma tante accommodait les restes le lendemain en risotto, ou encore du poulet rôti servi avec des haricots verts au jus. Un déjeuner dominical bien de chez nous, dont j'ai le goût sur la langue tant dans mon souvenir cette cuisine était savoureuse. Le repas s'achevait avec les gâteaux du dimanche, meringues et mokas que ma mère et ma tante rapportaient du Poussin bleu ou de la boulangerie Menelik. Chacune avait sa spécialité : ma mère, les recettes polonaises, dont une fameuse préparation de pommes de terre, le poisson farci aigre-doux, la carpe au bleu, les boulettes de viande, ses délicieuses tartes aux pommes ; ma tante, une cuisine plus traditionnelle, blanquette et viandes en sauce, toutes les pâtisseries, du flan aux abricots au gâteau de fromage blanc en passant par le roulé au pavot. Après, on s'étonne que je sois gourmand... Comment garder la ligne avec de tels cordons-bleus ! Dès le milieu du jardin, les invités s'écriaient : « Hum, ça sent les pommes de terre à la Foucault ! » J'en ai encore le parfum dans les narines. Maman m'en parle parfois, même si elle ne fait plus beaucoup la cuisine. Quand elle vient nous voir à la maison, Évelyne essaye de les lui refaire, sans y parvenir tout à fait. Rien n'égale les saveurs magiques de l'enfance...

Après le déjeuner, ma mère débarrassait la table, elle roulait le molleton et la nappe et installait le tapis vert autour duquel mon père et ses amis se regroupaient pour l'inévitable belote dominicale. Papa distribuait les cartes et c'était parti pour l'après-midi. « Belote, rebelote, dix de der ! », j'entends leurs exclamations comme si c'était hier. Acharnés à ce jeu, mes parents se disputaient copieusement, ma mère perdant avec une mauvaise grâce ostentatoire. (Aujourd'hui encore, elle entretient sa pugnacité au club de bridge de son quartier.) Seuls les grands étaient conviés à jouer. De toute façon, je n'y comprenais rien. Quand les invités repartaient après le café, mon père faisait une courte sieste, allongé sur le canapé, le journal plié en deux sur le visage. Au bout de trente secondes, j'entendais son souffle régulier. Il dormait profondément. Pendant un moment, la maison semblait s'assoupir. Défense absolue de crier dans les chambres ou de dévaler les escaliers en courant. Maman éloignait prudemment les enfants dans le jardin. Nous, nous en profitions pour filer sur nos vélos vers le parc Borely et son magnifique château qui abritait le Musée archéologique avec l'impressionnante salle des sarcophages. Le conservateur accordait aux enfants du quartier un régime de faveur : pour nous, il ouvrait le grenier du musée auquel le public n'avait pas accès. Là, des momies poussiéreuses étaient posées contre les murs, en attente d'être « toilettées » pour être présentées aux visiteurs. Intimidés, nous touchions du bout des doigts les formes emmaillotées avec le secret espoir que ce contact les réveillerait de leur long sommeil. Chaque fois que nous entrions au musée Borely, nous cherchions le responsable pour accéder à la réserve aux frissons. Plus tard, quand Belphégor envahit le petit écran avec son suaire noir, nous eûmes quelques craintes d'y croiser le fantôme du Louvre ! Pendant que nous jouions à nous faire peur, à la maison les femmes faisaient la vaisselle en chuchotant et en évitant que verres et couverts s'entrechoquent pour ne pas réveiller papa. Je me souviens de m'être assoupi un jour dans un fauteuil près de mon père et d'avoir été bercé par ces conversations, comme un enfant fiévreux qui, du fond de son engourdissement, entend la voix rassurante de sa mère, plus forte que la maladie. Au bout de vingt minutes, mon père se relevait en pleine forme, parfaitement reposé, et la vie reprenait. De papa, j'ai conservé cette habitude. En cela, je suis bien un fils du Midi.

Chez nous, les dimanches, les fêtes, les anniversaires étaient sacrés. À Pâques, toute la maison se remplissait de rameaux en papier doré avec des friandises en guise de guirlandes, et Tati cachait les œufs dans le jardin avant que ne sonnent les cloches. Elle en dissimulait suffisamment pour que le moins chanceux d'entre nous ait quand même de quoi satisfaire sa gourmandise... La Chandeleur ne s'écoulait pas sans faire sauter les crêpes, un louis d'or à la main, dans la plus pure tradition. Tati empoignait une grosse poêle en fonte, insensible au manche brûlant comme toutes les cuisinières, et y frottait un coton imbibé d'huile avant de faire couler une pâte lisse comme un ruban. Gourmands et pressés de nous régaler, nous ne comprenions pas pourquoi il fallait toujours laisser reposer la pâte. « Mais qu'est-ce que ça change ? » demandions-nous, comme si nous connaissions le sujet. « Tout... », répondait ma tante, mettant un point final à une discussion inutile. Noël se préparait un an à l'avance et reste un souvenir quasi mythique. Aux douze coups de minuit, après le réveillon, la porte de la salle à manger était fermée à clé jusqu'au lendemain, pour que les enfants ne soient pas tentés, la nuit, de descendre voir les cadeaux avant les autres. Assis dans mon lit, les yeux écarquillés dans le noir, je guettais le moindre bruit d'une présence suspecte dans l'escalier... Au matin, sous l'arbre scintillant, au pied de la crèche et des santons, nous déballions les paquets, surexcités, et brandissions nos jouets pour les faire admirer. Il fallait voir la somptuosité des cadeaux ! Vélo, panoplie de mes héros préférés, train électrique, voiture à ressorts pour moi, landau luxueux, poupée géante, dînette en porcelaine, diadème, tutu pour mes sœurs, le Père Noël exauçait tous nos souhaits. Tati achetait ce qu'il y avait de plus beau. À midi, les amis des parents nous rejoignaient pour le repas de Noël. Les clichés de cette époque montrent ici une tablée de convives, le verre levé vers l'objectif, vers mon père puisque c'est toujours lui qui prenait les photos ; là, des invités assis autour d'alléchantes alouettes sans tête, d'une daube ou d'une dinde aux marrons. C'est fou l'ambiance qui régnait et le monde qui passait chez nous ! Mon grand bonheur était de me glisser sous la table à la fin du repas. Cette table, lourde et large, de style Renaissance espagnole, avait des pieds en acier, chacun d'eux étant orné d'une sorte de roulement à bille que j'adorais actionner. Parfois, le bruit énervait mes parents qui me demandaient de sortir de là. La tête d'un des invités apparaissait alors sous la nappe et m'adressait une grimace qui me faisait rire. Mais souvent on m'oubliait, et je m'endormais bercé par le frou-frou des conversations et l'odeur du café. Des souvenirs très doux qui me rappellent, même si je ne l'ai pas oublié, que j'ai été un enfant heureux.

Le dimanche, lorsque le soleil et l'herbe tendre détournaient mes parents de leur tapis vert, nous partions pique-niquer. Maman faisait préparer un grand rôti de porc à la charcuterie Mingo, boulevard des Neiges, et remplissait le panier de tomates, d'œufs durs, de pain et de fruits. Une fois le tout bien calé dans le coffre de la voiture, sans oublier la limonade et le rosé de Provence dans la glacière, nous filions vers les collines et les calanques ou, plus loin, vers La Ciotat, la Sainte-Baume ou Cassis. Aux premiers beaux jours, papa sortait la Delahaye, un magnifique cabriolet de couleur grise deux tons, carrossé par Chapron, à l'intérieur de cuir patiné. Un vrai bijou, une merveille. Aux dires de mon père, il n'y en avait que deux comme celle-là : celle du maréchal Leclerc et la sienne ! C'est la première voiture dont je me souviens. Il l'acheta tout de suite après ma naissance. Dans le quartier plutôt modeste de Bonneveine, elle faisait sensation. D'autant qu'à la même période Tati avait acheté un énorme landau anglais, immense, superbe, qui occupait à lui seul la moitié du garage. Ces deux splendeurs ne passaient pas inaperçues, tout comme mes parents, qui rivalisaient d'élégance. Je l'ai dit, mon père avait très belle allure, il faisait couper sur mesure ses chemises, ses costumes chez Marcantelli, le grand tailleur de Marseille, et ne sortait pas sans un foulard en soie et des boutons de manchette en or. Il aimait le luxe, la modernité, les nouvelles technologies, et il avait du goût. Pour son bureau, il fit dessiner et réaliser par un artiste ses fauteuils – un modèle aux lignes sobres, très avant-gardiste pour l'époque – qui, désormais, meublent mon antre. S'il vivait aujourd'hui, il posséderait sans doute le dernier-né des ordinateurs. Quant à ma mère, lorsque les affaires prospéraient elle fréquentait les grandes maisons de couture, Jacques Fath, Lucie Roche entre autres, où s'habillait le fleuron de l'élégance marseillaise. Toujours vêtue du dernier cri. Qu'est-ce que j'étais fier de marcher à ses côtés ! Belle et autonome, elle conduisait elle-même sa voiture, ce qui n'était pas si courant à l'époque. Cette coquetterie ne l'a jamais quittée. Chaque semaine que Dieu fait, elle se rend chez le coiffeur et la manucure. Dernièrement, j'ai découvert avec stupéfaction trois minuscules brillants collés sur l'ongle impeccablement laqué de son auriculaire, et je l'ai vue remonter chez elle parce qu'elle s'était aperçue dans l'ascenseur qu'elle avait oublié de mettre ses boucles d'oreilles ! À plus de quatre-vingt-cinq ans... Son mot d'ordre : de la tenue. Et quelles que soient les circonstances. Pour ma mère, l'élégance est plus qu'une mode, c'est une façon d'être au monde. Sans doute aurait-elle aimé sortir davantage avec mon père que son travail absorbait, voyager, et surtout aller danser. Elle adorait la valse, alors qu'il détestait cela. « Il était un peu timide », se souvient-elle. Comme moi, qui n'ose pas me lancer sur une piste de danse.

Lors de nos fameuses balades en Delahaye, j'ai le souvenir très précis de mon père roulant au milieu de la route et ne supportant pas qu'une voiture le double. L'as du volant se voulait tout-puissant dans son élément. Malheur à qui lui faisait une queue-de-poisson ! Un jour, mon père rattrapa un de ces écervelés qui osaient le défier et le sortit de sa voiture. Il fallut les séparer. Nous allions souvent nous baigner aux Lecques, près de Toulon, une plage rassurante pour mes parents car nous pouvions marcher vers le large pendant une centaine de mètres en ayant toujours pied. J'adorais ces dimanches sans conflits où, le temps d'une journée, on oubliait mon mauvais carnet de notes. Heureux lui aussi d'échapper au carré habituel du jardin, le chien Boy s'ébrouait près de nous, traversait la nappe posée sur le sable au mépris de nos assiettes et dormait tranquillement aux pieds de ma mère dans la Delahaye, sur le chemin du retour. Exténués par la baignade, un peu brûlés par le soleil, nous somnolions tous à l'arrière, tandis que le soir tombait, bercés par le roulis de la grosse voiture décapotée, caressés par le vent tiède et l'air encore chaud. Un moment d'une grande quiétude, dont je garde une immense nostalgie.

Le soir, après dîner, une fois les devoirs terminés et dûment contrôlés par mon père, nous passions tous ensemble un moment au salon. Cette pièce avait beaucoup d'importance : on s'y retrouvait en famille, assis dans les fauteuils, le canapé, et nous lisions, nous discutions. À l'époque, le téléphone ne tenait pas la place démesurée qu'il a prise dans notre existence. Peu de gens l'avaient chez eux. La ligne de la maison – Prado 89 13, je m'en souviens encore ! – n'était utilisée que pour les communications urgentes. En tout cas, nous ne nous en servions pas en famille comme à présent, pour nous appeler plusieurs fois par jour ou pour de longues conversations, au risque de ne plus rien avoir à se raconter en rentrant. Aujourd'hui, on se parle du bout du monde, tout est vécu en direct. Et puis, on s'écrivait davantage. Lorsque mon père partit en Algérie pour ce qui fut son dernier voyage, ma mère et moi lui écrivîmes une lettre que l'on retrouva sur sa poitrine. Pourtant, il ne s'était absenté que trois ou quatre jours.

Dans le salon, un énorme meuble en acajou s'ouvrait en son milieu, découvrant un poste de radio et un phonographe, avec des piles de disques, les 78-tours de mes parents, de la musique classique, des opéras, des chansons d'après-guerre. Chacune des portes contenait des bouteilles et des verres, un petit bar où ma mère rangeait apéritifs et digestifs. Mes parents et moi écoutions beaucoup la radio, les pièces de théâtre radiophoniques, les intrigues policières, nous adorions cela. Je connaissais les voix des comédiens par cœur et découvrais parfois avec stupéfaction sur le journal que leur visage ne correspondait pas du tout à ce que j'avais imaginé. (Lorsque je suis entré à la télévision après de nombreuses années de radio, j'ai forcément imaginé la déception de certains en voyant ma bobine !) Et puis, fatalement, aux environs de vingt et une heures trente, alors que mes sœurs étaient déjà couchées, mon père jetait un coup d'œil vers la grosse pendule et laissait tomber la phrase que je redoutais tant : « Allez, Jean-Pierre, maintenant, monte dans ta chambre. » Pas question de grappiller une minute ou de supplier « Attends ! c'est presque fini ! », il se montrait inflexible. Pourtant, cette passion de la radio, il aurait dû la comprendre, c'est lui qui me l'avais transmise. Dans notre cuisine, le petit poste de Bakélite vert clair Océanic était branché en permanence sur Paris Inter. Le dessus de l'appareil avait même un peu fondu, et gondolait sous la chaleur des lampes. Chaque jour, mon père écoutait les informations et exigeait un silence absolu pendant le journal. Lui qui avait été résistant se souciait des intérêts de son pays et ne perdait pas une miette de ses soubresauts. Il avait la passion des journaux, de la presse en général, des actualités. Pas un jour sans lire au moins six quotidiens, toutes tendances confondues pour se faire sa propre opinion. *Le Méridional, Le Provençal, La Marseillaise, L'Intransigeant, France Soir, Le Soir* et *Paris Presse*, sans oublier, tous les mois, la lecture du *Reader's Digest* et de *Constellation*, un magazine de culture générale. Et gare à qui faisait les mots croisés avant lui ! Ainsi, toute ma jeunesse a été bercée par les échos de l'après-guerre, puis par la guerre d'Indochine et celle d'Algérie. À la radio, on n'entendait que des récits, des reportages de conflits, on parlait de morts, d'attentats, de représailles, rien de réjouissant ne semblait pouvoir sortir de ce poste. Heureusement pour moi, je n'allais pas tarder à découvrir l'autre face de cette invention magique, une face plus joyeuse qui allait déterminer toute mon existence. Comme beaucoup de vocations, la mienne naquit d'un interdit.

La télévision n'était pas encore entrée chez nous, ou bien par la petite porte. Il nous arrivait de la regarder chez le voisin, surtout le mercredi soir quand passait *La Piste aux étoiles*. À l'époque, les gens adoraient le cirque... À Noël, mes parents louaient un gros appareil noir et blanc que nous posions sur le meuble-bar du salon. Quand les premières images surgissaient, l'horizon s'ouvrait, mes yeux s'écarquillaient. L'imaginaire cultivé par la radio était, là, au service de l'image : cette mer, ce ciel que l'écran me présentait gris, je les voyais bleus. Je me souviens du film *Les Perses*, aux masques magnifiques et effrayants, une épopée un peu austère et lente pour l'enfant que j'étais, mais qui présentait la particularité d'être diffusée simultanément à la télévision et à la radio. J'avais donc bricolé une installation qui nous permit de nous ennuyer, oui, mais en stéréo ! J'adorais *Le Temps des copains* avec Henri Tisot, *Rin Tin Tin*, le berger allemand, et son petit maître Rusty, *Janique aimée* qui traversait mes nuits sur son Solex, *Ivanhoe*-Roger Moore et son panache blanc. La télévision était une invitation au rêve et, quand le livreur reprenait l'appareil une fois les fêtes terminées, je vivais ce moment comme une fermeture au monde. Elle me manquait. Avant qu'ils ne deviennent objets de consommation courante, vers la fin des années 60, les récepteurs de télévision étaient excessivement chers, de véritables produits de luxe. Peu de mes copains l'avaient chez eux, et je n'ai pas insisté pour que mes parents en achètent un. La regarder pendant les fêtes me semblait déjà une formidable récompense. Ensuite, les années passant, nous eûmes des préoccupations plus graves qui nous firent un peu oublier les distractions...

« Maintenant, monte dans ta chambre. » Cette phrase couperet qui me lésait souvent de la fin d'une bonne émission, j'avais fini par la haïr. Puisque supplier mon père ne servait à rien (« Je t'ai dit d'aller te coucher ! »), je décidai de me fabriquer ma propre radio ou, du moins, de faire en sorte de pouvoir continuer à écouter celle des parents après le coup de gong fatidique. Papa avait rapporté de son bureau de vieux Interphones cassés que je m'étais empressé de convertir en téléphone, en m'inspirant d'appareils que mes copains et moi avions bricolés. Tous les enfants ont joué à cela : on relie deux pots de yaourt troués à leur base par une longue ficelle que l'on noue. Il suffit de tirer un bon coup dessus pour faire conducteur et l'on communique très bien, le pot servant à la fois d'émetteur et d'écouteur. Partant de ce principe, je démontai l'Interphone, fixai des fils au haut-parleur, les branchai derrière le poste de radio et les fis courir le long de l'escalier vers ma chambre, jusqu'à mon oreiller ! Un petit interrupteur en forme d'olive compléta l'installation. Ainsi, la radio vint à moi le plus discrètement du monde, bien qu'à mon avis ma mère n'était pas dupe. Quand, le mardi soir, mes parents se réunissaient autour des *Maîtres du mystère*, à l'étage du dessus, dans son lit, il y en avait un qui tremblait comme une feuille ! J'entends encore les bruitages géniaux, les portes qui grinçaient, le vent qui hurlait, les craquements de pas ; autour de moi, des mains brandissaient des couteaux, des ombres se profilaient. C'était impressionnant et effrayant, surtout quand j'écoutais dans le noir. Avant de m'endormir, je jetais toujours un coup d'œil sous le lit, des fois que... Je me souviens d'avoir suivi, en 1963, l'assassinat de John Fitzgerald

95

Kennedy presque en direct. Le temps s'était suspendu. Avec des centaines d'Américains j'attendais devant la porte du Parkland Memorial Hospital des nouvelles du président, tandis qu'il luttait contre la mort. En cela, la radio me fascinait bien plus que la télévision. L'une me faisait inventer des visions, l'autre me les imposait. À la radio, les speakers créaient des images par le son et s'autorisaient souvent quelques libertés. Mais qu'importe puisque, du coup, le spectacle auditif devenait plus intéressant. Là est toute la magie de la radio. Elle ne ment pas mais ouvre les yeux avec les mots. Moi-même, lors de mes premières émissions radiophoniques, j'eus tendance à « charger », à en rajouter pour mieux faire voir.

La radio a ceci de fascinant qu'elle donne à celui qui l'écoute le sentiment d'être relié au reste de la planète, et à celui qui parle l'impression qu'il peut atteindre ses auditeurs où qu'ils soient. Rien n'égale la puissance évocatrice de la radio. Elle est le lieu du silence et de l'émotion, des murmures, des confidences. Un silence habité peut être plus bouleversant qu'une parole. Ce n'est pas le cas de la télévision qui, comme la nature, a horreur du vide et dont nous avons appris à nous méfier des images. La radio fut pour moi une extraordinaire fenêtre sur la vie. Il me suffisait d'entendre les crachotements du poste et de promener le curseur d'un pays à l'autre pour devenir un voyageur immobile. Sans quitter ma chaise, je visitais Prague, Oslo, Droitwich, Monte-Carlo, Beromünster, Alger, Hilversum, Vienne, Budapest, Monte Ceneri et Sottens, en moins de temps qu'il ne me fallait pour déchiffrer le nom de toutes ces villes que je ne situais pas très bien sur mon globe terrestre. Les livres m'instruisaient, la radio me cultivait... C'est fou le nombre de domaines auxquels elle me sensibilisa : le music-hall, la science, le tourisme, l'histoire, les faits de société... Tout m'intéressait. Elle m'ouvrit l'esprit et suscita chez moi l'envie de m'exprimer, la passion de communiquer. En écoutant les autres...

Dès qu'un objet ressemblant à un micro me tombait sous la main, je m'en emparais et m'adressais à un auditoire imaginaire en imitant les voix de mes animateurs préférés. Très vite, j'ai eu mes idoles : je me souviens de Saint-Granier, chroniqueur au « bonsoir » énergique sur Paris Inter, de l'éditorialiste Jean Nocher et des chansonniers du *Grenier de Montmartre* qui enchantaient mes dimanches midi en se moquant, plus ou moins librement, des politiques en place. Je dois une fière chandelle à Georges Lourier et à son *Samedi chez vous* : c'est lui qui me donna envie de faire ce métier. Il allait interviewer des gens chez eux, en province, et témoignait d'une gaieté, d'un entrain absolument communicatifs. C'est simple, je voulais être aussi sympa que lui ! La pétulance de cet homme était unique et je m'interrogeais : comment fait-il pour être enjoué de si bon matin ? Pour moi, la radio était une panacée contre la mauvaise humeur, le remède magique, avant même d'être un outil d'information. Mon désir de divertir est parti de là. Les chroniqueurs politiques ne m'intéressaient pas, ils me rappelaient les silences interminables infligés par mon père pendant qu'il écoutait le journal. Moi, j'avais envie d'amuser l'auditeur, qu'il oublie ses soucis le temps d'une émission. Mais passer « de l'autre côté du poste » me paraissait hautement improbable... Je n'avais même pas quinze ans. En attendant, j'écoutais les anciens et surtout ceux qui me semblaient apporter quelque chose de neuf dans le ton, l'approche du public. Ils n'étaient pas nombreux et souvent relégués tard le soir. Sans le savoir, j'apprenais mon métier.

En attendant, en attendant... Comme il passe lentement le temps de l'adolescence, cet entre-deux inconfortable pour tout le monde, surtout pour le principal concerné. On me répétait que je n'étais plus un enfant et l'on continuait à vouloir me faire obéir sans discuter. Me tenir droit à table sans poser les coudes, demander la permission de la quitter même lorsque le repas était terminé, parler sans couper la parole et seulement quand les adultes vous l'autorisaient, telles étaient les règles à suivre. En fait, mon père exigeait le meilleur de son entourage comme il témoignait d'une grande rigueur envers lui-même. Impatient, il pouvait s'énerver en quelques secondes lorsqu'un problème simple n'était pas réglé assez vite. Mi-craintif mi-amusé, je le regardais de bas en haut, pensant que, aussi contraignantes qu'apparaissaient ses consignes, elles devaient être justes puisqu'il nous les inculquait avec tant de fermeté. Je l'admirais. D'abord parce qu'il n'était pas comme les autres pères : les pères de mes copains ne prenaient pas l'avion, ils ne voyageaient pas à l'étranger, tout ce qui pour moi était important. Héros du quotidien, le mien avait quelque chose de plus qu'eux, et par ricochet j'avais, moi aussi, quelque chose en plus.

Une présence silencieuse... Ainsi qualifierais-je ce père qui parlait peu. Et parce qu'elle était rare, sa parole marquait. Il vous regardait droit dans les yeux, d'un regard doux et profond, d'où émanait une certaine fierté mais jamais d'arrogance. De taille moyenne, son port altier pouvait laisser penser qu'il était grand. En fait, sa prestance était remarquable et s'il avait embrassé une carrière politique, son charisme n'eût pas manqué d'en entraîner plus d'un. Mon père n'était pas un intellectuel mais un homme pratique, de très bon sens, qui avait acquis une grande connaissance grâce à sa curiosité, son allant. Souvent sérieux et grave, son visage s'illuminait lorsqu'il souriait. Nous avions le même rire de gorge qui éclatait, chez lui, trop rarement à mon gré. Volontiers amical et courtois avec ses amis, on ne peut pas dire qu'il blaguait beaucoup à la maison, ou qu'en sa compagnie on se gaussait à longueur de journée. Disons qu'il n'était pas ce qu'on appelle un « papa farceur ».

Il n'avait pas non plus le compliment facile mais, à l'âge de neuf ou dix ans, je compris que j'étais monté d'un cran de plus dans son estime lorsqu'il me demanda de porter à la Banque de France une grosse somme d'argent. « Et garde bien le reçu ! Tiens, prends la pièce pour le sandwich. » Gonflé d'importance, je filai comme une flèche vers la banque et m'acquittai de ma tâche, pressé de déguster ma récompense. Sur la route du retour, je m'arrêtai devant le palais de justice à la boutique de sandwichs et tendis mes soixante-dix centimes à la marchande, qui m'avait reconnu. « Tieng, petit, le voilà tong casseu-croûteeuuu ! » Je me revois plonger les doigts au fond de la poche de mon short pour attraper les pièces de monnaie au milieu des coquillages et tendre les mains vers la baguette bien dorée. Mmm, j'ai encore sur les papilles le goût de la mie moelleuse et des belles tranches de jambon qui dépassaient généreusement du pain. Et comment ne pas regretter cette époque où, même à Marseille, on envoyait un enfant faire une course de cette nature sans penser à l'insécurité ? Autres temps, autres mœurs. Ce règlement, qui provenait de ses fournisseurs, se répéta tous les mois et, chaque fois, je fus mandaté pour aller déposer de l'argent et des traites à la banque. Ce n'était pas une mission bien compliquée, mais je me la remémore avec plaisir : mon père est parti trop tôt pour me permettre de lui montrer que j'étais digne de toute sa confiance. En dehors de ces petits services dont il me savait gré, ses conseils ne variaient pas : « Travaille à l'école ! » C'était, il faut bien le dire, son grand souci et notre principal motif de dispute.

La forte présence de mon père, sa poigne les soirs de mauvaises notes n'excluaient pas, loin s'en faut, des manifestations de tendresse. Étant le seul « mâle » de la famille, je partageais forcément des moments de complicité avec lui. Le bricolage, par exemple. J'admirais son savoir-faire. Dans le jardin ou la maison, peinture, ciment, menuiserie n'avaient pas de secret pour lui. Et toujours le nez dans le catalogue Manufrance à commander une vis, des clous, de nouveaux instruments pour remplir sa boîte à outils. Chaque été, il se prêtait au rituel de la teinture des graviers en bas du jardin, sur l'espace où nous jouions aux boules. Il plongeait les graviers dans une peinture rouge basque et, pelletée par pelletée, il les passait à travers un immense tamis. Quand il décapait puis repeignait les volets d'un joli vert, notre maison semblait avoir fait peau neuve. Cet amour de la bricole, je le tiens de lui.

La passion de l'automobile, c'est aussi mon père qui me la transmit. À la maison, nous avions deux garages, donc deux voitures : la grande et la petite. Et c'est la bonne marche des affaires de papa qui en déterminait l'usage. Lorsque tout allait bien et que papa orchestrait, tel un maestro de l'import-export, les déplacements de bateaux et de wagons de fruits autour de la Méditerranée, nous sortions la Delahaye. Aux heures difficiles, ce carrosse était remisé dans le garage de gauche et passait le relais à la modeste 2 CV, en attendant des jours meilleurs. Il y avait aussi la Simca 8, celle que mon cousin Michel conduisait comme un fou. Pauvre Michel ! Parce qu'il eut le malheur d'emboutir la portière arrière que ma tante avait négligé de refermer, mon père l'obligea à agrandir le garage de la Delahaye, qui était creusé dans la colline, à grands coups de burin dans le rocher ! Cette petite Simca noire, je la revois disparaître au détour de notre rue le jour où mon père la vendit. Je la suivis des yeux jusqu'au dernier virage, retenant mes larmes, avec l'impression de voir partir une bonne copine aux bras d'un inconnu. Je l'aimais beaucoup, ce gros joujou. Enfin, nous eûmes l'ID 19, majestueuse et confortable, dernier coup de cœur de mon père. Et quand le cabriolet était en panne, il lui arrivait de louer des voitures, des modèles grand sport. C'était vraiment un mordu de bagnoles. Je me souviens qu'un jour nous nous promenions ensemble boulevard Baille lorsqu'une P 60, la nouvelle Aronde récemment sortie des usines Simca, passa près de nous, pimpante, rutilante comme un sou neuf. Mon père me poussa du coude. « Hé, regarde, elle est belle la P 60, hein ? Qu'est-ce que t'en penses ? » Que papa me demande mon avis, comme ça, spontanément, bon sang, je n'étais pas peu fier ! « Oui, oui, elle est belle ! – Eh bien, peut-être que nous nous l'achèterons... », dit-il. Ah, ce « nous », il sonne encore à mon oreille avec une douceur dont je ne ferai jamais le deuil... Cette balade en ville est le dernier souvenir que j'ai de lui. La complicité naturelle, la fierté réciproque d'un père et de son fils de marcher ensemble et de partager leur passion, c'est ce qui m'a le plus manqué lorsqu'il nous a quittés. Là, il semblait oublier ses soucis, et s'il lorgnait à nouveau vers les belles cylindrées, c'est signe que les affaires allaient reprendre.

Depuis quarante ans, je me suis souvent demandé quels modèles auraient eu sa préférence, surtout quand sort sur le marché une voiture élégante aux lignes effilées. C'est en pensant à mon père que j'ai réuni, dans mon garage de Carry, une 2 CV, une Traction 11, une 202, une Dyna Panhard et une

4 CV, toutes ces voitures qui tournaient autour de moi quand j'étais gamin et qui me rappellent l'ambiance des rues de Marseille à cette époque. Je continue de les faire rouler régulièrement, de même que je vais de temps à autre me promener sur mon vieux Solex. C'est mon père qui nous apprit à conduire, à maman et à moi. Très tôt, il me hissa sur ses genoux pour me montrer la position des manettes, et dès que je fus en âge d'atteindre les pédales, à onze ou douze ans, je pris le volant. D'abord sur une courte distance et puis, un jour, en pleine campagne, sur plusieurs centaines de mètres, mon père m'expliquant en direct le principe du débrayage et de l'accélération. Une révélation. Ensuite, je rentrais et sortais régulièrement la voiture du garage, manœuvre qui exigeait une grande dextérité vu l'exiguïté du passage. « Descends la poubelle et rentre la voiture ! » disait mon père. Je l'entends encore. À quatorze ans, je savais parfaitement conduire. Pendant des années, après la mort de mon père, je roulai sans permis, au grand agacement de ma mère que je persuadai être moins talentueuse que moi. Elle pestait, mais pour aller en ville elle montait tout de même à mes côtés. Lorsqu'à dix-neuf ans je me présentai à l'examen, j'avais déjà des centaines de kilomètres à mon compteur personnel ! J'obtins la conduite du premier coup, et pour cause, mais j'échouai au code, faute d'avoir potassé. Toujours la même chanson. Quelques jours plus tard, au sortir d'un restaurant où j'avais emmené ma mère et mes sœurs, un motard me fit signe de garer la voiture sur le bas-côté. Contrôle d'identité. Ouille. Mauvais pour moi. Pendant que je manœuvrais, ma mère se lamentait à mi-voix : « Mon Dieu, mon Dieu, tu n'as pas le permis, qu'est-ce qui va encore nous arriver ? » Elle était persuadée que, cette fois, je finirais la nuit en prison. Je la jouai profil bas, jeune chef de famille qui sort gentiment sa maman et ses sœurs et, bon enfant, le policier me laissa repartir après un remontage

de bretelles bien argumenté. J'avais eu chaud. Désormais je ne toucherais plus un volant jusqu'à l'obtention du fameux papier rose !

Et puis il y avait la pêche... Autre grande passion qui nous réunit pendant des années, mon père et moi. Quoique, en y repensant, je me demande si l'immobilité et le silence inhérents à cette activité me convenaient vraiment. Moi, j'avais la bougeotte, je n'étais pas un contemplatif, un calme. Ce que j'aimais surtout, c'était le parfum d'aventure qui flottait dans l'air, ces petits matins où je m'arrachais du lit pour rejoindre mon père à la cuisine, tandis que tout dormait dans la maison. Je m'habillais silencieusement et descendais l'escalier de ma chambre sur la pointe des pieds, comme un cambrioleur. Il avait mis le réveil à quatre heures du matin, préparé le café ainsi que tout le matériel. Les cannes, les moulinets Mitchell bien huilés, les hameçons qu'il fabriquait lui-même attendaient sagement dans le coffre de la voiture. Debout autour de la table, nous avalions notre petit déjeuner en chuchotant, pressés d'aller en découdre avec les poissons. Il régnait, ces nuits-là, une excitation de départ en vacances. On remplissait les musettes, la Thermos de café et en route ! Les lieux de pêche variaient selon la météo et le poisson qu'on espérait y trouver. Pour pêcher les loups à la cuiller, mon père choisissait la plage du Prado. Lorsqu'il cherchait la dorade, il plantait sa canne dans le sable et me tendait l'hameçon avec le ver qu'il venait d'y accrocher. Je rentrais aussitôt dans l'eau et nageais le plus loin possible pour le déposer au-dessus d'un banc de sable, puis je revenais à toute allure et nous attendions la prise. Une demi-heure pouvait s'écouler avant que la ligne ne s'agite. Silencieux dans le tumulte des vagues, éclaboussés par l'eau, nous tentions d'apercevoir les lignes au loin, aveuglés par le soleil qui se levait à l'horizon. Transi de froid, fatigué, je commençais à montrer quelques signes d'impatience quand, brusquement, la canne se mettait à trembler, mon père se précipitait pour actionner le moulinet, les jambes écartées comme ancrées dans le sable, le corps penché en arrière pour faire contrepoids. Oubliés la fatigue et le froid, je fonçais vers l'épuisette et le panier en tentant de voir la grosseur de la prise. Ensuite, mon père appâtait à nouveau et je repartais dans les vagues. Quand une ou plusieurs dorades mordaient, je me disais que c'était un peu grâce à moi. Au retour, ma mère préparait déjà les ingrédients pour cuisiner notre butin. Parfois, mon père se rendait dès l'aube à la calanque de Callelongue où un passeur l'emmenait en face, à l'île Maïre au cap Croisette, pêcher le saran et la rascasse jusqu'au soir, avant que le bateau ne le récupère. Il arrivait que des débutants se joignent à lui. Il expliquait alors les gestes de base du pêcheur avec passion et une grande économie de paroles. D'un mot, sans démagogie, il vous rectifiait une position. Mon cousin Michel, qui l'accompagnait quand j'étais trop petit pour le suivre, m'a raconté que les parties de pêche pouvaient durer toute la nuit. Pour être les premiers sur place, ils rejoignaient une calanque en passant sous la montagne, par le tunnel des égouts, n'hésitant pas à marcher des centaines de mètres dans le noir complet. Jusqu'au jour où, par grand mistral, ils faillirent être engloutis par la mer qui avait envahi le tunnel. En vacances, près de Poitiers, mon père pêchait le goujon dans le Clain, la rivière qui baignait la ville. Là, c'était plus calme. J'adorais me glisser dans ses cuissardes « de sept lieues » en caoutchouc, comme le Petit Poucet, et remonter le cours d'eau en marchant près de lui, entre les rochers et les tourbillons. Le soleil faisait scintiller les pierres à la surface de l'onde, jouait avec l'ombre des plantes et nous réchauffait délicieusement la peau. Sur un monticule d'herbe reposaient les pochettes d'hameçons, les asticots, les cuillers, les moulinets, les bobines de Nylon, les cannes à truites, tout un maté-riel coloré et brillant que je tripotais comme des jouets. J'ai encore dans l'oreille le bruit du fil coulissant dans le barillet du moulinet lorsque mon père ramenait une truite. Si j'aimais tant la pêche avec lui, c'est que nous ne partagions pas d'autres activités que celle-là, que pendant ces heures aucune tension ne perturbait notre entente. Nous étions à l'unisson. Bien des années plus tard, quand j'ai pu m'offrir mon bateau pour sillonner les côtes de la Méditerranée, j'ai pensé très fort à lui. Avec une infinie tristesse. J'aurais tellement aimé l'emmener avec moi...

Les cahiers au feu

Malgré mon peu de goût pour l'école, il me fallait bien faire acte de présence, quitte à passer mon temps à la porte du cours. Après Notre-Dame-des-Neiges et Sainte-Bernadette, ma mère me fit réintégrer l'enseignement public et l'école communale, l'idée étant que je ne ressente pas trop brutalement le passage au lycée à l'heure d'entrer en sixième. Judicieux calcul qui ne fut pas vraiment suivi d'effet... Pendant ces années de primaire, si je ne brillais pas par un comportement exemplaire, mes notes étaient plutôt bonnes, surtout en français. Mais à partir de la sixième, patatras ! La première rupture avec l'enfance fut pour moi d'une grande violence. Tout bascula à ce moment. Le lycée pilote de Marseilleveyre, qui se situait à quelques minutes de la maison, était un immense établissement au milieu des collines, entre sablière et pinède, composé de petits bâtiments et fleuri comme une serre. Garçons et filles y étudiaient dans une liberté incroyable comparée à l'ordre qui régnait jusque-là à l'école primaire. À l'heure du déjeuner, nous pouvions pique-niquer sur des bancs au milieu du parc, cueillir des arbouses dans les arbres pendant les récréations ou bronzer sur l'herbe, dans une atmosphère permanente de camp de vacances. À l'aube des années 60, l'expérience était révolutionnaire ! Quand une fille

107

et un garçon se plaisaient, ils demandaient au concierge de les laisser sortir un moment et ils allaient flirter dans les « traverses », ces petits chemins bordés de hauts murs, juste assez larges pour laisser passer un cheval avec sa carriole. Des coins pour amoureux, à l'abri du mistral et des regards... Comme il était interdit de fumer dans l'enceinte de l'établissement à cause des pins et des genêts, tout le monde, y compris le surveillant général, se retrouvait dans les toilettes, transformées en fumoir aux interclasses. Moi, le flirt et les cigarettes, ça ne me concernait pas encore, et j'observais le manège des grands, éberlué et un peu perdu. *A priori*, cette ambiance décontractée aurait dû me plaire... Pas du tout. Je dois reconnaître que je n'ai pas su jouer le jeu. Sans doute aurais-je eu besoin qu'on m'en expliquât le mode d'emploi, d'être davantage encadré mais, justement, l'organisation de l'école reposait sur une seule chose : l'autodiscipline. Chacun était responsable de lui-même et de ses agissements. Moi, il me fallait tester mes limites et celles des autres, transgresser la sacro-sainte loi. Ça ne pouvait pas coller. D'une façon générale, hormis le comportement de quelques éléments perturbateurs, il n'y eut pas de véritable abus ou d'incident, les élèves respectaient les règles de l'établissement. Chaque trimestre, ils se réunissaient et se donnaient mutuellement une appréciation d'OPS (Ordre, propreté, silence) et une autre de VICS (Vie communautaire et sociale) qui évaluait le degré de serviabilité de chacun. Pour ce qui me concerne, en « ordre, propreté » ça allait, en « silence » je coiffais le bonnet d'âne, mais en « vie sociale », avec mon bagout, j'étais champion. Ici, ni surveillant ni note. Les professeurs vous indiquaient juste si vous étiez au niveau en donnant, de temps à autre, des lettres entre A et F. Et comme, à Marseilleveyre, on ne faisait rien comme ailleurs, la lettre A signifiait que vous étiez un zéro pointé !

Avec ses bâtiments couleur sable et sa végétation, le lycée semblait jailli de la terre, en pleine nature, et il la respectait comme sa mère nourricière. Je me souviens qu'une année, en décembre, il tomba tellement de neige sur Marseille qu'on nous laissa faire de la luge dans la grande descente du lycée. Priorité à l'enchantement, le travail, on le rattraperait plus tard. Le jeudi (« jour des enfants » à l'époque), au mois de mai, alors que le lycée aurait dû être vide, les élèves de philo bûchaient leurs devoirs en maillot de bain au soleil. Et pour les cours de sciences naturelles, nous allions dans les calanques, les pieds dans l'eau, disséquer la moule et étudier l'oursin. Voyez l'état d'esprit. Ce qui n'empêchait pas les résultats au brevet ou au baccalauréat d'être aussi bons qu'ailleurs. Ces méthodes modernes d'enseignement frappaient l'imagination. Jacques Ollivary, le fils des pharmaciens de Bonneveine, qui fut également élève de Marseilleveyre, m'a raconté qu'un jour, en cours de physique, sa classe réalisa un pendule de dix centimètres de long, un autre de un mètre, enfin un dernier, immense, de dix mètres, que les élèves allèrent pendre au toit du lycée. « Tu vois, Jean-Pierre, la loi de la fréquence en fonction de la longueur du pendule, on l'avait pigée pour la vie entière ! » conclut-il en riant.

Dès les premières semaines, cette liberté de mouvement, l'agitation, les changements de professeur toutes les heures, les va-et-vient d'un bâtiment à l'autre me tourneboulèrent le cerveau. Je m'égarais dans ces allées, ces couloirs. C'était trop d'un coup. Pour moi, qui jusqu'ici caracolais en tête de classe, les choses se gâtèrent méchamment. Il suffit de lire les appréciations des professeurs entre sixième et quatrième pour comprendre que je n'ai pas laissé dans leur mémoire un souvenir impérissable. Je ne résiste pas au plaisir de les restituer telles quelles. Jean Naturski, professeur d'histoire : « A de belles cravates. » Cancre mais élégant. Pour le bon goût, j'avais de qui tenir... Et les autres, en vrac : « Beaucoup trop agité », « Très mauvaise tenue en classe », « Jean-Pierre se laisse vivre ». Et celle-là, que j'affectionne particulièrement : « Ensemble convenable lorsque Jean-Pierre veut. Il faudra donc vouloir toujours. » Malgré mes médiocres prestations, je ne disparaissais pas pour autant au fond de la classe, je voulais exister. Le rôle de « délégué » était donc fait pour moi et était, me semblait-il, la meilleure manière de me faire remarquer, de susciter un peu de respect de la part des professeurs et d'obtenir l'approbation de mes camarades. Avant chaque élection, je partais en campagne, et ils votaient volontiers pour moi. On me trouvait plutôt sympathique en défenseur de la veuve et de l'orphelin et en meneur de bande, même si, aux yeux du professeur de mathématiques de sixième, je n'incarnais pas la fonction de façon exemplaire : « Un délégué a pour mission n° 1 de donner le bon exemple... », me répétait-il.

Donner l'exemple... C'est là que le bât blessait. Qu'y pouvais-je ? Tout m'ennuyait à mourir, hormis peut-être l'atelier de céramique et de menuiserie où mon travail se matérialisait sous mes yeux et où je n'avais pas l'impression de peiner. Là, je me concentrais sans effort, je me calmais ; sinon, j'étais le pitre, le gentil cancre qui passait son temps à faire rigoler ses camarades et à désespérer le corps enseignant. Alors qu'en primaire le statut de bon élève me hissait au rang de vedette, à Marseilleveyre je me noyais dans un anonymat déplaisant. Je perdis pied. Pour fuir cet univers impersonnel, sortir du lot, je participais autant que je le pouvais aux spectacles du *Ver luisant*, le cabaret du lycée, où je m'en donnais à cœur joie en brocardant les professeurs. Qu'on me reconnaisse au moins ce talent. Le spectacle m'attirait, j'aimais divertir, je recherchais une scène. De la même façon, quelques années plus tard, je me taillai un franc succès auprès de ma mère et de mes copains scouts en imitant le général de Gaulle, à la kermesse de Notre-Dame-des-Neiges. Sur l'estrade d'une petite salle attenante à l'école, coiffé du képi d'un voisin qui revenait d'Indochine et vêtu d'une saharienne beige, je me lançai dans un texte plutôt rigolo concocté par mes soins. Les décors qui montaient et descendaient des cintres, la grande toile en zinc que l'on agitait pour simuler le bruit de l'orage, l'excitation juste avant le lever de rideau, tout me fascinait dans le spectacle, je m'y sentais chez moi. Mes camarades de lycée furent mon premier public et, malgré eux, mes pauvres professeurs. Mais cette vocation naquit trop tôt, malheureusement, et de façon désordonnée, compulsive. J'avais juste oublié un détail : j'étais à l'école pour apprendre, pas pour faire mon one-man-show.

Je me cherchais. Cette quête d'identité brouillonne et effrénée à l'entrée au lycée ne fut pas le seul motif de ma « désescalade ». Un autre événement se produisit durant les grandes vacances précédant mon passage en sixième qui accentua ma chute libre. Peter, un cousin de ma mère installé à Londres après la guerre, me proposa de passer la période de juillet à Cardiff chez des amis, avec leur fille Chris, âgée, comme moi, de douze ans. En échange de quoi elle viendrait en août à Marseille, ainsi que procèdent les correspondants qui étudient une langue étrangère. Sauf que je ne connaissais pas un mot d'anglais et que, dans la famille de Cardiff, personne ne parlait le français. Du jour au lendemain, je fus plongé dans un bain linguistique. Une immersion totale ! « *Look, that's a lorry* » (Regarde, c'est un camion), me dit mon cousin Peter qui était venu me chercher à la gare de Londres et m'emmenait visiter la ville. Ce furent mes premiers mots en anglais. Comme un perroquet, je répétais ce qu'on me disait et, sans que j'y prenne garde ou que cela me coûte, des phrases entières s'imprimèrent instantanément dans ma mémoire. Je retenais tout, c'était magique. Cet enseignement qui faisait corps avec la vie me convenait parfaitement. Aller chercher le pain ou une bouteille de lait devenait une aventure. Tout était exotique. À Cardiff, je découvris la modernité de nos voisins britanniques : « La télévision a deux chaînes ! Si un programme ne nous plaît pas, on prend l'autre ! » m'exclamai-je dans la lettre quotidienne envoyée à mes parents. Deux chaînes, quel luxe ! « As-tu au moins appris quelque chose ? » s'inquiétait mon père, me listant en fin de correspondance les noms de toutes les personnes auxquelles « il était convenable », comme il disait, d'envoyer une carte postale du pays de Galles. « Je m'amuse beaucoup avec la demoiselle… Nous nous comprenons assez bien », lui répondis-je. Le fait est qu'au bout d'un mois je parlais anglais couramment. Lorsque Peter me récupéra à Londres avant que je ne regagne Marseille, il n'en croyait pas ses oreilles. Qu'est-ce que j'ai pu frimer avec mes copains scouts et mes camarades de sixième !

Deux qui furent très surpris à mon retour d'Angleterre, ce sont mes parents, mais pas pour les mêmes raisons. Durant toutes les vacances, mon père m'avait bombardé de lettres me recommandant d'être poli, de ménager mes hôtes. « N'oublie pas que tu représentes la famille… », m'écrivait-il. Il aurait mieux fait de me mettre en garde contre les pâtisseries anglaises. Lorsqu'ils vinrent me chercher à la gare Saint-Charles, mes parents faillirent ne pas me reconnaître. Car si la langue anglaise s'était coulée en moi comme du miel, j'avais aussi ingurgité toutes les autres spécialités du pays : les hamburgers, les *fish & chips*, les sandwichs de pain de mie au beurre de cacahuète, les chocolats aux amandes, les pancakes aux raisins, les glaces aux œufs, la gelée de framboise rose

112

translucide... la fameuse *jelly* dont le grand écrivain Albert Cohen disait qu'elle n'avait ni saveur ni consistance et que les Anglais étaient le seul peuple au monde à manger de la couleur. Bref, j'avais grossi de huit kilos ! « Une boule ! On aurait dit une grosse boule... », se souvient ma mère. Croyant bien faire, Peter avait bourré ma valise de barres chocolatées au malt, aux noisettes et à la noix de coco, ces friandises qui faisaient leur apparition en France et que mes sœurs ne manqueraient pas d'apprécier. Ma mère confisqua le tout et cacha les bonbons en haut du placard pour nous les distribuer au compte-gouttes. Elle était catastrophée et comprit que seule elle ne parviendrait pas à me redonner apparence humaine. Dès le lendemain, un médecin de l'hôpital Saint-Joseph de Marseille me mit au régime. Finies les brioches et les navettes de Saint-Victor, ces délicieuses pâtisseries traditionnelles à la fleur d'oranger, moulées en forme de petite barque, dont les Marseillais raffolent. Mmm... je pouvais en enfourner cinq d'affilée ! Terminé tout ça. Pour calmer ma gourmandise, il me prescrivit un coupe-faim, du Cafilon. Très efficace pour calmer l'appétit, ce médicament faillit me rendre complètement fou. Une pastille orange et je devenais le maître du monde. Rien ne pouvait me résister. Pendant les cours, j'interrompais les professeurs, montais sur la table et leur expliquais comment enseigner. Ils me regardaient bouche bée, mes camarades se gondolaient et j'en rajoutais encore dans le comique et l'outrancier. Je ne me rendais même pas compte du séisme que j'étais en train de provoquer. J'avais des ailes, ce cachet me dopait pour toute la journée. À ce régime, mes kilos dégringolèrent et, avec eux, le peu d'estime que mes profs pouvaient encore me conserver.

En fait, il s'agissait ni plus ni moins d'une amphétamine, avec tous les effets que ce genre de substance provoque : une surexcitation intellectuelle et physique permanente. Sans compter les risques de dépendance au produit. J'étais devenu toxicomane avec l'aval de maman et la bénédiction de la médecine ! Le plus étonnant, c'est que personne ne fit le rapprochement entre le médicament et ce survoltage anormal, et je continuai à avaler du Cafilon pendant des mois. À l'époque, la science ne maîtrisait pas tous les effets de cette molécule, qu'elle a depuis retirée de la vente. Pendant une période tourmentée, je connus aussi des terreurs nocturnes, me réveillant d'un coup, dégoulinant de sueur, le cœur affolé. Mes mains et mes doigts semblaient avoir doublé de volume, je les contemplais en hurlant, paniqué, et maman accourait dans ma chambre. Une dose de Gardénal eut tôt fait de régler le problème. Ou plutôt de m'assommer. Comme Marilyn Monroe, j'alternais euphorisants et calmants. Sauf que moi, je ne les avalais pas avec du champagne… Durant des années, maman a gardé à portée de main ce sédatif qu'elle m'administrait en cas de crises ; celles-ci s'espacèrent très vite, pour disparaître définitivement. À l'époque, on n'envoyait pas les enfants en thérapie aussi facilement qu'aujourd'hui. Le premier réflexe était de tendre la main vers la boîte à pharmacie.

C'est précisément pendant cette période que certaines filles du lycée se plaignirent d'être agressées à la sortie de l'établissement. Évidemment, le regard noir du censeur, M. Verdier, se tourna immédiatement vers moi. Le satyre ne pouvait être que ce pauvre Foucault qui provoquait déjà tant de désordre dans la maison. Du cancre hurluberlu au criminel, pour lui il n'y avait qu'un pas, qu'il franchit sans aucun scrupule et sans l'ombre d'une enquête. Un jour, deux agents de police vinrent m'attendre à la sortie du lycée et m'emmenèrent au poste de la Pointe rouge. Ils m'interrogèrent sur mon emploi du temps, heure par heure, convoquèrent ma mère et firent tout un pataquès pour me laisser repartir, réitérant des avertissements qui ressemblaient plus à des menaces qu'à des mises en garde. « Maintenant, tu te tiens à carreau... », me dit le moins antipathique d'entre eux. Moi si timide avec les filles et d'un tempérament plutôt pacifique, je ne comprenais pas de quoi on m'accusait. Après m'être défendu bec et ongles, je ressortis à la nuit tombée, exténué et furieux contre ce Verdier et ses suspicions injustes.

J'avais beau ne pas être entièrement responsable (mais comment aurait-il pu deviner qu'on me prescrivait un excitant ?), la réaction de mon père à mes piètres résultats scolaires fut terrible. J'ai même le souvenir de corrections cuisantes. N'ayant joui que d'un minimum d'instruction, il comptait bien me voir suivre quelques études. Mais je résistais, je lui tenais tête, sourd à tout argument. « Demande pardon à ta mère ! » criait-il lorsque j'avais manqué de respect à maman. En dernier recours et pour calmer la bête, il sortait le martinet. Dommage que Tati n'habitât plus avec nous, car elle avait souvent été le rempart à cette dureté. Parfois, je m'interrogeais. Pourquoi lui, d'habitude si réservé, si calme, sortait-il ainsi de ses gonds et redoublait-il de sévérité ? Peut-être désirait-il me voir prendre sa suite et se désespérait-il que je traîne en chemin... Mais moi, avais-je envie de lui ressembler ? Oui, par certains côtés, parce que j'aimais son aisance naturelle, cette façon d'être dans la société, à la fois décontracté et complètement concerné. Cet univers de voyages, d'aéroports, de télégrammes, de talons qui claquent dans des bureaux élégants et sonores m'attirait, mais le commerce, non, pas vraiment. Bien qu'il m'ait très tôt intéressé à ses occupations professionnelles en m'emmenant à son bureau, en me chargeant de menues besognes, le métier de mon père me semblait abstrait. Dans ses somptueux locaux de la rue Breteuil, je l'entendais téléphoner en Espagne : « Des navels ? Vous m'en mettez trois wagons ! Je vous le confirme par télex ! » Des mots qui m'impressionnaient sur le moment, mais avais-je ses talents d'entrepreneur ?

En fait, j'aimais le décorum, la plaque dorée au bas de l'immeuble, les beaux téléphones, les presse-papiers en cuivre, les sous-main vert Empire, les tampons encreurs, les carnets de chèque dans les tiroirs profonds, les papiers à en-tête, les cartes de visite, bref, le spectacle, l'apparat. Toute cette quincaillerie qui sépare le monde des adultes et celui des enfants. Comme j'aimais aussi les matériels de pêche. Ma passion des objets, déjà. D'ailleurs, pour mieux retrouver ce père inaccessible, je m'étais aménagé dans le belvédère une sorte d'annexe à son office que j'appelais « mon bureau ». Avec un téléphone en Bakélite hors d'usage, un pupitre, des papiers à en-tête que papa n'utilisait plus, à mon tour, et à grands coups de combiné de téléphone bruyamment décroché et raccroché, je commandais des wagons de pamplemousses, des paquebots d'oranges et j'affrétais des avions d'ananas... Garée à côté, ma vieille voiture à pédales bleue attendait, prête à partir pour m'emmener vers un rendez-vous urgent. Des heures durant, je réglais des affaires en imitant mon père, avec tout le sérieux du monde. Et qu'on ne me dérange pas !

Je ne me souviens pas que mon père ait clairement émis devant moi l'éventualité que je prenne sa suite. Peut-être attendait-il que je sois un peu plus mûr pour parler de mon avenir. Avenir plutôt compromis pour l'instant par mon attitude à l'école... Cela peut sembler bien présomptueux de la part d'un enfant (et je ne pouvais pas l'exprimer aussi clairement qu'aujourd'hui), mais mes pôles d'intérêt n'étaient pas là, pas en classe ! J'aurais voulu brûler les étapes et celle du lycée me semblait interminable. Mes rêves étaient ailleurs, et c'est dans ce nid d'aigle où je singeais les adultes en envoyant mes ordres au monde entier, tel un démiurge, qu'est née ma vocation, non pas de spécialiste de l'import-export, mais d'animateur de radio ; c'est ici, à quelques mètres du sol, donc plus près des étoiles, que j'ai bricolé les vieux Interphones pour amener la radio jusqu'à mon oreille. Je l'ai fait venir à moi, le temps de m'armer et de grandir avant de me mettre en marche vers elle...

Au lycée, le seul à vanter mes mérites était M. Ripert, mon prof d'anglais : « Toujours sur la brèche », écrivait-il sur mon bulletin trimestriel. Là, tout allait bien. Pas difficile : j'étais premier de la classe sans travailler, et prendre la parole devant les autres pour faire admirer mon savoir tenait, encore une fois, plus du show que de l'exercice. Même à la maison, la maîtrise de l'anglais m'avait érigé en sommité. Je faisais réciter les verbes irréguliers à mes sœurs, corrigeais leur prononciation, et elles m'écoutaient. Inouï ! D'ailleurs, elles me consultaient aussi pour le ton à donner à leurs poésies, leurs récitations. J'avais du plaisir à interpréter les poèmes de Prévert, surtout les textes de son ouvrage *Paroles*, que je savais par cœur, moi le cancre. À la maison, un vieux 78-tours de certains extraits dits par le comédien-poète Jean-Marc Tenberg me permettait de varier les effets de voix, les intonations. Je ne m'en lassais pas. « Des facilités à l'oral », avait reconnu la professeur de français. Eh oui, la radio était à l'œuvre, je l'écoutais des heures tous les soirs, l'oreille collée au petit haut-parleur, toutes lumières éteintes, et j'apprenais la vie, le monde, le langage des autres. Pour rattraper mon retard, mes parents tentèrent vainement de me faire donner des cours particuliers, car mon problème était d'envergure : une absence de volonté criante pour l'étude. Je me souviens

117

du jour où M. Ripert vint à la maison pour rencontrer mes parents. L'heure était grave. Mon père l'attendait assis dans le fauteuil du salon, plongé dans son journal, détendu, impeccable dans un magnifique costume sombre. Malgré le mauvais quart d'heure en perspective et le savon qu'il ne manquerait pas de me passer, je le regardais du coin de l'œil, les jambes croisées, fumant une cigarette qu'il avait extraite d'un très joli étui extra-plat en cuir noir. Une classe incroyable. « Bon sang, c'qu'il est chic mon père ! Qu'est-ce qu'il est bien ! » me disais-je. À côté de lui, mon professeur d'anglais, petit, rond, sans apprêt et les doigts couverts de nicotine, avait moins d'allure. Souvent, j'écoutais mon père converser au téléphone. Il parlait en termes choisis, articulait avec aisance et distinction. Je ne sais pas si je m'exprime avec autant de bonheur, mais il est certain qu'il m'a transmis le plaisir de la discussion et de la recherche du mot juste.

La séance fut pénible, même si Ripert n'avait pour la matière qui le concernait que des compliments à me faire. Mais, en tant que professeur principal, il se devait de donner l'alerte. Mon père garda son calme autant qu'il le pouvait, et il fut convenu que j'allais me ressaisir et tenter de progresser. Les deux hommes se serrèrent la main et Ripert partit en me renouvelant ses encouragements. « Ouf, je m'en sors bien... », me dis-je, pensant que l'incident était clos. Le jeudi suivant, alors que j'enfilais mes grosses chaussures sur le perron de la maison pour courir rejoindre mes copains scouts, mon père m'appela de la fenêtre. « Jean-Pierre, cet après-midi, tu restes à la maison. Tu as entendu ce qu'a dit ton prof d'anglais. Alors, je veux que tu travailles. » Stupéfait, je le regardai sans comprendre et il me fit signe de rentrer d'un air qui n'admettait pas de réplique. Fou de rage, je ramassai mon barda et regagnai ma chambre avec le sentiment d'une immense injustice. Assis sur mon lit, je pleurai longuement, traitant mentalement mon père de tous les noms. Comment lui, qui avait tant œuvré pour que je rejoigne les scouts du quartier Bonneveine, pouvait-il me priver de ce bonheur, de cet épanouissement ? Avec eux, j'étais heureux, et il le savait... Alors, pourquoi ?

Pour moi, le scoutisme, c'était la liberté absolue. Je ne ferai jamais assez l'éloge de ce mouvement et des bienfaits qu'il m'apporta. Il représentait l'équilibre absolu entre les hommes et la nature, l'exemple qu'une vie en communauté, donc en société, pouvait exister harmonieusement. Jacques Ollivary, inscrit chez les scouts avant moi, se souvient encore de mon premier jour avec eux : « On a vu arriver une bouboule, un petit rondouillard, timide et un peu perdu... » Eh oui, la gourmandise m'avait rattrapé. Qu'importe, ils eurent tôt fait de me mettre à l'aise. Bien au chaud dans le giron maternel, je manquais de courage physique, d'allant ; j'avais besoin de m'affirmer et l'attitude surprotectrice de ma mère risquait de réduire à néant ce qui tentait de se révéler en moi de courageux. Grâce aux scouts, je m'ouvris au monde. Si à la maison et à l'école j'étais considéré comme le rebelle, l'énervé, les scouts surent m'apprécier pour d'autres raisons. À la différence du lycée, ils mettaient l'accent sur mes qualités (apparemment, j'en avais quelques-unes !). J'ai pu me battre avec mes armes. Ainsi, au revers de ma chemise, j'arborais fièrement les badges d'interprète et de secouriste. Tous les jeudis après-midi, nous nous retrouvions au patronage pour un briefing dans le vieux wagon de la SNCF qui nous servait de quartier général. Puis, sac au dos, nous crapahutions sur les collines et les rochers de Marseilleveyre, à la Fontaine d'Ivoire ou à la traverse Musso, sur des hectares de garrigue dans une nature écrasée de soleil, aux buissons desséchés, aux paysages accidentés, sauvages, presque hostiles dans leur aridité, que Pagnol décrit et filme si bien. Pour nous, le plus extraordinaire des terrains d'exploration et de jeux. Le soir, nous revenions, le visage cramoisi, couverts de poussière et les jambes lacérées de griffures de ronces. Fourbus et heureux.

Au bout de quelques semaines de ce régime, je devins un véritable « tron de l'air », comme on dit en Provence, quelqu'un de dynamique, d'énergique. Mon baptême du feu eut lieu sur les collines de Marseilleveyre, dont les flancs sont couverts d'agiras, ces plantes aux magnifiques fleurs jaunes mais aux épines redoutables. Le sport favori de mes copains était de courir là-dedans et de s'y égratigner genoux et cuisses. Après maintes hésitations, je m'y roulai avec eux et j'eus l'impression que tout mon corps s'embrasait. Une sensation affreuse qui me fit monter les larmes aux yeux, malgré moi. Bientôt, ma peau s'endurcit, mon caractère aussi. Ces plantes « carnivores » ne me firent plus peur. Qu'on ne s'y trompe pas : nous n'étions pas un groupe d'écervelés, des casse-cou prêts à tout pour rivaliser de virilité en méprisant les plus fragiles. Loin de là. On s'amusait comme des fous tout en observant les vertus du scoutisme, rigueur, honnêteté et respect de l'autre. Et particulièrement dans ce groupe, dont la spécificité était de pouvoir agir sérieusement sans jamais se prendre au sérieux. Tout ce que j'aimais.

Parce que au lycée j'étais comme un chien fou abandonné à sa fureur, cette forme nouvelle d'embrigadement me convenait, même si, malgré les chemises, les shorts kaki et les Rangers, nos activités étaient plus ludiques que militaires. L'installation du camp, le bricolage, le « froissartage » (technique qui consistait à couper et creuser des troncs d'arbres pour fabriquer des tables, des chaises) alternaient avec les jeux de piste, le football, les veillées, les feux de camp. Pour la première fois de ma vie je me frottai à un environnement exclusivement masculin, qui rétablissait l'équilibre avec la maison où mon père était souvent absent. Là, mon caractère s'affirma, je découvris le sens du commandement, de la démerde. Et surtout, surtout, avec les scouts je réalisai qu'on pouvait vivre comme des grands sans la mainmise de l'autorité parentale. Une prise de conscience capitale pour les années à venir où j'aurais à imposer mes choix. Chez moi, jamais on ne me laissait prendre d'initiatives, sans doute par manque de confiance. Ici, en devenant chef de patrouille, j'étais responsable des autres, avec toutes les conséquences que cela supposait. Lorsqu'on se trouve au cœur d'une forêt, sans pouvoir espérer d'aide de qui que ce soit en cas d'accident et que tous s'en remettent à vous, je peux vous dire qu'on réfléchit à deux fois avant de prendre une décision. Les problèmes auxquels nous nous confrontions étaient résolus les uns après les autres, simplement, en se conseillant, en s'aidant. Je dis souvent que le scoutisme, c'est la vie avant la vie, la plus remarquable des écoles. Là-bas, je me suis senti grandir.

Ainsi, j'ai appris à me sortir de circonstances périlleuses, même les plus inattendues ! Être lâché dans la nature avec pour tout matériel de survie une couverture, un bidon d'eau, un paquet de farine et un briquet, ou devoir improviser un numéro de comique à cause d'un incident technique au cours d'un spectacle, toute situation impromptue devait être réglée avec assurance et une parfaite maîtrise de soi. Lors de la kermesse annuelle de notre groupe, j'étais en train de chanter l'*Air des Bijoux* de *Faust*, « Aaaaah, je ris de me voir si belle, en ce miroir... », déguisé en Castafiore, affublé de faux seins, d'une robe longue rembourrée aux fesses et maquillé outra-

121

geusement, lorsque la musique s'interrompit d'un coup. Rupture de la bande-son. Aïe. La lumière se ralluma dans la salle sous les huées des spectateurs. Plutôt que de m'incliner et de disparaître en coulisses, j'exploitai spontanément l'incident. Immobile, la bouche grande ouverte, les bras tendus vers le public, je fis mine d'attendre le retour de la musique en roulant de gros yeux et en fronçant les sourcils. Sans réfléchir à la tête que j'avais, j'essayai juste d'exprimer avec sincérité la stupéfaction et l'agacement que peut éprouver une diva dans une telle situation. La salle éclata de rire, je renchéris avec d'autres mimiques et, le temps que le calme se fasse, la musique était revenue. Je m'en souviens comme si c'était hier. Ce fut un de mes premiers succès publics et, surtout, une excellente occasion de tester mon sang-froid. Pour gagner du galon chez les scouts, chacun était soumis à des essais intitulés « Cran et décision », qualités dont on devait témoigner lors de ces épreuves. On comprend l'impact que cet apprentissage peut avoir sur un enfant timide pour sa vie future. Moi-même, à la télévision, à une époque où toutes les émissions se déroulaient en direct et où les incidents foisonnaient, je mis souvent en application les enseignements du scoutisme.

Les jeudis devinrent jours de joies et d'émotions inédites. Il y eut des moments épiques, bien sûr, et d'autres de grand bonheur. Je me souviens d'une année affreuse en Camargue, à Fos-sur-Mer, où dans le camp inondé, de l'eau jusqu'aux genoux, nous nous étions battus sous un torrent de pluie pour récupérer un peu de matériel. Je me revois, la nuit tombée, dans une vieille bâtisse où nous avions trouvé refuge, autour d'un feu de cheminée, frissonnant dans mon gros pull jacquard que j'avais réussi à sauver du déluge, réconforté par les rires, les plaisanteries et le café chaud. J'ai encore sur les lèvres le goût d'aluminium du « quart », ce gobelet cabossé qui me servait de verre. Peu à peu, une douce chaleur nous avait engourdis et, pour oublier les émotions de la journée, nous nous étions mis à chanter, Jacques Ollivary, Jean-Michel Gardanne, Thierry Vardon, tous les camarades, et Bernard Chastin qui nous berçait avec sa mandoline. Bientôt, nous nous endormirions à même le sol, enveloppés dans nos duvets, fixant au plafond les ombres sautillantes projetées par le feu mourant... En 1961, à Pâques, dans les Basses-Alpes, j'eus la joie de voir surgir l'ID 19 de mon père qui venait nous rendre une visite surprise avec son associé d'Alger. Il sortit de la voiture, bras de chemise remontés, pantalons de flanelle qui fouettaient ses mollets, et dévala avec précaution la colline à pic vers nos tentes. Après qu'il eut assisté à la messe avec nous et admiré l'autel et les sièges en bois, je lui montrai nos installations et lui expliquai l'organisation du camp. La construction de notre « PH » (abrégé de « paraboloïde hyperbolique », une figure géométrique dont nous nous inspirions pour réaliser une sculpture faite de bois et de fils tendus, comme le mât d'un navire, et que nous construisions à chaque changement de camp pour indiquer l'endroit où aurait lieu l'office religieux) l'intéressa tout particulièrement. Pour une fois, il me voyait dans d'autres activités, sûr de moi, heureux de lui faire partager un autre versant de ma petite existence. J'arborais fièrement mes galons en lui présentant ma patrouille, que j'avais poétiquement baptisée « Les hirondelles ». Notre cri de ralliement, « À tire-d'aile ! », tranchait étrangement avec les éternels « Tigres : prêts à bondir ! » ou « Lions : prêts à rugir ! »... et autres dénominations à consonances guerrières. Un peu de douceur dans ce monde de brutes, que diable !

On comprend mon impatience à l'approche des vacances de Pâques : tous les ans, je les passais en camp scout avec mes copains. L'été, la maison de Bonneveine devenait le lieu de retrouvailles avec Peter, John, mes cousins de Londres et de Grenoble, et l'endroit idéal pour passer de belles journées, avec la mer à deux pas. Dans le jardin devenu notre territoire, nous croquions les cerises et les figues sur l'arbre, et nous nous aspergions dans le bassin aux poissons rouges. Chacun notre tour, on actionnait le petit jet d'eau, le jeu consistant à poser une balle de ping-pong dessus et à la faire danser le plus longtemps possible, en variant l'intensité de l'eau. La partie se transformait rapidement en bataille rangée dont nous sortions trempés et hilares. Ma mère s'emportait bien de temps à autre, mais il lui importait surtout que ce qui lui restât de famille en France et en Angleterre puisse se regrouper dans sa maison. Elle y tenait plus que tout. J'ai encore en mémoire les cris que poussait Tati quand elle nous voyait, John et moi, avaler des tartines de confiture de myrtille en teintant de manière définitive nos polos de dégoulinades noires ! John, l'un des derniers parents de ma mère, dont une partie de la famille juive avait été déportée, garde un souvenir éblouissant des sorties au restaurant avec mon père. Il eut la chance de connaître la période faste... « Nous allions à Cassis, au Lavandou, à La Ciotat, dans des établissements toujours luxueux et bien fréquentés. Je n'étais pas habitué à autant de raffinement. Je me souviens que ton père adorait les gadgets. Tout ce qui venait de sortir l'attirait. Figure-toi que c'est lui qui m'a fait ouvrir mes premières canettes de bière. Je n'en avais jamais vu avant ! » m'a-t-il confié dernièrement.

Chaque année, maman et moi allions quelques jours dans sa famille, à Grenoble. Place des Marseillaises, en bas de la gare Saint-Charles, nous prenions le car, ces Cars Phocéens qui reliaient Marseille à Grenoble par la route des Alpes. J'aurais sans doute oublié ces voyages si l'autocar n'était pas passé, à l'aller comme au retour, par le petit village de Lurs, de sinistre mémoire. Le chauffeur prenait alors une voix caverneuse : « Regardez, mesdames, messieurs, à droite... la ferme de Gaston Dominici... » Il y avait comme un frisson parmi les voyageurs, tout le monde se penchait vers les fenêtres, certains se levaient même dans l'allée centrale. La peur que j'avais en regardant cette ferme, c'est inouï ! Une maison hantée ne m'aurait pas plus bouleversé. J'étais très jeune au moment de « l'affaire » et n'en avais donc pas saisi tous les détails, mais le nom de Dominici résonnait pour moi comme celui d'un affreux criminel. Au retour, le chauffeur, qui ne se lassait pas de son petit effet, nous demandait à nouveau, d'une voix tremblante, de nous pencher pour apercevoir la ferme du suspect le plus célèbre de France. Mais vers la gauche, cette fois... Et tout le monde de se lever comme un seul homme.

Je me souviens d'épopées fantastiques pour aller rendre visite à ma tante, quand mon père roulait de Marseille à Paris en 2 CV, avec toute la famille à bord. Mille kilomètres dans cet engin brinquebalant, avec trois lascars comme nous à l'arrière, il fallait oser... Pour m'occuper, pendant les huit ou dix heures que durait le trajet, je notais sur un carnet tous les noms des villes et villages que nous traversions, guettant comme un fou le panneau de fin d'agglomération lorsque j'avais loupé celui d'entrée. Le moment fort du voyage était l'arrêt à Lyon, près de la gare de Perrache, à la brasserie Georges. Cette étape grandiose nous a beaucoup marqués, mes sœurs et moi. Notre impatience montait à mesure que nous approchions du but. Nous nous en délections par avance. « Cette année, c'est sûr, je prends les profiteroles... À moins que j'essaie l'île flottante... », murmurait Anne en se léchant les babines. Moi, je balançais plutôt entre la choucroute royale et le foie de veau poêlé. Ma mère levait les yeux au ciel. « Mes pauvres enfants, on dirait que vous n'avez pas mangé depuis quinze jours ! » disait-elle, mais je sais qu'elle aussi se réjouissait de cette halte. Et puis nous entrions dans la belle brasserie. Une salle immense et chaleureuse à la fois, les miroirs, les lustres scintillants, les banquettes moelleuses, le garçon en tablier blanc, les serveuses stylées et attentionnées, aux petits soins pour nous... Soudain nous côtoyions à nouveau le luxe, le confort. J'étais très intimidé par la caissière perchée derrière son comptoir, toute droite avec son chignon, haut lui aussi, qui semblait dominer la salle et diriger le ballet des serveurs. Le sourire de mes parents exprimait leur bonheur de déjeuner dans un lieu si raffiné. Après des temps difficiles, des privations, nous goûtions le plaisir de nous détendre tous ensemble. Nous n'allions plus au restaurant très souvent et ce remue-ménage au service de notre gourmandise, cette débauche d'égards, d'amabilités à notre endroit, était un réconfort autant psychologique que gastronomique.

Nous allâmes quelques fois aux Morillons, petit village près de Samoëns en Haute-Savoie, où mes parents louaient un chalet pour nous et notre tante. La maison de bois sentait la vache et le foin, des odeurs auxquelles nous étions peu habitués et qui nous donnaient un peu l'impression de vivre dans une étable ! Je n'en ai pas d'autres souvenirs. En revanche, je me souviens très bien du jour où, devant la maison, je me coinçai l'index entre la chaîne graisseuse et le pédalier de mon vélo, et des hurlements que je poussai pour que cette souffrance cesse et que quelqu'un veuille bien m'extirper de ce piège diabolique. Ces enfants, quelle ingratitude, tout de même... On les emmène dans des campagnes de rêve, et la seule chose qu'ils retiennent est une histoire de doigt sanguinolent et de chaîne à vélo. Désespérant... Heureusement, il y

126

avait les vacances à Poitiers, dans la maison de mes grands-parents paternels, où nous passions au moins quinze jours chaque année. Je n'avais que deux ans lorsque mon grand-père disparut et je ne me souviens plus de lui. Il travaillait comme jardinier ou comme cantonnier, et ma grand-mère s'occupait de la ferme, des poules, des lapins, des quelques animaux que mon père leur avait achetés afin qu'ils aient toujours de quoi se nourrir. Il avait même fait surélever leur habitat d'un étage pour plus de confort, alors que mes grands-parents se seraient modestement contentés d'un simple rez-de-chaussée. J'adorais cette maison un peu sombre, aux meubles de bois massif, qui sentait l'encaustique, la fleur fanée et le renfermé. Les lits étaient des refuges qu'il nous fallait escalader tant ils étaient hauts, avec leurs couettes fleuries qui nous engloutissaient sous leur masse. L'hiver, dans la maison glacée, juste avant que je ne me couche, ma tante passait la chaufferette en bronze entre les draps du lit et je m'y étendais en tremblant comme si je m'allongeais sur la banquise ! Elle refermait la couverture sur moi et je restais là, immobile, recroquevillé, pour éviter le moindre courant d'air. Les yeux ouverts dans le noir, sans repère, j'écoutais les craquements de la maison et, au-delà des murs, le silence lourd de la campagne, peuplée de milliers de bruits, tous plus indistincts les uns que les autres, mais qui ne m'inquiétaient pas puisque je sentais la présence de ma tante dans la chambre à côté.

À l'époque, pour se rendre à Fontaine, près de Poitiers, c'était toute une expédition. Je prenais le train de Marseille à Paris dans un wagon de bois de troisième classe, puis ma tante et moi redescendions jusqu'à Tours, où nous attrapions un petit train de campagne dans lequel nous accrochions nos deux vélos. Arrivés au village de Jaunay-Clan, nous enfour-

127

chions les bicyclettes, et en avant pour les derniers kilomètres jusqu'à la ferme de Fontaine. L'endroit était très isolé, les champs succédant aux pâturages, avec de temps à autre une ferme ou une grange. Et pourtant, c'est dans cette vieille maison qu'avant guerre mon père fit installer le téléphone, le premier du hameau, avec trois kilomètres de fil de la maison jusqu'au village. Toujours à l'avant-garde du progrès ! À Fontaine, tout était nouveau pour moi. M. Baudeau, le boulanger, arrivait en carriole à cheval et Tati lui achetait de larges pains de deux ou quatre livres. On devinait l'imminence de sa venue à l'odeur du crin qui précédait de quelques secondes celle des croûtes bien dorées. « Mais on ne va pas manger tout ça aujourd'hui ! » s'écria le petit citadin que j'étais en voyant pour la première fois ces énormes miches. Le boulanger rigola en levant les yeux au ciel. Je n'avais pas compris qu'il ne venait qu'une seule fois dans la semaine. L'épicier, que j'admirais pour son habileté à exposer autant de produits dans un si petit espace, faisait sa tournée en camionnette grise et annonçait son arrivée par deux longs coups de Klaxon. De même que le poissonnier, qui étalait sa marchandise dans des caissons de bois, sur un lit d'algues parsemé de demi-citrons. Il laissait toujours sur son trajet des bouts de glace pilée que je regardais fondre dans un mélange d'eau et de boue.

Le village aurait été très calme, et même un peu mort, si, devant notre maison, il n'y avait pas eu le ballet incessant des camions bennes qui allaient et venaient entre la carrière de pierres proche de chez nous et Poitiers. Peu à peu, les chauffeurs prirent l'habitude d'emmener les habitants du village à bord de leur véhicule, faisant la navette entre la campagne et la ville. Il suffisait de se mettre au bord de la route et d'agiter la main vers eux. *Idem* quand on revenait de Poitiers. Un fonctionnement sympathique et convivial, inimaginable aujourd'hui à cause des problèmes d'assurances... Souvent, les ouvriers de la carrière m'offraient des fossiles qu'ils trouvaient en remuant la terre, certains magnifiques avec des incrustations d'escargots ou de scarabées qui me rappelaient un peu les momies du musée Borely dans leur sarcophage.

Non loin de la maison, la fête votive annuelle installait traditionnellement son mât de cocagne enduit de savon, comme il se doit, avec des lots – souvent de gros saucissons et des jambons – qui se balançaient au-dessus de nos têtes. J'avais beau me démener pour y grimper, au bout d'un mètre mes pieds glissaient lamentablement au sol. Ça me rendait furieux, j'avais l'impression qu'on se moquait de moi. Pour me consoler, j'allais retrouver ma petite voisine, une fillette de mon âge avec qui je parcourais les environs à vélo. Un jour que nous nous reposions sur un talus en face de sa maison, je m'approchai d'elle sans prévenir et posai mes lèvres sur les siennes. Les yeux grands ouverts, elle me regarda faire, et comme ensuite je restai silencieux, elle partit un peu gênée. J'avais dix ans et, si le prénom de cette petite fille s'est envolé, j'ai encore en mémoire la douceur de ce premier et chaste baiser. En fait, j'étais aussi abasourdi qu'elle de mon audace. Peut-être voulais-je rompre ma solitude, je ne sais pas. Je n'avais pas beaucoup de contacts avec les jeunes du village. Ils étaient souvent réquisitionnés par leurs parents pour travailler aux champs. « On va faire les foins », disaient-ils. Je ne savais pas ce que cela signifiait mais, à leur air ennuyé, je me doutais qu'il s'agissait d'une corvée. Ou bien ils allaient traîner dans les bars de la ville d'à côté. Bizarrement, ils me considéraient comme le petit provincial, alors que j'habitais la deuxième ville de France. Tout de même ! C'est drôle, d'où qu'on vienne, on est toujours le plouc de quelqu'un. Peu m'im-

129

portait : sur la plage de l'Île verte, au bord du Clain, je leur montrai comment un Marseillais habitué aux profondeurs méditerranéennes ne faisait qu'une bouchée de leur minuscule rivière. Avec, je le reconnais, quelques ratés, comme ce magnifique plongeon que j'osai devant eux dans un creux plus profond et qui me laissa une marque rouge sur le corps pendant huit jours. Le plus beau « plat » de l'année ! Ce jour-là, mon aura d'homme de la mer en prit un coup...

Hormis Tati Delphine, qui était l'aînée, mon père avait d'autres frères et sœurs, dont l'oncle Maurice, qui mourut très tôt et à qui je dois d'être vacciné définitivement contre la chasse. J'avais sept ou huit ans lorsqu'il m'emmena avec lui de bon matin, armé de bottes et d'un fusil qui me parut démesuré. « Tu vas voir... tu vas adorer ça... », me répétait-il tandis que nous marchions dans un champ couvert de brume. C'était beau, effectivement, une pâle lumière nimbait les arbres, les buissons humides de rosée, le ciel était pur comme au premier matin du monde... Pas un bruit alentour. Je me laissais aller à mon émerveillement quand, brusquement, un faisan surgit juste devant nous dans un bruissement affolé de plumes. Mon oncle fit feu. Ce que je vis ensuite se fixa à jamais dans mon cerveau : la tête s'envola d'un côté et le corps continua sa course pendant une dizaine de mètres avant de s'écrouler. Mieux que l'homme invisible, le faisan étêté ! Maurice éclata de rire, trouvant la scène tout à fait à son goût, mais moi j'étais tellement choqué que, à partir de ce jour, je n'écrasai même plus une fourmi. Sensiblerie, sans doute, pour les gens de la campagne qui ne sont pas tendres avec les animaux, mais je m'y tiens et je progresse dans le respect de la vie d'autrui puisque, les années passant, je renonce même à pêcher le poisson.

Le périple familial des grandes vacances de 1961 m'a beaucoup marqué. Peut-être parce que ce fut le dernier voyage que nous fîmes avec notre père. Nous avions passé quelques jours chez Tati, qui nous avait emmenés à l'Opéra-Comique, au Louvre et au musée Grévin, tout ce qui pour nous symbolisait le mieux la capitale : l'histoire et le spectacle. (Si, à cet instant, j'avais imaginé me retrouver moi-même un jour au musée Grévin ! Et pourtant...) Je me souviens de nos débarquements dans son joli deux pièces rue de Chartres, quand nous envahissions sa chambre avec nos bagages et les lits pliants. Le camping à Neuilly, c'était royal ! Nous étions un peu à l'étroit, mais pour rien au monde ma tante ne nous aurait laissés aller à l'hôtel. Au chaud, comme dans un nid, nous nous sentions bien. De Paris, nous étions redescendus vers les Landes et avions visité les Pyrénées en musardant jusqu'à Marseille. Et toujours en 2 CV ! J'entends encore Françoise, ma petite sœur, râler d'être toujours assise sur la barre du milieu, et mon père lancer à la cantonade avant de gravir une côte : « J'espère que j'ai pris mon élan, sinon on ne va pas y arriver ! » Un jour, voyant se profiler une côte particulièrement abrupte, Françoise s'écria : « Papa, papa, est-ce que t'as bien pris ton élan ? » et mon père de répondre : « Mon Dieu, c'est catastrophique, je l'ai oublié à Marseille ! Comment va-t-on faire ? » Ma sœur le fixa quelques secondes, effrayée, puis interrogea ma mère des yeux, persuadée que nous n'arriverions jamais en haut de la côte. Il faut dire qu'à cinq là-dedans, avec tous les bagages, la 2 CV roulait sur le ventre ! Nous avions fait une halte dans les Landes, ce nom que l'on allonge à souhait, comme on s'étire en sortant de la voiture. L'étape rêvée pour se dégourdir les jambes en piquant un cent mètres sur le sol sablonneux. Je me souviens des pique-niques sous les arbres immenses, des cris des oiseaux que nous essayions de reconnaître et de la petite sieste que mon père s'accordait. Curieuses, mes sœurs se penchaient sur les pins mutilés en plongeant les doigts dans l'entaille d'où dégoulinait la résine visqueuse. Nous jouions à nous égarer dans cette forêt sans fin, en gardant prudemment un œil sur la voiture et sur ma mère qui nous criait de ne pas trop nous éloigner. Sa silhouette se faisait minuscule dans cette infinité et grande était la tentation de la perdre de vue, histoire de nous faire peur. Avant de remonter dans la voiture, je courais encore sur le chemin de sable, shootant dans les pommes de pin, essayant de semer ma petite sœur qui me collait aux basques pour pouvoir, seul, une dernière fois, écouter le silence.

Que les vacances se passent près de Poitiers, en Haute-Savoie ou ailleurs, mes parents ne passèrent jamais beaucoup de temps avec nous. Ils nous accompagnaient et repartaient après quelques jours. Rien ne retenait maman à Bonneveine, mais elle ne voulait pas laisser papa tout seul. Le travail de mon père les séparait trop souvent pendant l'année pour qu'ils se quittent aussi en été. Je l'ai dit, l'activité professionnelle de mon père connut une passe très difficile après avoir démarré en flèche. Jusqu'en 1953, j'avais six ans, mes parents vécurent confortablement, ne se refusant rien, recevant leurs amis, profitant de la vie, sans jeter l'argent par les fenêtres pour autant. C'est au cours de ces années que papa acheta les luxueux bureaux de la rue Breteuil et la Delahaye, témoins les plus ostentatoires de cette période faste. Un temps, il fut même question que mon père acquière un petit cabanon entre les criques de la Pointe rouge et Cannelongue, mais un autre amoureux des calanques le doubla de vitesse et ce rêve s'évanouit. La conjoncture était excellente, l'import-export de fruits et légumes florissant, et aucun signe d'un ralentissement de l'activité ne se faisait sentir. Les premiers ennuis financiers vinrent des douanes qui taxèrent très lourdement mon père lors d'opérations compliquées où il importa plus que ne le permettaient les autorités. À chaque dépassement, les amendes pleuvaient. Mais, surtout, là où mon père était l'un des rares à occuper le terrain, d'autres arrivèrent et, au fil des ans, il y eut moins de commandes, moins de contrats, moins de bénéfices. Peu à peu, le train de vie de la maison changea.

Je me souviens très précisément du jour où je compris que le navire des affaires de mon père prenait l'eau. Après l'avoir accompagné à la poste, comme nous passions devant le Monoprix de la place de la Bourse, j'eus soudainement envie d'une bouteille de sirop de menthe. J'avais à peine formulé ma demande qu'il la refusa avec une fermeté qui me glaça. Je levai les yeux, très surpris, ne comprenant pas ce qui pouvait me valoir ce ton si sec. Qu'est-ce que j'avais encore fait ? Il me regarda quelques secondes et, brusquement, changea de visage. Sortant une enveloppe de sa veste, il en extirpa une grosse pièce de monnaie et me la tendit. « Tiens, me dit-il avec un gentil sourire, va la chercher ta bouteille, je t'attends... » Je filai sans demander mon reste. Ensuite, nous allâmes à la poste où il déposa la totalité du contenu de l'enveloppe. Plus tard, j'appris à quoi correspondait cet argent. Mon père avait été contraint de louer ses bureaux de la rue Breteuil ainsi que la ligne téléphonique qui restait toujours à son nom, le temps que les affaires reprennent. Ce jour-là, les locataires lui avaient remis en espèces le montant des communications et, sans attendre, il s'était acquitté de la facture de téléphone auprès des P & T. Apparemment, mon père n'avait pas sur lui un centime de plus que cet argent auquel il n'aurait pas dû toucher. Si j'avais su... Mais j'étais petit et mes yeux étonnés l'avaient bouleversé. J'ignore comment il s'arrangea ensuite pour combler ce léger emprunt, mais je compris par ce geste

133

et le silence qui suivit qu'il refusait que je fasse les frais d'une conjoncture difficile. Mes parents firent tout ce qu'ils purent pour nous en préserver mais, malgré leurs précautions, on sentait bien une certaine austérité dans l'air. Plus de voyages à l'étranger, plus de caisses d'oranges et plus de cadeaux souvenirs. Les déjeuners du dimanche se raréfièrent, les invités, les sorties, les promenades aussi. La Delahaye ne sortait plus du garage.

De ces années difficiles, je garde l'image de mon père debout face à son bureau, éclairé par une petite lampe, le regard fixe, plongé dans ses réflexions ; ou assis dans le salon, consultant des dossiers et la presse professionnelle. Il passait des coups de fil, relançait des clients ou déclinait son parcours à d'éventuels nouveaux partenaires. Ou bien il discutait avec ses associés pendant des heures. Avec mon cousin Michel, ils tentèrent d'exporter de l'huile d'olive, excellente idée selon lui car mon père aurait été le premier sur le marché, mais les jalousies féroces auxquelles ils se heurtèrent firent capoter le projet. De même lorsqu'ils importèrent des langoustes d'Afrique du Sud : la marchandise fut volée à la gare, les douanes le taxèrent et mon père plongea un peu plus dans le rouge. Il ne manquait pas d'idées, certes, mais aux dires de Michel mon père était un génie commercial, un fin négociateur et un piètre gestionnaire. Il se laissait gruger, s'entourait mal, accordait sa confiance à tort. Jamais il ne sut se protéger des escrocs. « Le problème, se souvient Michel, c'est que même si ton père avait changé de travail, il n'aurait jamais accepté d'être l'employé de quelqu'un : il aimait sa liberté et ne voulait pas être commandé... » Le contraire m'aurait surpris. Le connaissant, il n'était pas non plus du genre à quémander une aide si elle ne venait pas spontanément, préférant peiner mais s'en sortir sans rien devoir à personne. Suivirent

134

des années très dures, pendant lesquelles mon père dut parfois se sentir très seul. J'ai souvent regretté de ne pas avoir deux ou trois ans de plus pour partager avec lui ces moments de gravité. Ils nous auraient rapprochés.

Après une série d'opérations catastrophiques, la banque qui l'avait soutenu jusque-là refusa de lui accorder un prêt et il dut mettre la clef sous la porte. Les bureaux de Paris et d'Annemasse fermèrent définitivement, puis ceux d'Abidjan, et il dut se séparer de tous ses employés, environ une quinzaine de personnes. « Il était torpillé, se souvient Michel, repensant au moment où lui aussi dut quitter mon père et repartir pour Poitiers. Il se sentait tellement triste d'avoir à licencier ses employés... Comment leur dire ? Le courage lui manquait. » À la maison, il y eut des discussions un peu âpres, mais mes parents ne se disputaient pas plus pour autant. Les épreuves avaient soudé ces durs à cuire et ils en avaient traversé d'autrement plus périlleuses. Ce sont les privations du quotidien qui furent parfois difficiles à supporter. Maman me raconta qu'elle comptait ses sous chez l'épicier et qu'elle était gênée de ne plus pouvoir entrer dans la boucherie où, pendant tant d'années, elle s'approvisionnait. « Je ne pouvais même plus faire ma teinture chez le coiffeur, tu te rends compte ? » se souvient-elle. Je me rends compte, maman... Pour une femme coquette, la situation était pénible, pas très grave mais usante quand elle s'éternise. Mes sœurs gardent aussi, de cette période, des souvenirs d'élégance contrariée... Aujourd'hui elles en sourient, mais à l'époque elles durent mettre un chapeau sur leur orgueil. Ainsi furent-elles obligées de revêtir les vêtements que leur envoyait Peter, employé dans la confection à Londres. À chaque arrivage, c'étaient des cris d'horreur : « Ces Anglais ont un goût de chiottes ! Regarde-moi ce pantalon à carreaux et cette robe à smocks ! C'est affreux ! » Et ma mère de s'enthousiasmer : « Mais non, voyons, c'est ravissant ! » en priant le Ciel que ses filles les portent sans discuter. Leur fierté en prit un coup : quarante-cinq ans après, elles s'en souviennent encore ! Pour vivre, mes parents allèrent même jusqu'à vendre des pommes sur les marchés. Ma mère tempêtait qu'ils en soient arrivés là, mais elle ne se décourageait pas. De son côté, mon père tâchait de renflouer le bateau. Il partit au Brésil pour infiltrer (c'est le cas de le dire) le marché du café, il vendit des pruneaux de Californie, il alla même en Iran et fut reçu au palais royal après avoir imaginé importer du caviar en Europe. Il en rapporta plusieurs boîtes à la maison (j'y goûtai sans en garder un souvenir impérissable), mais le projet n'aboutit pas. Tant mieux : comme parfum d'intérieur, je préférais celui des oranges à celui des œufs de poisson. Il tenta de vendre un attendrisseur alimentaire, un mélange de sel et de papaye qui faisait fondre la viande en la parfumant délicatement sans pour autant la sucrer. La Papaya était née. C'est un voyageur qui en avait eu l'idée en voyant les aborigènes entourer des quartiers de viande dans des feuilles de papaye pour en atténuer la dureté. Mieux valait ne pas les oublier, car les feuilles pouvaient tout engloutir, comme des plantes carnivores. Michel m'a beaucoup amusé en me racontant qu'un jour il avait soigné une verrue en appliquant dessus une noisette de Papaya ! Ils firent quelques démonstrations dans des petites surfaces mais, en définitive, ce produit déjà commercialisé dans d'autres pays n'eut aucun succès à Marseille, personne ne s'y intéressa. Après avoir encombré le garage pendant des mois, les cartons remplis de boîtes de Papaya finirent tous à la poubelle. Un échec supplémentaire et un goût très âcre dans la bouche de ma mère qui se souvient avoir perdu beaucoup d'argent dans ce projet.

L'expérience familiale m'a servi d'exemple pour toute ma vie professionnelle : parti de zéro dans une famille plus que modeste, mon père connut une réussite fulgurante, multipliant bureaux et employés, pour subir, quelques années plus tard, un renversement de situation. L'inquiétude parfois excessive dont je ne me suis jamais défait, je la dois aux revers de fortune que subirent mes parents, à leurs difficultés financières, à leur combat quotidien. Le visage grave et préoccupé de mon père, l'air soucieux de maman, leurs efforts pour qu'on ne manque de rien m'ont marqué à jamais. De là est née chez moi la peur du lendemain, la certitude que tout peut arriver dans la vie et que le succès n'est jamais définitif.

Les années 50 s'achevaient, « presque dix ans à se débattre dans les problèmes d'argent et pour ton père à se démener pour trouver des solutions... », se souvient maman, qui refusa longtemps d'en parler. Une très mauvaise période pour eux. Début 1960, mon père créa la Société algérienne de commerce extérieur, et les affaires repartirent doucement. En février 1962, on lui confia à nouveau la gestion de milliers de francs de marchandises qui arrivaient à Alger par bateau. Il devait le réceptionner et en vérifier la cargaison. Un « gros coup » pour sa société naissante. Il allait pouvoir se refaire, enfin. Les voyages allaient reprendre et les parfums de fruits à nouveau embaumer la maison... Tout refleurirait bientôt. Normal, dans un mois, ce serait le printemps.

La mort de mon père

Il ressemble à tous les autres matins, celui où vous voyez votre père partir pour son dernier voyage... Ce jour-là, maman et moi l'avions accompagné à Marignane, comme souvent lorsqu'il se rendait à Alger. Nous ne devions plus jamais nous revoir, pourtant il m'embrassa sans effusions particulières. Les mêmes gestes, les mêmes regards. Un jour comme un autre, en somme. Sans doute me fit-il ses dernières recommandations, « ... et travaille davantage, Jean-Pierre, sois sérieux... », auxquelles j'avais dû répondre distraitement en lorgnant derrière lui sur la piste les appareils prêts à l'envol. Un voyage routinier pour lui dont l'activité était en train de redémarrer, mais qui me faisait toujours envie. Moi, l'avion, je ne l'avais pris qu'une seule fois, du Bourget à Londres, lors des vacances à Cardiff, pour une traversée minuscule. Le temps de m'installer, de détailler l'agencement de la cabine et de coller mon nez au hublot, l'avion amorçait déjà sa descente. À présent, je rêvais qu'il m'emporte loin, en Australie par exemple, sur ce continent où je me serais endormi, heureux, en pensant qu'en France on travaillait encore... La Caravelle aux couleurs d'Air Algérie roula doucement sur le tarmac puis s'immobilisa pour accueillir les voyageurs. Mon père grimpa lestement l'escabeau sans se retourner et mon au

139

revoir resta au bout de mes doigts. Les scènes d'adieux n'étaient pas son genre. Quelques minutes plus tard, dans un bruit assourdissant et une odeur de kérosène qui me prit à la gorge, l'avion s'éleva dans le ciel. Comme d'habitude je le regardai partir, en imaginant ce que papa voyait par les hublots. Les baraquements en bois de l'aérogare devaient avoir la taille de caramels et moi, il ne me distinguait même plus. Avant que je ne l'expérimente, il m'avait maintes fois expliqué le rituel des hôtesses une fois l'avion en vol, les consignes de sécurité, la ceinture, les sièges relevés, l'interdiction de fumer et le chewing-gum indispensable pour les oreilles sensibles. Le mode d'emploi, je le maîtrisais ; il ne restait plus à mon père qu'à m'inviter au voyage pour ces pays que j'avais l'impression de connaître par cœur en mettant bout à bout toutes ses cartes postales. Bientôt, j'irais, c'est sûr. Il l'avait dit.

Plus tard, en ce milieu d'après-midi du 22 février 1962, j'aurais dû être content que le directeur du lycée de Marseilleveyre vienne interrompre le cours pour que je quitte la classe. Que se passait-il ? Il était gentil, aimable, pourtant je sentais bien qu'il n'y avait pas lieu de se réjouir de ce changement de programme. Le directeur du lycée posa sa main sur mon épaule – la première fois en quatre ans : « On vient de m'informer que ton père a eu un accident en Algérie. Rentre directement chez toi après l'école et ne traîne pas en route. » Un accident ? Un accident de quoi ? Le directeur n'en savait rien. Lorsque je demandai à M. Verdier, le censeur, de téléphoner à maman pour avoir d'autres informations, il refusa tout net, pensant que j'allais profiter de l'autorisation pour appeler en Algérie. Comme si je me promenais avec son numéro sur moi. Je n'y avais même pas pensé... En retournant en classe, je bouillais. Décidément, il m'en voulait, celui-là !

(De ce jour, je mis M. Verdier dans un coin de ma tête et tout au long de ma carrière professionnelle, surtout à la radio, chaque fois que je faisais allusion à un imbécile, il s'appelait M. Verdier ! Jusqu'au jour où son avocat m'appela pour me demander de bien vouloir « lâcher » son client, comme il disait...) Je dus donc attendre la fin du cours dans un état second et, à dix-sept heures trente, je filai comme une flèche à Bonneveine.

Maman n'était pas à la maison. Rentrée avant moi, ma sœur Anne avait déjà accueilli un des fournisseurs de papa qui l'informa d'un accident de voiture dont mon père avait été victime. « À sa tête, j'ai compris qu'il s'était passé quelque chose de très grave, me raconta-t-elle, et la gentillesse débordante des voisins a accentué mon inquiétude... » Je montai dans ma chambre poser mon cartable et mes affaires et dégringolai immédiatement au rez-de-chaussée pour guetter le retour de mes parents, l'un ou l'autre, ou ensemble, je ne savais plus. Dès cet instant, je devins comme un animal qui surveille sa proie. Toutes les cinq secondes, je regardais la porte de la maison, puis j'essayais de m'occuper l'esprit en lisant un magazine mais, irrésistiblement, mes yeux s'enfuyaient vers le bas du jardin. Finalement, je m'assis en haut des marches d'où je finis par ne plus bouger. Un accident. En Algérie. Dans mon esprit adolescent, je n'imaginais pas qu'un accident de voiture puisse être quelque chose de grave. Surtout avec mon père. Lui, un as du volant, comment le croire ? Un con lui était rentré dedans, à n'en pas douter. Pour tuer le temps, je descendis dans le garage et m'installai dans la belle Delahaye en essayant de comprendre ce qui avait bien pu se passer. Mais même en me glissant dans sa peau, je ne ressentais rien.

« Ton père a eu un accident, mais ne t'inquiète pas, ta mère va revenir bientôt... », me répéta le fournisseur une fois de plus. Prévenu par télex d'Alger, il était arrivé d'Aix-en-Provence au volant de sa grosse Mercedes 190 et, pour calmer mon impatience, il me proposa de m'emmener jusqu'aux bureaux de la rue Breteuil. Je le suivis sans trop réfléchir, l'esprit vide, juste ébloui par la taille de la berline. Peut-être allions-nous retrouver là-bas maman en train de téléphoner en Algérie pour avoir des nouvelles de papa... En fait, le fournisseur savait déjà que papa était mort, mais il ne dit rien. Je me souviens que ses questions me semblèrent un peu étranges. « Qu'est-ce que tu comptes faire dans la vie, mon garçon ? Et les études, ça t'intéresse ? » me demanda-t-il avec une curiosité qui ne semblait pas feinte. Il jouait bien la comédie, mais mes sens en alerte m'avertirent d'une chose : s'il m'interrogeait sur mon avenir, c'est que l'heure était grave. Finalement, ma mère n'était pas là et nous revînmes à la maison. Avant de partir, je le vis ramasser quelques documents. Sans doute des papiers dont elle allait avoir besoin pour se rendre en Algérie afin de ramener la dépouille de mon père. Mais cela, je ne le savais pas encore.

À la maison, je repris ma surveillance de la porte d'entrée. Attendre. Que faire d'autre ? Mes pensées se télescopaient dans mon esprit perturbé et je me disais que si papa avait des béquilles, je devrais l'aider à escalader les marches. La promenade dans ce jardin à niveaux ne serait pas commode. Bon, on verrait bien... Quelques minutes plus tard, une silhouette se profila. Maman arrivait, tenant ma petite sœur Françoise par la main. Enfin ! Je me levai et courus vers elle. Mon Dieu... De ma vie, je n'oublierai son visage bouleversé, grave, figé. Elle me regardait avancer avec un accablement, une tristesse que je ne lui avais jamais vus auparavant. On aurait dit qu'elle

142

fixait quelqu'un derrière moi, comme un laser me traverserait le corps. Elle était avec ma sœur en consultation chez l'ophtalmologiste lorsqu'on l'avait prévenue. « Papa a eu un accident... », murmura-t-elle avant de rentrer et de se murer dans le silence. À l'intérieur, personne n'osait parler, l'ambiance était bizarre, comme avant l'orage, quand le ciel s'obscurcit et qu'on attend les premiers grondements du tonnerre. Quelque chose de terrible planait, une menace au-dessus de nos têtes qui n'allait pas tarder à s'abattre sur notre famille. C'est ainsi que je le sentais.

Maman semblait ailleurs. Elle était autre. Quand elle me serra dans ses bras, je pressentis un grand malheur, mais elle ne dit rien. D'ailleurs, que savait-elle exactement ? Qu'avait-on osé lui dire ? En même temps, je m'accrochais à mes pauvres questions : peut-on mourir d'un accident de voiture ? Un accident, c'est embêtant, mais jamais grave, n'est-ce pas ? Je me souviens, quand nous roulions dans la Delahaye, avec quel enthousiasme je criais à mon père : « Va vite, papa, va vite... Fais un accident ! » Pour moi, c'était juste une histoire de tôle froissée, une bonne frousse. Comme les bleus que les tours d'autos tamponneuses me laissaient sur les bras et les genoux. Intuitivement, je ne croyais pas à cette version de l'accident de voiture. Et mon intuition était la bonne.

Plus tard dans la soirée, maman fit venir une voisine en nous demandant d'une voix douce et lasse d'avoir la gentillesse de lui obéir en attendant son retour, et elle monta dans sa chambre rassembler quelques affaires pour partir le soir même en Algérie. Je ne sais plus ce que nous nous sommes dit. Je nous revois tous assis dans la cuisine, les mains croisées sur les genoux, silencieux, osant à peine nous regarder, écoutant, à l'étage supérieur, maman marcher de long en large, de la penderie au sac de voyage posé sur le lit. Cet événement nous paraissait comme un habit trop large à endosser, une charge trop lourde pour nos petits bras. « Quel drame... Mon Dieu, quel drame... », murmurait la voisine en hochant la tête, prévoyant le pire. Un drame, c'était quoi ? Cela ne nous était jamais arrivé.

Le lendemain, Tati descendit de Paris pour s'occuper de nous, en même temps que mon parrain Jean Verdel arrivait de Genève. De l'autre côté de la Méditerranée, à peine atterrie à l'aéroport d'Alger, maman apprenait la mort de mon père et ses terribles circonstances de la bouche d'un de ses collaborateurs. Elle prévint immédiatement ma tante Delphine à Bonneveine, puis se rendit à l'hôpital Mustapha pour reconnaître le corps de mon père. On ne lui laissait pas le temps de réaliser que, déjà, les formalités commençaient... Tati accusa le coup de façon admirable, oubliant son chagrin pour se mettre au service du nôtre, ne rajoutant pas les larmes aux larmes. Ce frère disparu représentait tout pour elle et je ne me souviens pas l'avoir vue s'effondrer, pas devant nous, en tout cas. Solide, elle le fut toute sa vie. Un roc, la dignité faite femme. Et du courage, il lui en fallut pour affronter nos regards, pour nous cacher son désespoir en attendant que maman revienne nous apprendre l'affreuse nouvelle.

Ma mère rentra deux jours plus tard, par avion, tandis que dans son cercueil mon père faisait son dernier voyage dans les cales du *Ville d'Alger*, ce bateau qu'il avait affrété tant de fois pour sa marchandise. Ma mémoire a occulté le moment où elle nous réunit, mes sœurs et moi, pour nous dire les trois mots que depuis des heures je m'exténuais à repousser. Je me souviens d'un choc, une sorte d'étourdissement,

144

une envie de pleurer devant le visage décomposé de maman, et du sentiment brutal que la vie heureuse s'arrêtait à cette seconde. Qu'il y aurait un avant et un après ce 22 février 1962, que rien ne serait jamais aussi beau que tous les souvenirs qui se fixaient en moi et qui appartiendraient définitivement au temps où papa était encore là. Papa est mort. Papa est mort. Ces mots martelaient mon cerveau à me rendre fou, mais ils ne signifiaient rien. La mort, la disparition, nous en avions vaguement entendu parler, nous autres petits, au détour d'une conversation entre cousins de maman. Mais c'était la guerre, une autre époque, elle était loin à présent. Maman avait échappé aux nazis et papa à la Gestapo... Comment la mort pouvait-elle nous rattraper maintenant que les affaires repartaient et que la belle saison arrivait, avec son lot de promenades et de virées en Delahaye?

Plus tard, quand je me retrouvai seul dans le jardin, dans la rue qui menait à notre maison où plus jamais je ne croiserais la voiture de papa, tous ces endroits où nous n'irions plus ensemble, la douleur ne fit qu'une bouchée de moi. Assommé, j'eus la sensation terrible qu'en même temps que je disais adieu à mon père, il me fallait aussi dire adieu à l'enfance. Les jours suivants, je me réfugiai sans cesse dans ma chambre pour revivre le film de ces journées et tenter de saisir quelque chose puisque tout nous échappait. Couché sur mon lit, je restais des heures, les yeux au plafond, à penser à lui, à rêvasser en suçant mon pouce. Je n'avais plus envie de blaguer. Ma chambre, lieu de tous mes rêves, de jeux ou d'écoute de ma petite radio, devint le refuge de mon désespoir. Combien de fois m'y suis-je retrouvé pour laisser couler des larmes de tristesse et surtout de frustration. Le besoin de le voir, d'entendre sa voix était atroce, je n'en pouvais plus de ce silence qui répondait à sa place. Mon père m'avait été arraché, il me manquait physiquement, et accepter l'idée de ne plus le revoir était au-dessus de mes forces. Je m'endormais d'un sommeil de brute après avoir trempé mon oreiller de pleurs, ou bien j'errais dans le jardin, les bras ballants, l'esprit vide. Assis près du bassin, le regard dans le vague, je suivais le va-et-vient des poissons, incapable de fixer mon attention sur autre chose que l'idée épouvantable de cette mort. Je ne parlais pas beaucoup. Plus d'énergie. Comme un athlète essoufflé avant d'avoir couru. Il me fallait le recueillement pour réaliser. L'ombre de mon père semblait me précéder où que j'aille. Je me surpris à la guetter. Quand je passais près des petits robinets qui longeaient les escaliers du jardin, je pensais : « C'est celui-là qu'il a ouvert en dernier... » Je contemplais la rampe d'escalier sur laquelle il avait dû s'appuyer en descendant de l'étage le jour de son départ, la poignée de la porte d'entrée, celle de la rue...

Ses objets personnels prirent brusquement une valeur sentimentale extraordinaire. Dans la salle de bains, les yeux fermés, je respirai longuement son blaireau, m'enivrant de son odeur de peau, de son parfum. La bouteille de Pétrole Hahn dont il s'enduisait les cheveux reposait à sa place, je la caressai du bout des doigts. Le geste qu'il avait pour plaquer ses cheveux en arrière me revint et j'en eus les larmes aux yeux. (Aujourd'hui, dans ma maison de Carry-le-Rouet, il y a du Pétrole Hahn dans la salle de bains. J'ai tellement peur que la production cesse brutalement que je garde toujours deux ou trois flacons de réserve. De temps en temps, je secoue la bouteille comme le faisait mon père pour bien mélanger le produit. Il m'arrive même de m'en asperger un peu les cheveux.) J'évaluai en quelques secondes – l'esprit va très vite pour calculer l'étendue d'une catastrophe – tout ce à quoi il allait me falloir renoncer désormais : les balades en voiture, les

146

parties de pêche, les baignades. Plus jamais de cartes postales. Et surtout, surtout, cette pensée lancinante qui me submergeait par sa cruauté, me crucifiait sur place et à tout moment me faisait couler les larmes : « Quand je pense que je ne pourrai plus jamais dire "papa"... » J'aurais voulu me protéger de ma souffrance sans cesser de penser à lui. Mais comment faire avec cette douleur nouvelle ? La brûlure d'une claque sur la joue, celle des ronces qui entrent dans les genoux, je savais ; l'entorse à la cheville et la clé de bras, j'avais expérimenté ; les chagrins d'amour, il paraît qu'on « dégustait », m'avait dit un copain plus âgé. Je ne connaissais pas encore. Mais ce mal-là, comment le contrer, lui qui m'anéantissait avant même que je songe à livrer bataille. Et le calme qui envahissait le jardin à la tombée de la nuit, les premières douceurs de l'air n'apportaient pas le réconfort habituel. Le soir, chacun de nous était renvoyé à sa solitude.

Au fil des jours où je me réveillais chaque matin avec le nom de papa sur les lèvres, je compris que je resterais éternellement orphelin de mon père, et que perdre un être cher dès l'enfance, c'est passer sa vie à rêver de tout ce que l'on aurait pu faire avec lui. Cette période noire, je la vécus sans l'aide de qui que ce soit ; non pas qu'elle me fut refusée, mais je ne la sollicitai pas. Comme mon père, qui ne se livrait pas dans les moments difficiles, je me tus. Et aujourd'hui, en couchant sur le papier ces souvenirs douloureux, j'ai l'impression étrange de parler de quelqu'un qui me ressemble, qui aurait vécu des douleurs identiques, mais qui n'est pas moi. Comme si j'avais besoin de passer par ce dédoublement pour parvenir à analyser ce que j'ai pu ressentir.

Après la mise en bière, le cercueil fut installé sur des tréteaux au milieu du salon. Vision abominable, brutale, que jamais je n'oublierai. Parti le sourire aux lèvres, voilà comment on nous le rendait... Devant ce cercueil sur lequel nos regards ricochaient, impuissants, mon imagination cavalait en tous sens. Était-il bien là? Pourquoi ne ressentais-je rien, alors? Si proche et ne pas pouvoir le voir, le toucher, quelle cruauté. Combien de fois, à l'abri des regards, ai-je caressé le bois du cercueil? J'ai même pensé à dévisser le couvercle, pour être sûr. L'image que j'avais de mon père était celle d'un homme dynamique, en mouvement. Comment faire le deuil avec une telle vision? Le jour de la levée du corps, il y avait un monde fou devant la maison; non pas que mon père soit connu de tous, mais tous le respectaient. Le long des escaliers du jardin, ces marches où je le vis si souvent contempler ses plantations, les camarades de classe d'Anne firent une haie jusqu'à la rue. Quatre hommes robustes chargèrent le cercueil sur leurs épaules et traversèrent le jardin en descendant précautionneusement. Voisins, amis, professeurs, compagnons scouts, beaucoup pleuraient en nous regardant. Les habitants du quartier furent profondément bouleversés par les circonstances de la mort de mon père. Cette guerre d'Algérie à la fois si proche et si lointaine, ils en percevaient les échos d'une manière tout à fait inattendue, mais qui les touchait personnellement. Je me souviens du désespoir et de la colère de ma mère. Son tempérament slave donna toute sa mesure à sa douleur. Sa famille avait été décimée, elle venait de passer dix ans à se battre au côté de son mari contre l'adversité, et au moment où les choses commençaient à s'arranger, le destin le lui enlevait sauvagement et la laissait seule avec trois enfants. Il lui coupait les ailes. Trop, c'était trop! Le 27 février 1962, entre le décès de mon père et son enterrement, elle eut quarante-six ans. « Un anniversaire dont je me souviendrai... », confia-t-elle amèrement à Françoise. Le seul que personne n'osa lui souhaiter.

148

L'inhumation avait lieu à Poitiers, où reposaient déjà mes grands-parents paternels. Une 203 corbillard se gara devant notre maison, le cercueil de papa fut installé à l'arrière, et moi je m'assis près du chauffeur qui, après quelques paroles gentilles, laissa le silence retomber sur nous. Mon parrain emmenait ma mère, ma tante et mes deux sœurs dans une autre voiture. Je me sentais pétrifié de chagrin d'être dans ce corbillard avec mon père mort – jamais nous ne nous étions retrouvés, moi à l'avant d'un véhicule et lui à l'arrière – et, à la fois, immensément fier de le conduire jusqu'à sa dernière demeure. Nous nous arrêtâmes à Montluçon pour manger un peu et nous reposer. Je me souviens encore de la phrase de mon parrain en entrant dans le restaurant. « Il vaudrait mieux qu'on ne dise pas à l'hôtelier qu'il y a un cercueil dans une des voitures... » Des mots terribles qui se fixent pour l'éternité dans la mémoire, parce qu'ils expriment tout le dérisoire et l'absurdité du destin. Des mots qui prêteraient à rire si l'heure n'était pas si triste, si les larmes ne noyaient pas les visages pour un oui, pour un non, pour un sourire que l'on donne, une main qui se pose sur la vôtre, un regard qui interroge : « Est-ce que ça va ? » Ce jour-là, mon parrain, boute-en-train malgré lui, me fit rire à plusieurs reprises au cours du repas. Personne ne lui en voulut. C'est à lui que je dois mon premier fard, ma première honte publique. J'avais sept ou huit ans et passais mes vacances à Annemasse quand, un jour, il m'envoya acheter un saucisson chez le charcutier : « Et surtout, tu dis bien qu'il te le désosse ! » insista-t-il. Avec mon petit accent chantant, je répétai la recommandation au commerçant qui partit d'un long éclat de rire. Croyant qu'il se moquait de mes intonations, je devins écarlate. Quand mon parrain m'eut expliqué ma sottise, je ne remis plus les pieds dans le magasin par peur du ridicule. Il était très farceur, mon parrain, et ses plaisanteries pleines de tendresse et de complicité me furent d'un grand réconfort. J'avais tellement pleuré les jours d'avant...

De ce voyage fantomatique émergent quelques images : le cercueil couvert de fleurs, l'employé des pompes funèbres en noir de la pointe des cheveux jusqu'aux souliers, la 203 corbillard et mon parrain qui roulait derrière nous et que je lorgnais dans le rétroviseur. J'ai un peu oublié les visages de ma mère, de ma tante et je ne sais pas où sont mes sœurs. Comme si dans mon isolement n'existaient autour de moi que des présences masculines. Je ne sais pas pourquoi. À Fontaine, un sanglot m'échappa en revoyant la ferme où nous avions été si heureux, la grange, le potager dont mon père s'occupait amoureusement, les sapins plantés par ses soins. Le souvenir des parties de pêche me revint, évidemment... Tout était lourd et triste. Les cousins de mon père nous attendaient à l'entrée de la petite église. Retenant leurs pleurs, d'une dignité admirable, ma mère et ma tante nous entouraient et donnaient à tous l'image de deux sensibilités bien déterminées à se battre. Cette fois, elles faisaient front ensemble. Les paroles du prêtre, qui se voulaient consolatrices, glissèrent sur moi. Non, monsieur le curé, je ne pense pas que mon père soit mieux là où il est qu'avec nous, à la maison. Pas du tout. Et ne me parlez pas d'un monde meilleur alors que papa nous a été arraché avec tant de sauvagerie, c'est ici qu'on devrait travailler à améliorer les choses. Il n'y avait rien à comprendre, il fallait accepter, c'est tout. La cérémonie prit fin et nous nous dirigeâmes vers le cimetière. Ultime épreuve, la plus dure. Sur la stèle de marbre, le nom de mon père avait été rajouté sous ceux de ses parents. Lorsque je vis M. Baudeau près de la tombe ouverte, je réalisai qu'il était à la fois le boulanger et le fossoyeur du village.

Indéfinissable malaise. Puis la terre se referma sur mon père et Tati nous emmena plus loin pour laisser maman seule. Il y eut des paroles d'encouragement, des baisers, des serrements de main. Et tous ces gens qui parlaient de papa au passé, avec des mots, tous les mêmes. Il était encore avec nous, et déjà on voulait nous en éloigner... Une dernière collation entre cousins avant de nous remettre en route, puis la famille remonta dans la voiture et nous rentrâmes à Marseille. La séparation fut pénible : il nous avait quittés et, cette fois, c'est nous qui l'abandonnions. Je me consolai en me répétant qu'il reposait près de ses parents, de son père qu'il admirait tant. La journée s'acheva, me laissant une sensation d'engourdissement, de flottement, comme si, en dehors des pics de douleur, nous étions tous anesthésiés...

À un kilomètre de la maison de Fontaine se dresse un magnifique château, le château de Vayres, où mon grand-père travailla autrefois comme jardinier. « Un jour, j'achèterai et je vivrai dans ce château », me répétais-je lorsque j'étais enfant. J'imaginais mon grand-père penché sur les haies, taillant les bosquets et les massifs « à la française ». Il aurait été heureux de savoir que son petit-fils profiterait de son labeur. Et puis j'ai grandi, et le rêve est passé aux oubliettes. Lorsque, dernièrement, j'appris que le château était en vente, il me revint instantanément en mémoire ! Bien sûr, je ne l'achèterai pas, qu'en ferais-je ? Mais j'y ai vu comme un clin d'œil du destin. Rêve d'enfant, réalité d'adulte. Deux mondes différents. Depuis la mort de mon père, des raisons professionnelles m'ont fait revenir dans cette région, et chaque fois je me suis arrêté au cimetière pour le saluer. Je ne pourrais pas passer dans le coin sans lui rendre visite, sans m'asseoir quelques minutes à ses côtés. Et avant de quitter la Vienne, j'y retourne à nouveau. Comme un besoin irrépressible.

151

Jusqu'à la mort de mon père, ma mère n'avait jamais eu à se soucier de ses activités professionnelles, puisqu'il tenait à s'occuper de tout. Dépendant financièrement de son mari, comme beaucoup de femmes de sa génération, elle n'imaginait pas avoir si brutalement à gérer ses affaires. Du jour au lendemain, elle qui ne maîtrisait pas encore parfaitement le français entra dans la vie active et mit toutes les bonnes – et les moins bonnes – volontés à contribution. Je fus donc assigné à quelques travaux de secrétariat : frappe du courrier administratif, établissement des reçus pour les bureaux que nous avions mis en location et rédaction de tous les papiers nécessitant une bonne connaissance de la langue. Avec l'aide des derniers employés, elle vendit la marchandise restée à Alger, les camions, le matériel, rendit les locaux et solda les comptes. Tout fut liquidé. Y compris certains collaborateurs qui ne lui inspiraient plus confiance. Mon père n'écoutait pas les mises en garde de ma mère et de ma tante contre les profiteurs patentés, la malhonnêteté le répugnait. Évidemment, les mauvaises surprises ne tardèrent pas : ma mère fut victime de la cupidité d'anciens employés dont mon père n'avait pas osé se débarrasser, par faiblesse ou par bonté, et qui n'eurent, quant à eux, aucun scrupule à se servir dans ce qu'il restait de caisse. Profitant de la fragilité et de l'inexpérience de maman, on escroqua sa signature et elle ne toucha pas un centime sur la marchandise et le matériel revendus. Seuls furent conservés les bureaux de la rue Breteuil qu'elle loue encore aujourd'hui, ces locaux qui furent pour la famille la poire pour la soif, l'ultime réserve. Il faut dire qu'ils étaient somptueux avec leurs sols en marbre, le mobilier en acajou et les vitrages aux balcons délicatement ajourés. Une splendeur qui valut à ce lieu de figurer à plusieurs reprises dans des magazines d'ameublement de luxe. Même pendant leur traversée du désert financier, mes parents ne s'en séparèrent pas. Prudemment, mon père avait mis la maison du boulevard du Collet, ses bureaux et la belle Delahaye au nom de maman, comme s'il prévoyait qu'un jour elle en aurait besoin. Il ne se trompa pas. Acculée à se défaire de tout ce qui pouvait rapporter un peu d'argent au foyer, ma mère se vit contrainte de vendre le beau cabriolet gris. Plutôt que de le voir s'abîmer, se rouiller, elle lui donna une autre chance. Moi, j'étais catastrophé. Encore un petit bout de mon père qui s'en allait, et pour une bouchée de pain. Fallait-il que maman soit désespérée et dans le besoin...

Après les obsèques, les visites de voisins, d'amis qui nous soulagèrent un peu de notre chagrin, le silence retomba sur notre maison et le téléphone resta muet. Ceux qui fréquentaient assidûment notre salle à manger et que mon père faisait travailler s'envolèrent comme moineaux affolés. Ils disparurent, puisqu'il n'y avait plus rien à prendre chez nous. Et sans un mot pour ma mère. *Ce sont amis que vent emporte...* on connaît la chanson. Maman en souffrit infiniment et nous-mêmes, les enfants, avons trouvé cette désertion très pénible. Elle eut même à pâtir de méchancetés anonymes et reçut un jour la visite de contrôleurs venus vérifier qu'après avoir vendu la Delahaye elle ne louait pas le garage au noir ! Petites mesquineries de voisins jaloux. À partir de cet instant, hormis certains amis fidèles qui l'épaulèrent jusqu'au bout, elle détesta ce quartier qu'elle ne portait déjà pas dans son cœur.

Peu à peu, maman devint une autre femme, prenant nos destinées en main. Sa combativité, qui ne s'exprima pas véritablement au sein de son couple tant que mon père veillait, se développa par la force des choses. Les rôles furent redistribués. À présent, tout reposait sur nos détermination et pugnacité respectives. Comme dans un match de volley où les joueurs « tournent », les places autour de la table changèrent et, très naturellement, je m'assis sur la chaise de mon père, devenant ainsi le chef de famille. (Aujourd'hui encore, lorsque je vais voir ma mère chez elle, elle me fait entrer dans sa belle salle à manger espagnole, celle de mon enfance, et je m'assieds sur la chaise paternelle.) Pour mes proches, le temps des bêtises était terminé, on ne rigolait plus, il fallait que je travaille à présent. Encore assommé par le drame, je les regardais sans comprendre. C'est donc moi qui prenais les rênes de la maison et qui devais donner l'exemple ? Moi, le cancre, le pitre ? J'avais un peu de mal à suivre. Les premiers temps, cette charge obscure, indéfinie et dont je mesurais mal l'ampleur généra bien des angoisses. Mais à qui en parler ? Les circonstances me donnaient du galon et je gagnais en mérite sans avoir rien fait. Étrange... Même mes sœurs me considérèrent autrement. C'était à peine perceptible, un regard, un ton de voix, elles étaient différentes. Nous vivions en parallèle, elles jouaient ensemble dans leur chambre et ne m'invitaient pas dans leur univers. Je pouvais le comprendre. Après tout, moi aussi j'avais mes copains scouts, et on ne se mêlait pas aux autres. Mais le fait est que je me sentis encore plus isolé qu'avant. Malgré ma montée en grade, je crois que ma mère doutait de mes compétences à pouvoir devenir ce que je n'avais jamais été : sérieux et travailleur. Preuve en est que lorsque nous partîmes peu après en week-end de neige avec l'école, c'est à ma sœur Anne que ma mère confia notre argent de poche, pas à moi. Donc, elle ne me faisait pas confiance. Mes résultats scolaires, je les traînais comme une casserole. Pauvres sœurs, où qu'elles aillent, elles arrivaient précédées de mon horrible réputation ! Quand Françoise entra en sixième à Marseilleveyre, Bianci, le surveillant général, lui dit : « Ah, tu es la sœur de Jean-Pierre Foucault ? J'es-

154

père que tu vas te tenir mieux que lui ! » Il me semble même que quelqu'un lui demanda : « C'est toi, la sœur du fou ? » C'est dire. Je ne pense pas qu'elles m'en voulaient pour autant.

Cette tragédie eut pour effet de rapprocher ma mère de mes sœurs. Elle avait pour elles des attentions particulières, ce que j'admettais fort bien, surtout pour Françoise, la benjamine. Le chef de famille que je devenais bien malgré moi n'avait pas à attendre de bisous ou de guilis. Je dus apprendre à m'en passer, à réprimer des élans de tendresse. Sans prétendre avoir manqué d'affection, il est certain que mon changement de statut me durcit. Peut-être ai-je même inconsciemment reproduit cette attitude réservée vis-à-vis de Virginie, ma fille. Elle qui apprécie tant les petites attentions, les gestes tendres, me reproche parfois d'être un peu distant. Dieu sait si j'aime le maniement de la langue, mais certains mots me figent et m'embarrassent, comme toutes ces paroles qui expriment l'attachement. Par peur de la sentimentalité, de l'émotion facile, j'ai du mal à les dire ou à les entendre. Les pirouettes viennent souvent au secours de mon trouble. Ces mots, il m'est plus aisé de les écrire. Alors, j'en profite ici. Virginie, je t'aime.

Après la disparition de mon père, maman eut à livrer le combat le plus éprouvant de sa vie : celui de la reconnaissance de sa mort par les autorités françaises. Mon père n'était ni militaire, ni pied-noir, ni colon. Que faisait-il donc là-bas ? Du commerce, eh oui... Apparemment, personne, aucun formulaire administratif n'avaient envisagé ce cas de figure. Se heurtant à des fins de non-recevoir, ma mère dut courir de la Sécurité sociale à la préfecture pour se faire entendre, aller d'un bureau à l'autre, mais l'administration ne comprenait pas. « Vous n'êtes pas prévus », lui dit-on. Les démarches pour percevoir quelques indemnités furent interminables. Tout autre à sa place aurait abandonné, mais de la même façon qu'elle n'acceptait pas de perdre une partie de cartes, ma mère s'obstina dans sa requête. Elle avait droit à l'aide de l'État, elle entendait le faire savoir et obtint un rendez-vous avec un administrateur de Bercy. « Tati, qui m'avait accompagnée, me regardait les yeux ronds, effarée du ton avec lequel je m'adressais à ce haut fonctionnaire... Moi qui ne m'étais jamais occupée de rien, elle n'en revenait pas ! » se souvient ma mère en riant. Pour finir, son dossier fut accepté. Ma mère traita avec la même hargne les notaires, les avocats, les entreprises de maintenance, les locataires des bureaux. Elle devint une vraie gestionnaire ! Le soir, de retour à la maison, elle s'écroulait sur le canapé du salon, la tête à la renverse, les yeux fermés. Anne venait s'asseoir gentiment près d'elle pour la réconforter. Je l'entendais chuchoter : « Mais comment fais-tu pour avoir tant d'énergie, maman ? » Pour faire valoir ses droits, ma mère aurait abattu des montagnes. Une force en elle la poussait à lutter, celle-là même qui lui fit déjouer les pièges de l'ennemi pendant la guerre. Celle dont elle nous arma pour nous défendre dans la vie.

Pour finir, après bien des tergiversations, ma mère fut reconnue « veuve de guerre de victime civile », et nous « pupilles de la Nation ». Sur ma carte était inscrite une mention que je retranscris de mémoire : *Nous, État français, certifions que nous avons adopté Jean-Pierre Foucault, fils de Marcel Foucault, mort pour la France*. À la mairie, un employé plein de zèle avait rayé à la règle la mention *mort pour la France*... Quoi qu'il en soit, cette demi-reconnaissance permit à ma mère de recevoir un peu d'argent tous les mois pendant des années pour subvenir aux besoins de mes sœurs qui poursuivirent des études supérieures. Car elles étaient brillantes, elles... Malgré tout, ma mère fut obligée d'hypothéquer notre maison et les beaux bureaux. Elle me confia qu'une année, faute de locataires rue de Breteuil, elle n'avait même pas eu de quoi acheter nos fournitures scolaires. Mais dès qu'elle pouvait améliorer l'ordinaire, elle le faisait, en emmenant mes deux sœurs faire du ski près de Barcelonnette ou en inscrivant Françoise à des cours de danse classique. Toujours la résistance à l'adversité, une petite folie histoire de se prouver que, malgré les privations, on n'oublie pas les plaisirs de la vie. Et même, on se les offre. Il fallut attendre de nouveaux locataires aussi fiables et constants que les consulats de Panama et d'Uruguay et les assurances l'Abeille pour que nous soyons tout à fait sortis d'affaire.

Le retour au lycée, que j'appréhendais à cause des questions que mes camarades ne manqueraient pas de me poser, fut au contraire très réconfortant. M. Ripert et mon professeur de maths, M. Cayssials, me parlèrent longuement et m'assurèrent de leur soutien. Je ne me confiai pas davantage, mais, au moins, je savais qu'ils étaient là. Malgré tout, certains de mes copains me regardaient comme une bête curieuse et voulaient savoir ce qui s'était vraiment passé. Un père tué dans la rue, ce n'est pas banal. « Alors, Foucault, raconte ! » J'avais beau leur répéter qu'il vérifiait une cargaison de légumes lorsqu'on lui avait tiré dans le dos, qu'il n'était pas dans l'OAS, ne faisait pas de politique et n'avait pas d'ennemi personnel, les interrogations persistaient. Mais dans ce cas, pourquoi lui ? Toutes ces questions que je me posais à moi-même, au cœur de la nuit, dans la solitude de ma chambre, entre deux crises de manque paternel... et qui restaient sans réponse. Un homme avait décidé à un moment de tirer dans le dos de mon père, peut-être sans viser Marcel

Foucault, ou bien en sachant parfaitement que c'était lui... Qui le savait ?

Quelque temps après la mort de papa, le rapport de police arriva à la maison et maman me permit de le lire. Je passai vite sur la description de mon père étendu au sol – des mots impersonnels, froids comme un rapport d'autopsie, où mon père tant aimé devenait « le corps de la victime » –, une information retint mon attention, le numéro d'immatriculation de la voiture qui avait filé juste après l'assassinat. « Un jour, j'irai voir ce mec et je le flinguerai... » Voilà ce que je me dis immédiatement. Je pensai même à un copain vaguement baroudeur pour m'accompagner dans cette expédition punitive. J'ai tellement imaginé le face-à-face avec le meurtrier de mon père. Que se serait-il passé alors ? Un malheur de plus, à n'en pas douter. C'est aussi, je crois, ce qui me retint d'y aller... Sur le papier, des mots comme « assassinat », « meurtre » prirent soudain tout leur sens. J'appris qu'on lui avait volé son portefeuille pendant son transfert à l'hôpital, comme si cela ne suffisait pas de l'avoir abattu... La barbarie faisait irruption dans ma vie dans sa forme la plus brutale, la plus rare : la mort inexpliquée, absurde. Un mort pour rien. Après l'enterrement, ma tante Delphine commanda à l'imprimeur des images pieuses avec la photo de mon père, une pratique courante à cette époque quand un proche disparaissait. Sous son visage, elle fit inscrire la phrase suivante : *Souvenez-vous de Marcel Foucault, lâchement assassiné à Alger...* Et puis, le temps s'écoula, et l'idée d'aller en Algérie s'estompa. Notre reconstruction occupa toutes nos forces et mes premières activités professionnelles, quatre ans après, achevèrent de me détourner de mon projet vindicatif. Je me suis étourdi dans le travail et j'ai cru, naïvement, que ce tourbillon m'aiderait à faire le deuil. Mais non, il ne se passait pas deux jours sans que la mort de mon père ne m'assaille. Il aura fallu ce voyage à Alger, quarante ans après, pour connaître l'apaisement.

Mes copains scouts furent très présents dans cette épreuve, tous eurent un mot gentil, une accolade, un sourire. La foi vint à mon secours, mais dans un deuxième temps, car le sermon du prêtre à l'enterrement, je n'avais pas pu l'entendre. C'était trop tôt. Il fallut que je mette en application mes croyances. Avant, le *Notre Père qui êtes aux Cieux*, je l'ânonnais sans même réfléchir à ce que je disais. Pour la première fois, la prière prit tout son sens, je pouvais recommander mon père à Dieu. Désormais, ils étaient deux à veiller sur moi. Lors d'un camp scout, j'avais rencontré le père Stanislas qui vivait toute l'année à Dourgne, petit village du Tarn, avec d'autres moines, à l'abbaye d'En Calcat, un lieu de recueillement totalement retiré du monde. « Venez donc en retraite une semaine... La vie monastique, le silence vous feraient le plus grand bien », nous avait-il suggéré ironiquement. Se taire pendant huit jours, mes copains et moi en rigolions à l'avance. J'oubliai donc le conseil du père Stan, puisque c'est ainsi qu'on l'appelait, et je fis comme tous les bons croyants : je me le rappelai quand j'en eus vraiment besoin. C'était un an après la mort de mon père et j'en ressentais toujours le choc, un sentiment d'égarement, une peine lourde et poisseuse qui me collait comme un mauvais goudron, mélange de chagrin et de ressentiment qui m'empêchait d'avancer. J'avais vieilli, mûri peut-être, mais surtout je cherchais mes marques, je doutais de moi. Et mes résultats scolaires créaient un climat de tension permanente à la maison. Quand je l'informai de mon projet de retraite, ma mère applaudit des deux mains, pensant à juste titre que l'austérité de l'abbaye me serait bénéfique et que, encadré par les moines, je gagnerais en calme, en sagesse. Moi, je n'avais aucune idée de ce qui m'attendait.

Avec son église au long clocher qui dominait le carré des bâtiments en pierres blanches et les collines environnantes, le petit cloître encerclant une cour intérieure aux arbres séculaires et son riche potager, l'abbaye d'En Calcat semblait avoir été posée dans cette nature sauvage par une main divine. Autour, prés et champs s'étiraient à perte de vue, avec, ici et là, une grange, une bergerie. Là-bas, la journée s'écoulait entre l'entretien du jardin, quelques travaux à l'intérieur de l'abbaye et ce que j'appellerais les « activités religieuses ». Entre les offices quotidiens, cinq, si je m'en souviens bien, les lectures, les prières et les chants, nous ne chômions pas. Très remplie, une vie de moine ! Les conversations avec les maîtres des lieux étaient réduites au minimum et certaines zones dites « de silence » nous obligeaient même à communiquer par signes. Évidemment, nous en avions ri, avec mes copains, imaginant aux repas demander l'eau et qu'on nous tende le pain, mais nous nous y étions pliés de bonne grâce. Au réfectoire, midi et soir, dans un silence interrompu par de légers bruits de couverts et de mastications, un moine lisait un ouvrage sur la IIIᵉ République. Nous aurions bien papoté entre nous mais, après tout, pourquoi ne pas vivre l'expérience à fond ? L'ascèse en était une comme une autre.

Le soir, chacun d'entre nous rejoignait sa cellule, occupée par un lit étroit et un lavabo. La mienne était minuscule, située face au clocher, au milieu du monastère. Dans cet espace presque vide où les murs chaulés portaient pour tout ornement un crucifix et une feuille de rameau, je pris goût à la solitude, à la méditation. Hormis les sonneries de cloche des matines qui retentissaient toutes les heures, le calme était impressionnant. Depuis des mois, je m'étais comme perdu de vue et, à présent, celui que je retrouvais dans la quiétude, je le reconnaissais. Ce retour vers moi-même après tant d'errance, je le dois à ces dix jours de retraite dont je revins gonflé à bloc, confiant en l'avenir. La fraternité de ceux que je rejoignais dans la prière et la communion, cette ambiance paisible avaient agi. Aujourd'hui, dès que je le peux, je recherche cette qualité de silence. Réparateur et enrichissant, il est pour moi le meilleur des remèdes. L'introspection fut aussi l'occasion de me resituer par rapport à la religion. Je m'interrogeai sur ma croyance à travers ceux qui me distillaient la foi. L'apparat de certaines églises me choquait, je ne comprenais pas la frilosité des prêtres, leur étroitesse d'esprit, leur manque d'engagement, leurs réserves concernant quelques avancées évidentes de notre civilisation. Ils vivaient loin de nous, et, me semblait-il, des réalités du monde. La cassure entre eux et les hommes était énorme. Des prêtres comme le père Stanislas me réconcilièrent avec l'Église. Ce moine solide et bon vivant avait réponse à tout, il parlait comme nous et ça me plaisait. Je trouvais génial qu'après des heures de prière, de recueillement intense, il nous accompagne au lac et, sans prévenir, le plus naturellement du monde, enlève sa robe de bure et plonge dans l'eau en maillot de bain, comme nous.

« Ne me téléphone plus, je rentre demain », avait dit mon père à maman un quart d'heure avant de mourir sous les balles. Étrange qu'ils se soient téléphoné ce jour-là, eux qui privilégiaient la correspondance... De retour d'Algérie, maman me remit l'enveloppe tachée de sang que l'on retrouva sur lui après sa mort, une petite lettre qu'elle avait écrite à mon père le 18 février, et sur laquelle j'avais ajouté un mot. « Je suis allé camper à Morgiou. Il faisait froid. M. Chamonard nous a donné de l'eau. Je t'embrasse. » Je ne la porte pas en permanence de peur de la perdre, mais elle vit en moi, parce qu'elle était contre son cœur le jour où il tomba sur le trottoir de la rue Michelet. Durant des années, ma mère a continué à me donner des objets ayant appartenu à papa. Avec parcimonie. L'un après l'autre, jamais deux en même temps, comme si des objets d'une telle valeur sentimentale devaient être dégustés. Peut-être, aussi, s'est-elle un temps interrogée sur ce métier de saltimbanque que j'embrassais et a-t-elle craint que ce fils un peu tête en l'air ne les perde si elle les lui donnait tous d'un seul coup... De cette manière, elle a entretenu le souvenir de mon père. Puisque, dit-on, on meurt deux fois, l'une physiquement et l'autre dans la mémoire des hommes, en ressuscitant des pièces de ce qui fut son univers, son intimité, ma mère et moi continuons à le faire vivre, nous prolongeons son existence. Rien de morbide là-dedans. Nous pensons à lui, c'est tout.

C'est ainsi qu'elle m'a offert sa collection personnelle de photographies, un magnifique étui à cigarettes en vermeil avec un briquet incorporé, sa montre, des livres reliés, son porte-documents en cuir, un portefeuille en croco, une brosse à cheveux en argent, tous ces objets précieux dont papa raffolait. Ainsi, de temps à autre, elle ouvre ses malles et me ressort un trésor. Et il y a quelques mois, ma cousine Paulette m'a fait parvenir une lettre que mon père lui avait envoyée après la guerre. J'ai retrouvé l'écriture délicate à la plume, la grâce de son expression écrite, son souci de simplicité, de clarté. J'étais heureux de le lire, de toucher ce papier qu'il avait regardé, plié. J'ai besoin de cela. Mais, bien évidemment, la chose la plus importante que j'ai de lui, ce sont tous les souvenirs de notre vie à Bonneveine, tous les moments heureux. Ceux-là, ils sont en moi, rangés selon une chronologie toute personnelle qui va du plus beau au plus bouleversant, et qui surgissent au moment où je les attends le moins. C'est ainsi que mon père m'accompagne. Pour ces souvenirs, pas besoin d'entrepôt ou de lieu de stockage.

Pour mon quinzième anniversaire, à la fin de cette abominable année 1962, mon parrain m'envoya une lettre que j'ai lue et relue pour bien m'en imprégner.

Cher Jean-Pierre,

C'est en sachant que ton père serait fier de toi que je te souhaite un bon anniversaire. Te voilà maintenant un homme, avec tous les devoirs que cela comporte vis-à-vis de ta mère et de tes sœurs puisque tu es devenu maintenant un chef de famille. Je compte sur toi pour te montrer digne du grand espoir que ton père a mis en toi. Sois très gentil avec ta mère que le sort n'a pas épargnée. N'oublie jamais ça. Je t'embrasse.

Ton parrain

Mon père, fier de moi... Le grand espoir qu'il avait mis en moi... De quoi mon parrain parlait-il ? Je n'avais pas le sentiment que papa nourrissait un espoir particulier me concernant, mais peut-être me trompais-je, après tout... Il allait donc me falloir prouver quelque chose à quelqu'un qui n'était plus là pour l'apprécier. Pas très motivant. Le mât était savonné avant même que je ne l'escalade... à moins d'utiliser d'autres moyens pour gagner le gros lot, d'emprunter d'autres routes, mes petits chemins de traverse. Me battre avec mes armes... Ces mots m'encourageaient. De toute façon, je n'avais plus le choix.

Les années MOFO

J'avais quatorze ans quand mon père mourut, l'âge où la personnalité se cherche et se construit selon des modèles. Me retrouvant seul dans la maison des femmes, il me fallut prolonger l'échafaudage en me souvenant de celui qui m'avait montré la route, sans continuer à cheminer à mes côtés. C'est sur la pensée que j'ai de lui, les idées qu'il m'a inculquées et notre dialogue qui ne s'est jamais vraiment interrompu que je me suis forgé un caractère, établi des valeurs, une éthique à respecter. Une entreprise de longue haleine. Les semaines, les mois qui suivirent sa disparition furent éprouvants et tristes, comme un long tunnel que je me souviens avoir traversé seul, éperdu. Un an s'écoula avant que je n'émerge d'un mutisme dans lequel je m'abîmais.

Ce malheur m'avait complètement perturbé. Flingué, pour être plus proche de la vérité. En classe, mon esprit s'évadait pour un rien. J'étais là et absent à la fois. Dieu sait que j'avais à cœur de ne pas décevoir ma mère et que je gardais en mémoire les recommandations de mon parrain, mais mes notes ne s'améliorèrent pas. Et, bien qu'alertés et émus par notre drame familial, les profs baissèrent les bras : je fus renvoyé de l'école à la fin de la troisième, après avoir passé le

165

BEPC que je réussis pourtant avec brio. Sauvé par mon orgueil. Parce que j'avais entendu un professeur dire qu'il était inutile que je me présente et que j'allais vers un échec certain, mon sang ne fit qu'un tour : quinze jours avant la convocation, je m'enfermai dans ma chambre et révisai (appris, surtout) les sujets importants, susceptibles de tomber à l'examen. Un coup de collier spectaculaire dont je ne me pensais pas capable. Malgré ce succès inespéré, on me renvoya pour indiscipline, sanction que je vécus très mal. Dès l'instant que j'avais obtenu mon diplôme, pourquoi m'éliminer du groupe ? Bien sûr, j'étais foufou, je continuais à monter sur les tables, à reprendre à la volée les profs que je trouvais ridicules, je faisais marrer les copains, oui, c'est vrai... Mais, après tout, n'étais-je pas en pleine formation professionnelle ?

Le rire fut ma thérapie. Cette frénésie d'amuser la galerie m'était vitale pour ne pas sombrer dans une tristesse sans fond. Personne ne le comprit. Ma gaieté apparente endigua les sempiternels ressassements, les pourquoi et les comment de la tragédie. Elle fut un bouclier, le vernis opaque qui me permit d'occulter ma détresse. Quand je faisais le guignol, on ne me demandait pas si j'allais bien, si mon père ne me manquait pas trop, alors que je crevais de ne plus le voir, l'entendre... De même, ma rébellion à l'autorité me sauva du désespoir. Comme une médecine. Une manière de décider des événements et non de les subir, incompréhensible, inacceptable pour ceux qui m'encadraient. La souffrance fut immense, une déferlante de douleur dans un organisme non armé. Quelque chose se brisa, à ce moment, et cette vilaine fracture, je la réparai comme je le pus, avec mes outils d'enfant : les bêtises, les plaisanteries, les blagues... Une fois le trou de la plaie colmaté, la vie continua. Mais je m'étais blindé.

166

Chacun effectua sa résilience à sa manière : moi en faisant le clown, mes sœurs Anne et Françoise en excellant à l'école. Parce qu'elle estimait que, désormais, j'avais un rôle important à tenir au sein de la famille, ma mère exigea que je m'assagisse. Inconsciemment, elle aurait aimé que je poursuive l'œuvre de mon père en reprenant ses affaires. Pour elle, cela allait de soi... Pas pour moi. Dans ma tête, je ne pouvais rien faire d'autre qu'animateur de radio, et je ne lui en avais pas encore parlé pour ne pas l'effrayer. Chez nous, les tensions s'exacerbaient. Après avoir subi les rappels à l'ordre de mon père, je me heurtai aux angoisses de maman qui, faute de pouvoir compter sur moi, prit Anne comme témoin et alliée. Elle trouva en elle une écoute que je n'étais pas capable de lui accorder, pas encore, c'était trop tôt. Derrière le sourire, la tristesse ne passait pas, il me fallait retrouver des forces. C'est ainsi que, bien malgré elle, ma sœur devint le véritable soutien de ma mère. « Tous ses soucis, maman les a déversés sur moi... C'était lourd, parfois », se souvient-elle un peu amèrement. Elle était réfléchie, raisonnable. Elle fit face. Moi, je m'occupais du jardin, le royaume paternel. Au moins, là-bas, on était sûr que je ne faisais pas de bêtises.

Souvent, je lorgnais vers les petites annonces du journal, persuadé que le moment venu, en cas d'urgence, je trouverais forcément une occupation, un employeur. Pour l'heure, le monde du travail me semblait un univers plutôt flou. Quel métier envisager ? Lorsque je passais en revue les diverses professions côtoyées dans la journée, j'étais indécis, rien ne m'emballait vraiment. Professeur, policier, bof... Boulanger-pâtissier, hors de question, j'aurais mangé mon fonds de commerce. Maître nageur, sauveteur, pourquoi pas, puisque l'été précédent j'avais obtenu tous mes diplômes ? Non, décidément, je ne me voyais pas barboter toute l'année en piscine. Mais peut-être un métier en rapport avec la mer, il fallait y réfléchir... Voyons, qu'est-ce que tu aimes, mon garçon ? La mer, le scoutisme, la radio et les plats en sauce. D'accord. Mais comment vivre de mes passions ? L'école hôtelière ne me tentait pas : j'avais trop la bougeotte pour passer ma vie en cuisine. Un temps, j'eus envie d'être avocat. À Marseilleveyre, comme délégué de classe, j'intervenais auprès du directeur, le juge suprême, lorsque les punitions de mes camarades me semblaient excessives. J'avais le sens de la justice et de la rhétorique. J'aimais les effets de manches, les grandes envolées... mais pas la comédie, non, ça, je détestais. Je n'aurais pas pu être acteur, le naturel est trop présent en moi, impossible de le gommer pour entrer dans la peau d'un autre. Jouer, oui, mais en restant moi-même. Le quotidien m'attirait, la réalité, les sciences plutôt que la littérature. Pas la fiction. En fait, je crois qu'elle ne m'a jamais beaucoup intéressé, même si je peux admirer l'imaginaire d'un écrivain ou d'un cinéaste.

Mes réflexions tournaient en rond et me ramenaient irrésistiblement vers la radio. Tous les soirs, je continuais à coller mon oreille au petit haut-parleur et, parfois, à m'endormir bercé par les voix suaves de la nuit qui durent inspirer Macha Béranger et ses émules. J'avais ça dans le sang et, si ma mère ne m'avait pas communiqué son tourment, je ne me serais pas angoissé outre mesure. Restait à pénétrer ce milieu. À quinze ans, n'y connaissant personne, ce n'était pas gagné ! En attendant, je pouvais rêver, faire comme si... Lors d'un séjour chez ma tante à Neuilly, j'achetai un lot de cartes postales montrant la Maison de la Radio et les expédiai à tous mes copains avec deux lignes au verso : *Je vous écris de la Maison de la Radio...*, en espérant leur faire croire que j'y travaillais. Ce bâtiment me fascinait. J'avais l'impression que tout ce qui arrivait d'important dans le monde transitait d'abord par cette planète circulaire...

Et les filles ? Je n'y pensais pas trop. Peut-être parce qu'elles ne semblaient pas s'intéresser beaucoup à moi. J'étais déjà un peu « enveloppé », et j'avais moins de succès que d'autres camarades plus élancés. Me promener en maillot au bord de la mer était source de complexes. Quand mes copains bombaient leur torse bronzé, moi je me baignais avec ma chemise pour cacher mes capitons. À l'adolescence, les poignées d'amour n'ont pas la cote. J'avais beau nager, faire du vélo et me démener chez les scouts, les bourrelets s'accrochaient à ma taille avec une belle constance. Les filles, je les amusais, avec moi elles riaient, c'était déjà pas si mal. J'aurais voulu être Don Juan, j'étais Sganarelle. Classique... Le bon copain qui fait marrer. La seule copine de classe à qui j'avais osé écrire une lettre (tapée laborieusement sur ma Remington) pour lui donner un rendez-vous amoureux à la sortie du lycée n'était pas venue et, en plus, avait cru bon de m'assener une véritable leçon de morale ! Comme quoi le courage n'est pas toujours récompensé... Ma légère surcharge pondérale n'avait pas fini de m'ennuyer, et je résistais mal à la tentation de gourmandise. Malgré la mésaventure de Cardiff, et même si maman invitait plus souvent les haricots verts que les pommes de terre Foucault à nos repas, je continuais à grignoter en cachette. Au retour de l'école, je me précipitais en douce à la cuisine et avalais une cuillerée de la délicieuse pâte de coing que ma mère préparait ; ou bien, je me coupais une belle tartine de pain, plongeais la main dans le sucrier et croquais pain et sucre ensemble, retrouvant un instant les gestes de l'enfance. Mmm... le bonheur à l'état pur. J'aimais aussi râper du chocolat noir en petits copeaux sur du pain beurré, inventant avant l'heure la pâte à tartiner. J'étais un vrai gourmand

169

qui compensait un énorme manque affectif par toutes ces douceurs, encouragé en cela par ma mère, qui supportait mal qu'aux repas on ne terminât pas nos assiettes. Tous les enfants nés après guerre comme moi ont, imprimées en eux, ces semonces pour les forcer à manger. « Ne gâche pas la nourriture. Si tu veux être grand et fort, mange ! » La période de restrictions avait marqué les esprits et les corps... Ajoutez à cela l'apparition des premiers sodas, Phénix orange, Phénix citron, si sucrés qu'on avait toujours aussi soif après chaque gorgée, et l'on comprendra que je n'étais pas au bout de mes peines. Toute ma vie, j'ai dû lutter contre les kilos, et aujourd'hui encore le combat continue. Régime non stop, c'est ma croix, avec craquages réguliers et bonnes résolutions. Si, adolescent, je n'en souffris pas trop, c'est que la conquête des filles n'était pas ma préoccupation principale. Avant tout, je tenais à trouver ma voie professionnelle et, surtout, les moyens d'y accéder le plus vite possible. Mais il y avait un hic, et de taille : maman tenait à ce que je passe mon bac, elle n'en démordait pas. J'allais devoir rentrer en seconde, le calvaire repartait pour trois années... Trois ans, une éternité pour un jeune homme qui ne tient pas en place et qui s'ennuie à périr sur les bancs de l'école. Mais avais-je d'autre choix ?

Quand, au mois de juin 1963, ma mère lut sur mon carnet de notes : « Non admis en seconde. Non autorisé à redoubler », elle comprit qu'avec moi les ennuis n'étaient pas terminés. J'étais renvoyé de Marseilleveyre et aucun établissement n'accepterait de me reprendre avec un tel livret scolaire et les appréciations concernant mon comportement. La dernière alternative restait l'enseignement privé, donc payant. Je revois encore le visage catastrophé de ma mère. Depuis un an et demi, elle remuait ciel et terre pour faire tourner la maison avec quelques aides misérables, et voilà que l'école publique me rayait de ses effectifs. Plus personne ne voulait de moi. Ce qui la rendait folle, c'est qu'on me rejette avant tout pour indiscipline. Je n'avais aucune excuse. Pour ma mère, le préjudice financier était énorme, mais elle accepta le sacrifice si je promettais de me mettre au travail. Je promis, évidemment, bien qu'il m'en coûtât, et j'entrai en seconde au lycée Jean-Baptiste-de-la-Salle. Au prix de la scolarité se rajouta l'achat d'une Mobylette pour rallier ma nouvelle école. « Celle de la dernière chance », soupirait ma mère. Elle ne croyait pas si bien dire.

Situé rue des Bons-Enfants, sans doute pour rassurer les parents revenus de tout, l'établissement ne payait pas de mine avec sa grande cour goudronnée, ses platanes, ses bâtiments impersonnels et froids. À La Salle, pas de projet pédagogique à l'avant-garde des techniques d'éducation. On ne s'amusait pas et les choses avaient le mérite d'être claires : les parents payaient pour que leurs rejetons rattrapent leur retard avant le baccalauréat. Ici, rien à voir avec le cadre champêtre et rieur de Marseilleveyre : salles à l'ancienne vides de tout ornement, bureau du professeur juché sur l'estrade histoire de préciser qui était le chef, pupitres avec encrier, le décor classique des classes de pensionnat dans les films d'après-guerre. Sans oublier les portes vitrées avec rideau arrivant à mi-hauteur, pour permettre au surveillant général de vérifier du couloir ce qui se passait à l'intérieur des classes en levant juste les talons. Ses yeux noirs surgissaient tout d'un coup, scrutaient les coins de la classe et disparaissaient. Les élèves s'immobilisaient pendant quelques secondes, dos redressé, tête en l'air, puis replongeaient dans leur torpeur.

Tenue par des pères jésuites et des professeurs laïcs, l'école de La Salle imposait à ses élèves la messe tous les mercredis matin et un cours d'instruction religieuse une fois par semaine. Rien de bien contraignant, surtout quand on imagine notre état de non-recueillement durant les offices. La messe, qui était le ciment de notre foi chez les scouts, devenait ici le lieu de toutes les turbulences. Mon expérience du scoutisme et ma connaissance de la liturgie me désignèrent d'office comme enfant de chœur. Belle occasion pour mes copains d'exercer leurs talents d'amuseurs publics et de saboteurs. Un jour, ils choisirent le moment de l'élévation, lorsque le prêtre présente l'hostie à une assistance prosternée, pour passer à l'acte. Cet instant d'une grande intensité était rythmé par trois coups de cloche que l'enfant de chœur (moi le premier) semblait prendre un malin plaisir à agiter dans le silence de l'église pour faire sursauter les fidèles. Composée de sept clochettes mobiles, la cloche produisait un son strident, dont l'écho vrillait les oreilles et se perdait dans chaque recoin de l'édifice. Mes copains eurent l'idée malicieuse de dévisser d'un demi-tour chaque clochette, de sorte qu'au moment crucial où je secouai énergiquement la poignée, elles s'envolèrent en tous sens dans un raffut incroyable. Les camarades explosèrent de rire et l'assistance tressaillit, effarée. Le prêtre, qui avait encore la tête relevée vers le ciel et semblait auréolé de l'amour infini qu'il portait à Dieu, termina sa phrase en latin, puis baissa les yeux vers moi et lança un « Foucault, collé jeudi ! » d'une froideur et d'une indifférence qui me vexèrent. Collé, collé... quelle importance, après tout, je devais l'être déjà pour une autre bourde dont j'étais, cette fois, totalement responsable. Mais là, j'écopais pour tous les autres... Quelle barbe !

Dès mon arrivée à Jean-Baptiste-de-la-Salle, je rencontrai celui dont l'amitié me fut plus que précieuse après ce terrible désert affectif. Je n'avais partagé mon deuil avec personne et

172

Claude Moreau fut l'ami idéal, l'alter ego, le réceptacle de mes premières confidences. Pourtant, notre contact initial ne fut pas ce qu'on peut appeler un coup de foudre. D'un an plus âgé que moi, Claude, qui était à La Salle l'année précédente, vit débarquer dans sa classe un drôle d'ostrogoth, à la fois timide et arrogant, qui ressemblait peu aux élèves fréquentant le lycée, habitué pourtant à voir débouler de sacrés phénomènes. « Avec ta veste pied-de-poule, ta petite cravate noire et ton verbe haut, je te trouvais un peu trop sûr de toi... », m'avoua-t-il lorsque nous devînmes inséparables. Il détestait l'air docte que j'affichais. Que le cancre patenté et l'adulte précoce soient réunis en une seule et même personne l'agaçait prodigieusement. « Il y avait deux facettes en toi, le grand monsieur et le super blagueur. Qu'est-ce que tu as pu me taper sur les nerfs, au début ! » Le hasard (la chance, le destin...) voulut qu'on me place à côté de Claude en classe, alors que nous avions déjà eu une légère altercation physique pour un motif que j'ai totalement oublié. « Bon sang, ça va être terrible... », me suis-je dit. Effectivement, l'année fut terrible, mais pas du tout dans le sens que j'imaginais.

Du jour au lendemain, nous ne nous sommes plus quittés. Nos deux personnalités musclées et déconneuses s'harmonisaient parfaitement. Quand nous sortions de La Salle, nous filions directement chez ses parents, rue Madon, à deux pas de l'école, et je ne rentrais chez moi qu'en début de soirée, parfois bien plus tard. Ma mère téléphonait régulièrement chez Claude pour me rappeler, au cas où je l'aurais oublié, qu'à Bonneveine j'avais une famille, une maison, une chambre... Les parents de Claude possédaient une petite villa à Sausset-les-Pins, tout près de Marseille, et quand ils n'y allaient pas le week-end, nous devenions les maîtres des lieux. Les fêtes, les surprises-parties, les dîners entre potes se donnaient là-bas, dans une paix et une liberté royales. Les Moreau étaient la gentillesse personnifiée. Mon allure un peu plus mature que celle du reste de la bande bluffait complètement la mère de Claude, qui espérait sans doute que je mette du plomb dans la tête de son fils. Là, elle dut être un peu déçue... Ce qui ne l'empêchait pas de rire à nos couillonnades et, de ce point de vue, elle fut servie ! Quant à M. Moreau, inspecteur du travail, il adorait ses deux fils et tous leurs copains, et trouvait toujours des excuses à nos méfaits. Lorsqu'on vidait le réservoir de sa voiture pour partir en balade (évidemment, ni Claude ni moi n'avions notre permis), il constatait, laconique : « C'est fou ce que cette voiture consomme... » Une autre anecdote me rappelle sa bonté et son humour. Un week-end, les Moreau ne devaient pas venir à Sausset. Claude, Peter, mon cousin anglais de passage à Marseille, et moi en avions profité pour inviter deux charmantes jeunes filles à la villa afin de les courtiser en toute tranquillité. Bizarrement, car il était le plus séducteur d'entre nous, Claude se retrouvait seul ce jour-là. Tandis que Peter et moi contions fleurette à nos chéries, l'un dans la chambre des parents, l'autre dans celle de Claude, ce dernier traînait sur la terrasse, un peu désœuvré. Brusquement, il vit la DS de son père se garer devant les grilles de la propriété. Il bondit dans la salle à manger : « Alerte générale, mon père est là ! » On imagine le tohu-bohu dans la maison. Quelques secondes après, M. Moreau apparut, très souriant, enchanté de nous voir. Et pourtant, quel spectacle ! Moi, qui glissais tant bien que mal ma chemise dans mon pantalon, tout en enfilant mes chaussures de cuir comme des mules ; marchant derrière, ma copine tentait de remettre de l'ordre dans sa tignasse, tandis que l'autre fille tirait des deux mains sur sa jupe complètement fripée. Même si, à l'époque, nos aventures étaient plutôt chastes et se limitaient souvent au flirt, nous faisions nos classes avec

174

ardeur ! Quant à Peter, son flegme britannique lui fut fatal : il se prélassait encore dans le lit lorsque le père de Claude entra dans la chambre. Dans cette atmosphère invraisemblable, ayant bien sûr compris de quoi il retournait, M. Moreau contempla mon cousin allongé dans les draps : « Hello, Peter, vous êtes couché ? Ça ne va pas ? Voulez-vous que je vous apporte un médicament ? » Le pauvre Peter n'osa pas refuser et dut avaler une pleine cuillère à soupe d'élixir Bonjean, un médicament à la menthe poivrée contre les nausées. Face à lui, M. Moreau souriait innocemment, pas mécontent de sa petite facétie...

Lorsque nous ne campions pas chez Claude, nous étions à Bonneveine, dans ma chambre, où nous nous attardions rarement. Le pitre, c'est dehors que je le faisais, pas à la maison. Je savais maman trop préoccupée par mes résultats scolaires pour rire de mes plaisanteries. La présence de ma mère et de mes sœurs – qui, dans le souvenir de Claude, passaient leur temps dans la cuisine à confectionner des cakes – ne me retenait pas à la maison. Très vite, j'ai ressenti le besoin de m'éloigner du gynécée, de m'extraire de cet univers féminin un peu fermé sur lui-même pour m'affirmer. Je résistais à m'investir dans la maison, même pour donner les petits coups de main, les travaux de bricolage qui imputent au chef de famille, et si j'étais capable de me fabriquer un appareil de radio avec du vieux matériel, pas question de faire appel à moi pour réparer un interrupteur ou planter un clou. D'ailleurs, lorsque nous passions chez moi avec Claude, le pauvre était systématiquement sollicité par ma mère pour remplacer un volet ou poser une prise de courant. Il se souvient même d'avoir rempli des papiers administratifs auxquels maman ne comprenait rien et dont je refusais de m'occuper. C'est vrai que parfois je ne voulais rien savoir, comme si, depuis la mort de mon père, la maison me rappelait uniquement les heures de tristesse et de désolation. Je rejetais tout en bloc. Cet univers où j'aurais dû m'imposer, je n'y trouvais plus ma place.

À l'école de La Salle, mes résultats scolaires ne connurent pas grande amélioration. Claude et moi faisions le minimum syndical pour ne pas être virés à chaque conseil de classe. Pourtant, nous n'étions pas dépourvus de capacités... En français, il nous suffisait de lire une poésie une heure ou deux avant le cours pour la retenir. On sauvait la mise, ensuite on oubliait tout. Évidemment, nous n'avions pas pu nous empêcher de glisser le nom du professeur à l'intérieur d'un vers... Ce défi idiot mais irrésistible était tombé sur moi. Quand je me plantai debout sur l'estrade face à mes camarades, Claude se pinça les lèvres et se renfonça sur sa chaise. « Je l'ai vu, cette nuit, ce malheureux Picheyre [le nom du prof] / La vengeance à la main, l'œil ardent de colère... » Éclat de rire général, mais l'interpellé ne broncha pas. Il eut l'intelligence de laisser filer et, si j'ai bonne mémoire, ne me sanctionna pas d'une mauvaise note. « C'est incroyable le pot que tu as ! » s'étonnait Claude après les interrogations orales. Alors que j'apprenais une leçon sur deux, chaque fois qu'on m'appelait au tableau je la savais. Lui, en revanche, se faisait coincer à tous les coups. Les camarades contemplaient nos exploits et nos frasques avec amusement, comme on regarde de loin les performances d'un aîné. Parce que Claude et moi osions là où ils ne s'aventuraient pas, ils nous admiraient. Entre eux et nous existait un vrai décalage. Dès notre arrivée à La Salle, nous avions troqué nos pulls et sweaters contre la veste-cravate. Alors que nous n'étions que des gamins, nous affichions une envie de vivre comme des grands et nous nous sentions, intellectuellement parlant, plus au fait des choses, plus aguerris que les jeunes de notre âge. Dans notre souci de sauter les étapes, nous détonnions. L'école nous infantilisait, nous semblait-il, et nous brûlions d'en sortir. Ce qui ne nous empêchait pas, à l'occasion, de rejoindre nos camarades dans toutes leurs blagues de potache : poudre à éternuer dans le mouchoir du prof de physique, encre bleue répandue sur les bords du bureau de M. Maine, notre vieux prof de philo, qui s'y appuyait tranquillement puis se caressait la barbiche pendant tout le cours, d'où son sobriquet de Barbe Bleue, etc. Nos quatre cents coups faisaient passer le temps. Une nuit, à une heure du matin – j'avais dû dire que je dormais chez Claude –, nous allâmes jusqu'au domicile d'un prof qui nous insupportait pour coller un chewing-gum bien baveux sur sa sonnette afin de la bloquer, tout en guettant de la rue les fenêtres de son appartement. L'euphorie lorsqu'elles s'éclairèrent et que, cachés derrière des arbres, nous vîmes notre prof ouvrir la porte de la rue en robe de chambre et arracher rageusement la pâte gluante ! C'était ignoble, mais Claude et moi, avec Paul Léaunard, plus timide mais qui suivait quand même, étions infatigables. Surtout lorsqu'il s'agissait de corriger les profs qui ne partageaient pas notre humour et notre façon de voir la vie.

Ce qui n'était pas le cas de tous, d'ailleurs. À La Salle, certains nous appréciaient justement pour notre manière d'être. Je veux parler, entre autres, de Jean-Claude Gaudin, le maire de Marseille, qui fut, pendant deux ans, notre professeur d'histoire, l'un des plus jeunes de l'établissement, vingt-cinq ans à peine. Je le revois entrer dans la classe, élégant et sûr de lui. « Fermez vos livres. Je vais vous raconter l'histoire... », annonçait-il d'un ton impérial qui plantait le décor. D'un mot, d'un geste, il dessinait les paysages, décrivait les batailles et les hommes. Avec lui, on voyait tout, on y était vraiment. Le cours se transformait en une tranche de vie magnifique où il mêlait, avec une virtuosité qui nous laissait pantois, la grande et la petite histoire. C'est ainsi que j'aimais l'enseignement, suggestif, coloré, joyeux. Avec lui, même l'instruction civique devenait passionnante. Tout ce que j'ai appris durant ces deux années, c'est de lui que je le tiens. Quand les autres professeurs pontifiaient, Gaudin, lui, nous parlait.

Ces professeurs qui ne nous traitaient pas encore comme des adultes, mais plus tout à fait comme des enfants, nous étions même assez gonflés pour essayer de les mettre dans notre poche. C'était le seul moyen pour survivre dans ce milieu où nous ne brillions pas par notre savoir. Pour les séduire, nous travaillions le sourire accrocheur, la proximité, et nous avions fait inviter deux ou trois d'entre eux chez les Moreau pendant les vacances. Des apéritifs sympathiques, des dîners décontractés sur la terrasse de la villa pendant lesquels nous parlions de tout, sauf du lycée bien sûr, sujet fâcheux sur terrain glissant. On nous écoutait, nous nous sentions pris au sérieux. Après un pastis, quelques verres de bon rosé et pas mal d'éclats de rire, notre regard sur les profs n'était plus le même. Ils nous semblaient plus accessibles. Cette amitié réciproque avec notre professeur d'histoire se prolongea jusqu'à ce que nous quittions l'établissement, deux ans plus tard, mais elle ne nous octroya pas de régime de faveur par rapport à nos camarades. Gaudin avait été clair dès le départ : on ne l'achetait pas.

De son côté, il nous convia avec d'autres élèves à venir visiter le cabanon de ses parents dans la calanque de Sormiou, un ancien abri de pêcheur comme ceux que l'on commençait à s'arracher sur le littoral, même si la plupart d'entre eux ne possédaient ni eau ni électricité. Notre bagout l'amusait, il aimait rire et répondre à nos questions. C'est en voyant ce lieu désert et battu par les flots qu'avec Claude nous eûmes l'idée d'organiser « l'attaque du cabanon ». Ce jour-là, Gaudin avait invité des collègues à déjeuner chez lui, et nous n'avions pas pu résister à débarquer, mais sans prévenir et à notre façon... Nous voilà donc partis dans notre éternelle 2 CV, direction les calanques. Une fois la voiture garée à distance raisonnable pour ne pas nous faire repérer, nous nous approchâmes du cabanon à pas de loup. La petite maison était perchée sur un promontoire au milieu des rochers. Arrivés à vingt mètres au-dessus, nous avons balancé une volée de pétards sur le toit, dans le plus pur style western et en gueulant dans un porte-voix : « Gaudin, sors de là, ta dernière heure est venue... » et d'autres paroles menaçantes. L'intéressé entamant une carrière politique, nous avions eu l'idée de nous faire passer pour des opposants farouches et déterminés. Le bruit des explosions, nos injonctions furieuses dans le mégaphone étaient du plus bel effet et, pendant quelques minutes, Gaudin et ses invités crurent à une véritable agression. À court de munitions, nous nous fîmes bientôt connaître et le maître du logis, qui avait bien ri en voyant des pétards rouler sur la terrasse, nous invita à partager leur déjeuner. En 1965, Jean-Claude Gaudin se présenta au Conseil municipal de Marseille. Pas militants pour un sou, nous avions donné un coup de main au prof d'histoire qu'on aimait bien, en collant ses affiches et en distribuant des tracts. Ensuite, l'année du bac, nos routes se séparèrent. Je savais qu'il poursuivait sa carrière politique sans lâcher l'enseignement, et lui me perdit de vue. Jusqu'au jour où il découvrit avec stupéfaction que j'étais animateur à Radio-Monte-Carlo en reconnaissant ma voix à la radio. Même si nous avions parlé ensemble de ma passion, cela lui fit un sacré choc !

Certains soirs, ma mère se demandait comment ces professeurs pouvaient nous prendre au sérieux. Elle, nos frasques lui sortaient par les yeux. Il faut dire qu'avec Claude nous atteignions des sommets. Un temps, notre jeu favori consista à nous installer derrière un fourré à un carrefour et à guetter les voitures. Dès qu'il en voyait une, Claude poussait un sifflement strident, imitant à la perfection le sifflet des agents de la circulation. Vraiment très impressionnant. Les automobilistes freinaient brusquement et tournaient la tête de tous côtés, l'air affolé. À l'abri de leurs regards, nous pleurions de rire, c'était irrésistible. Jusqu'au jour où, prévenue par un conducteur qui nous avait repérés, la police nous prit sur le fait. Tout se serait réglé assez vite si j'avais eu mes papiers sur moi et si je ne m'étais pas écrié, excédé d'être retenu pour ce que j'estimais n'être qu'une peccadille : « Bon, ça va, n'insistez pas lourdement ! » C'était assez osé, je le reconnais. Comble de malchance, l'agent qui nous interrogeait pesait au moins cent vingt kilos et il entendit « lourdaud » au lieu de « lourdement ». « Lourdaud ? Lourdaud ? » répéta-t-il en s'approchant de moi, menaçant. Résultat des courses : embarquement immédiat pour le commissariat, où nous croupissions encore à deux heures du matin. Ma mère faillit avoir une attaque quand le téléphone sonna en pleine nuit pour la prévenir de l'incident, alors qu'elle me croyait en train de dormir tranquillement chez Claude. Puis, les policiers obligèrent mon copain à aller chez moi en taxi récupérer mes papiers, après quoi ils accepteraient de me libérer. À la maison, l'accueil de ma mère fut glacial : « Je ne te donne pas les papiers. Tant pis pour lui, il passera la nuit au poste. » Le pauvre Claude tenta de plaider ma cause. « Madame Foucault, ne faites pas ça à Jean-Pierre, s'il vous plaît... » Il supplia tant et si bien qu'elle finit par céder. Comment il parvint ensuite à lui faire payer le taxi aller et retour, ça, je l'ignore, mais il fut assez fort sur ce coup !

Malgré quelques cours moins académiques que d'autres et l'amitié de professeurs qui, implicitement, nous encourageaient à affirmer nos tempéraments et nos choix, le sentiment d'ennui ne me quittait pas. Toujours cette pénible impression de perdre mon temps. Ce qu'on m'enseignait ici était inutile pour faire de la radio, je n'en démordais pas. J'avais une fringale d'entrer dans la vie active, sans savoir par quel bout la prendre. Dans les moments de crise, mes parents m'avaient si souvent répété « Tu ne feras jamais rien dans la vie » qu'il me tardait de leur prouver le contraire, à ma mère en tout cas, puisque mon père n'était plus là. Dès les premiers jours de notre rencontre, je découvris qu'avec Claude nous partagions la même passion. Comme moi, il s'endormait le soir la radio collée à l'oreille. Incroyable, cette coïncidence ! Au-delà de notre complicité adolescente, c'est elle qui souda notre amitié de manière définitive. Quand nous avions épuisé nos heures de colle, nous foncions dans sa chambre pour nous installer autour d'un gros magnétophone, l'objet providentiel qui fut, sans nul doute, à la genèse de ma carrière.

Tout commença par une méchante hépatite virale et une forte fièvre qui obligèrent Claude à garder le lit pendant plusieurs jours. Défense absolue de sortir. Pour aider son grand nerveux de fils à patienter, Mme Moreau eut l'idée géniale de lui offrir le magnétophone Radiola qu'il convoitait depuis longtemps, un appareil splendide à bandes, avec micros et tout le matériel pour jouer aux petits reporters. Ce jour-là, le rêve devint réalité, et nous les acteurs de nos vies. Nous basculions du côté des artistes. Avec Claude, des heures durant, nous avons inventé et fabriqué des émissions de radio, singeant celles que nous écoutions, lui et moi, chacun de son côté. Nous parodiions nos émissions préférées de France Inter ou de RMC, imitant les chansonniers dans des sketchs humoristiques, ou bien, sous le nom des « Conteurs à gaz », racontant les dernières histoires drôles. Un micro installé sur le téléphone permettait d'enregistrer nos canulars téléphoniques, un genre très prisé à l'époque. Moi, j'étais l'interviewer, et mon copain, le « cuisiné ». Claude, que la technique intéressait davantage, alternait disques et commentaires, saupoudrant, ici et là, quelques notes de musique piquées à des chansons ou qu'il improvisait sur son piano pour annoncer les rubriques. Sans le savoir, il créa ce qu'on n'appelait pas encore les « jingles ». Pendant les pauses musicales, nos disques préférés tournaient sur un pick-up posé à côté, chaque interprète étant cité à la fin de sa chanson comme dans une vraie régie radiophonique. Nous étions très au point. Tout ce qui nous passait par la tête était instantanément immortalisé. Claude conserve toujours des kilomètres de bandes magnétiques de ces premiers moments où je me frottai au plaisir intense d'être derrière un micro. Déjà, je me sentais animateur dans l'âme. Sans définir ce que je pouvais en faire, j'aimais retenir l'attention, parlant avec autorité même si mes idées n'étaient pas toujours parfaitement calées. Je réussissais à persuader. Sous mon personnage peu structuré perçait cette volonté de mener le jeu, de convaincre.

Dès que la maison de Sausset était libre, nous filions nous y installer pour faire « nos trucs et nos machins », comme disaient nos mères. Nos trucs et nos machins, c'était encore et toujours de la radio. Claude avait entreposé du matériel dans tous les coins. Sur la bande magnétique, à un certain moment, on peut même entendre la voix de sa mère qui surgit dans la chambre en criant : « Vous n'avez pas bientôt fini, bande de mabouls ! », excédée de nous entendre dégoiser à longueur de journée dans cette boîte magique. Chère Mme Moreau, elle n'imaginait pas en offrant ce magnétophone créer un tel engouement, une telle folie. Il devint par la suite l'instrument de rencontre entre nos deux familles. Intriguée de me voir à demeure chez Claude, maman finit par venir elle aussi y faire un tour. Depuis la mort de mon père, elle vivait dans une grande solitude, et elle trouva avec les Moreau un véritable réconfort, une amitié fidèle. Ils nouèrent ensemble des liens quasi familiaux. Nos mères devaient se remonter le moral mutuellement : « Qu'est-ce qu'on va faire de nos garçons ? » se disaient-elles en nous regardant disparaître dans les profondeurs de la maison. Parfois mes sœurs ou d'autres copains, comme Christian Rousset, participaient à nos enregistrements, mais, en règle générale, nous préférions être à deux, Claude et moi, parce qu'un clin d'œil suffisait pour que l'on se comprenne. Toujours branchés sur la même longueur d'onde. Nous avions même inventé un sigle avec les deux premières initiales de nos noms, MOFO, que nous apposions sur notre papier à lettres et nos cartes de visite pour affirmer notre identité, impressionner et faire comme les adultes.

C'est donc naturellement et sur cette même lancée que nous nous retrouvâmes à l'association Inter jeunes de France et d'Europe, qui réunissait, entre autres, des passionnés de radio, et bénéficiait de quelques financements pour permettre à ses adhérents de se roder à l'art du reportage. Même quand je n'avais rien à y faire de spécial, je passais une heure ou deux dans les magnifiques locaux du 24 rue Colbert, avec téléphones, musique d'ambiance et affiches de spectacles aux murs. Toujours ma passion des bureaux élégants, des atmosphères électriques. C'est là que je rencontrai Marie-José, la secrétaire du groupe, qui allait devenir, quelques années plus tard, ma première compagne et la mère de ma fille Virginie. À la tête de l'association officiait un dénommé Jimmy Guieu, romancier de science-fiction, quadragénaire fascinant, féru d'ésotérisme, de phénomènes paranormaux, tout ce qui passionnait deux têtes chercheuses comme les nôtres. Autre figure énigmatique croisée rue Colbert : Albert Andrieux, surnommé « l'espion » parce qu'il avait dû être agent de renseignements dans une autre vie et qui s'occupait, à l'association, de l'Académie cinématographique du Midi. Appellation bien pompeuse pour une activité aussi obscure que le personnage. Nous, nous adorions ça, évidemment. Les jours de castings, nous venions traîner nos guêtres dans les couloirs des bureaux pour reluquer les jeunes comédiennes et, éventuellement, donner notre avis. Dans cet univers fantasque et qui fonctionnait malgré tout, nous avions le sentiment d'être chez nous et d'appartenir à un cercle puissant, influent, décisionnaire.

Parallèlement à Inter jeunes, Jimmy animait une émission à Radio-Marseille où il nous invitait lorsqu'il cherchait des voix adolescentes ou des témoignages de jeunes. Avec son émission *Les Carrefours de l'étrange*, Jimmy fut le premier à nous donner accès à nos rêves. Claude et moi allions y pousser des cris d'horreur et des gémissements, avec la certitude de participer à l'élaboration d'une grande fresque radiophonique. Enfin, nous touchions au but, la radio, la vraie, même si notre prestation durait quelques secondes ! Je retrouvais mes premiers frissons des *Maîtres du mystère*. En sympathisant avec Jimmy, nous n'avions pas jeté notre dévolu sur n'importe qui : il enquêtait également à la commission Ouranos sur les soucoupes volantes et travaillait sur le trésor des Templiers et les châteaux hantés... Une nuit, nous l'avions même accompagné au château de Monfort, célèbre pour ses sarabandes d'esprits frappeurs. Mes expéditions avec Jean-Marie dans la vieille bicoque abandonnée me revinrent en mémoire. Tous les adolescents ont des souvenirs de cimetières visités avec des copains, la nuit, sous un ciel d'été étoilé, des histoires de fantômes, de tables qui tournent, d'apparitions mystérieuses... et de fous rires nerveux. Ce qui nous rend si nostalgiques de l'enfance où l'on tremblait pour peu de chose, par goût du frisson, bien sûr... Je ne crois pas avoir croisé beaucoup de revenants lors de cette descente nocturne, mais l'oppression ressentie en traversant certaines pièces du château, je m'en souviens encore. La peur était au rendez-vous. Nous étions sortis de là en courant, la chair de poule sur tout le corps et le cœur affolé. Enchantés et repus d'émotions. Tout ça grâce à Jimmy, qui nous semblait être l'adulte le plus en phase avec notre génération.

Nous commencions à bien maîtriser l'usage du magnétophone quand France Inter nous donna l'occasion de montrer nos talents de reporter et d'interviewer. Cette fois, c'était pour de vrai. José Artur, Claude Dupont et Michel Godard, qui produisaient *Les ArDuGo* (mot formé avec les deux premières lettres de leur nom), une émission de divertissement destinée à un public de jeunes, lancèrent un grand concours afin de recruter des correspondants dans toute la France. Il s'agissait pour les candidats d'effectuer un reportage dans leur ville, en pointant un problème concernant la jeunesse. Tout à fait à notre portée. Magnéto à l'épaule et micro en main, Claude et moi avions arpenté une bonne partie de Marseille en recherchant pourquoi il n'existait pas de Maison des jeunes et de la culture dans cette grande métropole. Ce reportage nous permit d'approcher des adolescents qui nous confièrent leurs motivations, des administrés et des élus devant qui le micro trembla davantage. Comme rien ne nous arrêtait, nous étions même allés jusqu'au cabinet du maire, Gaston Defferre, qui ne nous reçut pas, faute de temps, mais qui nous dirigea vers son adjoint. Ce premier travail me fit comprendre beaucoup de choses sur l'art et la manière de se faire ouvrir les portes, et que la tâche est bien plus facile quand on est convaincu du bien-fondé de sa mission. Ce qui était notre cas : Claude et moi prenions l'exercice très au sérieux. Ensuite, nous nous étions enfermés chez Claude, avions choisi et monté les témoignages les plus émouvants, les plus forts, comme des professionnels. Je me souviens avec quel plaisir nous avions réalisé cette besogne. Pas de doute, on était chez nous ! Après avoir posté notre cassette, nous avions guetté les résultats sur les ondes, mais rien. Jusqu'au jour où j'appris par téléphone que Claude et moi étions les grands triomphateurs du concours. Incroyable. Nous n'étions pas peu fiers... même lorsqu'on nous précisa qu'il n'y avait pas eu d'autres candidats que nous dans la région Provence ! Bon, tant pis pour ceux qui ne s'étaient même pas déplacés. Après tout, la disponibilité et la foi ne faisaient-elles pas partie intégrante du talent ? Quand je vis s'avancer, boulevard du Collet, la DS break bleue avec l'inscription ORTF et une antenne gigantesque, je crus m'évanouir d'émotion. La voiture s'arrêta devant la maison, un journaliste et un technicien en descendirent et, après de rapides présentations, nous montâmes dans ma chambre. Claude y était déjà, attendant fébrilement. Nos commentaires sur l'enquête furent enregistrés, on nous félicita encore et la voiture repartit comme elle était venue. « Comptez une semaine », avait répondu le journaliste lorsqu'on lui avait demandé quand passerait l'émission. Huit jours plus tard, toute la famille était réunie dans le salon pour écouter notre prestation, avec cette annonce que je n'oublierai jamais : « Et nous retrouvons sur place, à Marseille, Jean-Pierre et Claude, nos correspondants des *ArDuGo*... » Je croyais rêver. Lorsque le speaker nous remercia pour notre reportage et enchaîna avec la chanson des Parisiennes, *Il fait trop beau pour travailler*, nous explosâmes de joie. Ce disque, le tube de l'époque, on l'adorait, et qu'on le programme juste après nous, c'était un sacré cadeau ! Évidemment, tous nos copains avaient été sommés d'écouter la radio et, le lendemain, nous signions des autographes à la sortie de La Salle, comme les nouvelles stars de l'établissement. À ce propos, dernièrement, Claude m'a montré ses cahiers de classe : ils sont tous paraphés de ma signature. C'est inouï, à l'époque, cette manie que j'avais de l'autographe !

Cette première expérience nous avait mis l'eau à la bouche, et l'écoute de l'antenne nous rendit créatifs. D'animateurs, nous devînmes reporters. Munis de la carte Inter jeunes, de badges *Journaliste* ou *Chargé d'enquête*, titres plus bidons les uns que les autres, nous allions interviewer toutes les personnalités du show-biz qui se produisaient à Marseille. À seize ans, j'avais la taille et le gabarit d'un adulte, et je jouais volontiers de mon physique. L'aplomb, l'autorité dont je témoignais me faisaient traverser tous les barrages. Pour passer le contrôle d'un spectacle, être admis à une soirée, je prétendais être l'envoyé d'un magazine connu et le tour était joué : devant ma belle assurance, les portes s'ouvraient. Souvent, je bluffais les adultes en adoptant le même discours qu'eux, étonné moi-même d'être pris au sérieux. Claude disait que si j'avais été malhonnête, j'aurais fait un escroc redoutable, tant l'air que j'affichais imposait le respect. Ainsi, je me souviens être allé, avec Anne, voir Yves Montand en concert, et lui avoir fait passer ensuite une carte de visite en sollicitant une interview. Au flan. Contre toute attente, il accepta de me recevoir et je me rendis dans sa loge, suivi par ma sœur qui me suppliait de faire demi-tour, effrayée par tant de culot. « T'inquiète pas, lui dis-je pour la rassurer. Il ne me demandera pas ma carte de presse... » Le chanteur ouvrit sa porte vêtu d'un long et épais peignoir blanc, comme beaucoup de vedettes du music-hall après leur show. Je fus surpris et un peu gêné de cette intimité que je n'attendais pas, mais n'en laissai rien paraître. Après m'être présenté comme le correspondant d'un journal culturel local, je me lançai dans une série de questions qui ne lui semblèrent pas extravagantes puisqu'il y répondit sans broncher. Mon erreur fut de lui demander un autographe en fin d'entretien... Fatale admiration ! Ça faisait un peu amateur. Yves Montand fronça les sourcils et me détailla avec sa légendaire mimique, cigarette au bec, tête penchée sur le côté. Voyant cela, je lui décochai un large sourire en le remerciant de sa gentillesse et, avant qu'il ne me fasse mettre à la porte, je quittai la loge et le théâtre, en emmenant au passage ma petite sœur qui patientait dans le couloir. Bien plus tard, j'aurai l'occasion de revoir le célèbre chanteur pour des interviews, en bonne et due forme celles-là... Mais d'autographe, point. La mode était passée.

Indéniablement, j'aimais les challenges, les acrobaties sans filet. Je me souviens, par exemple, de l'invitation d'un établissement scolaire du Prado à donner chez eux une conférence sur la radio, son fonctionnement. Le directeur de l'école avait dû me contacter par l'association Inter jeunes. Une conférence, à dix-sept ans... Toute personne un peu sensée aurait humblement décliné la proposition. Moi, j'acceptai sans complexe, en invitant de surcroît Claude à venir applaudir ma performance. Il n'en revenait pas. « Jean-Pierre, arrête, tu ne vas pas tenir un quart d'heure, on va se couvrir de ridicule... – Mais non, ça va aller, je t'assure. » J'étais sûr de mon coup. Le jour J, mon copain préféra s'asseoir au fond de la salle pour battre en retraite si je me faisais huer. Quelques minutes avant d'entamer mon laïus, j'eus le trac, bien sûr, celui que j'éprouve encore aujourd'hui au moment d'entrer sur un plateau et de prendre la parole. Mais à peine eus-je posé le pied dans l'amphithéâtre que je me sentis dans mon élément. Ayant lu en amont quelques articles sur l'organisation d'une radio, la fabrication d'un programme, et fort de mon écoute quotidienne, j'estimais pouvoir relever le défi. En tout cas, j'étais à l'aise. Il y eut bien quelques bourdes et liaisons malheureuses, mais je réussis à tenir une heure, et ensuite les enfants posèrent des questions. À la fin, le directeur vint me serrer la main. Voilà, j'avais osé et tout s'était bien déroulé, ce que me confirma Claude, qui tremblait plus que moi. Je m'essayais à la vie et chaque défi était une pierre de plus dans mon jardin. Ce fut une période de « chauffe » pour mon futur métier. Ce rôle d'animateur, je l'ai préparé, répété, peaufiné durant toute ma jeunesse, dans les gestes, les paroles. Les premières interviews et les reportages m'enseignèrent la persuasion, l'art d'obtenir de l'autre ce qu'il ne pensait pas forcément me confier au départ, et qu'il finissait par me livrer en toute sérénité. Claude et moi apprenions sur le terrain, et nous y passions tout notre temps. Là était bien le problème... Car, au lycée, nous ne faisions plus que de la figuration.

En milieu d'année de première, ma mère et Mme Moreau furent convoquées par le père directeur, qui exigea notre présence à l'entretien. Le savon qu'il nous passa pendant une heure est un souvenir épouvantable. Mon orgueil en souffrit. J'avais la pénible sensation d'être pris au piège et, surtout, d'être rabaissé au rang d'idiot irresponsable. Carnets de notes en main, le supérieur raconta par le menu toutes nos frasques et lança des menaces. En quelques minutes, nos mères découvrirent l'étendue de notre champ d'action et nos capacités de nuisance. Depuis le début, Claude et moi vivions nos vies de cancres en toute autonomie, c'est-à-dire qu'on ne se vantait pas des mauvaises notes, des punitions, des heures de colle. Il n'y avait pas de comptes à rendre, pensais-je, mes écarts, je les assumais car j'avais confiance, j'allais m'en sortir. J'avoue que, durant toute cette période, j'ai menti comme un arracheur de dents. Pour épargner ma famille, essentiellement. Je déteste le mensonge et ne m'en suis servi que pour ne pas inquiéter, ne pas heurter. Quand je vis que le récit de nos méfaits faisait pleurer ma mère, la colère me monta au nez. Je serrai les poings. « Votre mère est veuve, vous devez être raisonnable mon garçon, il faut étudier... » Et bla, bla, bla... Toujours le même discours usant. Nos mères supplièrent qu'on nous garde, notre renvoi de l'école sonnant pour elles comme un arrêt de mort, mais le père supérieur ne promit rien, et nous nous séparâmes sur cette incertitude. En sortant, j'en pleurais de rage. Une fois assis au volant de la 2 CV et les autres installés, je démarrai en trombe. « Je lui montrerai ce que je sais faire à celui-là ! Il verra bien de quoi je suis capable ! » À l'arrière de la voiture, maman et Mme Moreau s'agrippaient tant bien que mal à leur siège en me conjurant de ralentir, mais j'étais hors de moi. Même Claude, à mes côtés, n'en menait pas large. Finalement, nous ne fûmes pas renvoyés mais, au mois de juin, nos parents jugèrent qu'à la rentrée de septembre il vaudrait mieux nous éloigner l'un de l'autre et nous inscrire dans des établissements différents. Une ultime tentative pour nous aider à obtenir le baccalauréat.

La perspective de cette séparation ne nous empêcha pas de fêter, comme il se devait, les derniers jours d'école et l'arrivée de l'été. À cette époque, ma sœur Anne commençait à sortir avec nous dans les dancings, au cinéma. Bien que timide et réservée, elle aimait se joindre à notre petit groupe et mes copains n'étaient pas insensibles à son visage fin et grave et à ses longs cheveux noirs. Elle était devenue notre complice des blagues téléphoniques, les jeudis après-midi, répétant à nos pauvres victimes les bêtises que nous lui soufflions dans le dos en masquant nos éclats de rire. Depuis que Francis Blanche sévissait dans le genre à la radio, tous les jeunes pratiquaient ces plaisanteries, comme un sport national. Les factures de téléphone qui s'ensuivirent donnèrent lieu à de sévères explications dans les familles ! Jusqu'au moment où je me suis lassé ; non que ces blagues aient cessé de m'amuser, mais je ne supportais plus de m'entendre dire « Allô ? Bonjour mademoiselle ! » et que tous rigolent autour de moi. L'arroseur arrosé, en quelque sorte. Contrairement à mon timbre assez grave d'aujourd'hui, ma voix d'adolescent partait dans les aigus, et j'ai mué tardivement. Le décalage entre ce ton fluet et mon physique plutôt charpenté m'exaspérait. Je connus cet entre-deux inconfortable de l'âge : la voix qui se cherche et les éruptions indésirables sur le visage. La puberté dans toute sa splendeur. Et comme Claude et moi tenions à soigner notre look, nous investissions des fortunes dans l'Antébor, une lotion magique qui faisait disparaître les boutons sur la truffe en produisant un effet liftant assez spectaculaire. Ou bien, dès les premiers beaux jours, nous exposions nos frimousses bourgeonnantes sur la terrasse de ma chambre, que j'avais rebaptisée « la poêle à frire » tant on y grillait, persuadés que le soleil était un remède miracle, avant de comprendre qu'après avoir été stabilisés par la première cuisson, les boutons revenaient de plus belle.

Bien que la maison de Sausset me semblât le lieu idéal pour nous amuser, Anne et moi organisions parfois des boums dans la salle à manger de Bonneveine. On poussait les meubles encombrants le long des murs et on roulait le tapis pour ne pas le maculer de bière ou de limonade. Sur le pick-up tournaient les disques de l'époque. Tandis que mes copains découvraient le rock and roll, Elvis Presley et les Beatles, moi je me pâmais pour une chanson de Bourvil, *Salade de fruits, jolie,*

191

jolie, jolie... J'étais un peu fleur bleue, je le reconnais. Chacun son truc, après tout. Volets fermés pour créer une ambiance boîte de nuit, les slows américains sirupeux à souhait se succédaient avec, de temps à autre, quelques rocks endiablés pour interrompre les flirts qui menaçaient de déraper et réveiller ceux qui piquaient du nez sur les canapés. Les couples, vestes pied-de-poule-cravate et jupes à volants-ballerines, se tortillaient comme des dingues sur *Nut Rocker* de B. Bumble and the Stingers, personne n'y résistait. Je me souviens de la chanson d'Aznavour, *Que c'est triste Venise*, et de *La Mamma*, de l'incontournable *Sag Warum* de Camillo, de *When a Man Loves a Woman* de Percy Sledge, qui faisait se lever de leur siège les plus timides, et des tubes d'Otis Redding. Premiers slows, premiers émois. Sur la piste de danse, Claude me battait à plate couture. « Un sacré tombeur ! » me confia Anne, qui en était raide amoureuse. Il fut son premier flirt. À l'époque, pour plaire, il fallait se montrer, rouler des mécaniques, en imposer. Quand Claude eut dix-huit ans, il passa son permis et n'alla plus en boîte qu'au volant de sa DS. Quand il arrivait, chemise cintrée, pantalon pattes d'éph et cheveux dans le cou, elles tombaient toutes dans ses bras ! Tandis que Claude faisait virevolter ses partenaires dans les surprises-parties, j'affichais une certaine réserve. Toujours mon complexe physique, ce corps un peu lourd qui me gênait. Mais après tout qu'importe, ces boums étaient surtout le prétexte pour serrer les copines de ma sœur d'un peu plus près, pour les prendre dans mes bras. Tout était bon pour enfouir mon museau dans le cou tendre des filles. Sinon, comment les aurais-je approchées... À la première note de musique un peu sucrée – *Love me Tender* nous rendait tous amoureux –, je m'extirpais de mon fauteuil et invitais des demoiselles aux cheveux raides et soyeux pour de longs slows immobiles que je dansais les yeux clos, oubliant les copains, ne pensant

192

qu'aux deux petites mains chaudes posées sur mes épaules et à ce délicieux parfum de shampooing aux œufs qui venait chatouiller mes narines. Des moments très doux, comme figés dans le temps, d'où je ressortais la tête à l'envers, bouleversé et heureux. Je me souviens de Victoria, une ravissante jeune fille brune que je couvais d'un regard énamouré chaque fois qu'une fête nous réunissait. Tandis que je me consumais devant ses yeux en amande, elle affichait une indifférence royale et regardait ailleurs. Elle, je n'ai jamais osé l'inviter.

Que l'été nous réunisse ou nous sépare, Claude et moi ne manquions pour rien au monde le rituel des « bâtons de Polo », qui avait lieu à la fin du mois d'août. Dès les premiers jours de mai, nous demandions à nos copains de conserver précieusement leurs bâtonnets de glace Polo, ces esquimaux translucides recouverts de givre, orange ou citron, dont nous raffolions tous. Par grande chaleur, on pouvait en consommer quatre ou cinq par jour ! À la fin des vacances, nous nous retrouvions dans la villa de Sausset et, après une soirée bien arrosée où chacun racontait ce qu'il avait fait pendant deux mois, nous jetions en tas dans le jardin tous les petits bouts de bois mis de côté. Parfois, le monticule était impressionnant. Réunis en un cercle joyeux au centre duquel officiait un grand prêtre, nous chantions à pleins poumons l'enterrement de nos vacances, la fin de l'été et de ses plaisirs. Une allumette craquait et les bâtonnets s'embrasaient, emportant dans leur fumée les bons et les mauvais souvenirs. Dernière flambée de rire avant de replonger dans l'enfer de la rentrée scolaire... Notre enfance s'écoulait, on le sentait bien. Est-ce que nous aimerions encore les esquimaux l'année prochaine ? Mystère... Parmi toutes les filles de la bande, Sophie avait accroché mon regard dès notre première rencontre. Elle était douce et gentille, et ses origines russes exerçaient sur moi une certaine fascination. Pour une fois, mes avances ne furent pas repoussées et je connus la sensation délicieuse d'aimer et d'être payé de retour. Notre relation dura quelques mois, jusqu'à ce que je décide, j'ai oublié pourquoi, d'y mettre un terme. Je me revois dans la salle à manger de Bonneveine prendre le téléphone, appeler Sophie et lui annoncer tout à trac que « c'était fini ». Le plus cocasse de l'histoire, c'est que là où j'attendais un torrent de larmes, des questions et des reproches, j'eus droit à un « bon, ben, d'accord... » qui me laissa pantois et un peu vexé. Bien fait pour moi ! De ce jour, nous ne nous sommes plus jamais revus...

Début septembre, Claude et moi étions rentrés en terminale, dans des « boîtes à bachot » comme il en existe encore pour les cas désespérés. Sage décision. Enfin, disons que cette mesure émanait d'un bon sentiment de la part de nos parents... Je quittai Jean-Baptiste-de-la-Salle avec un sacré pincement au cœur. En deux ans, j'y avais noué des amitiés profondes, à tel point que je continue de voir certains copains de l'époque. Partis dans des directions différentes, nous nous sommes retrouvés depuis et nous vivons, à Marseille, à deux pas les uns des autres. Ma mère m'inscrivit à l'institut Borely pour la dernière ligne droite avant le grand destin universitaire qu'elle nourrissait pour moi. Cette séparation imposée avec Claude ne changea pas grand-chose à l'organisation de nos petites affaires. Au contraire, pour continuer à nous voir et bricoler ensemble notre avenir, nous séchions les cours comme jamais.

C'est en pleine année scolaire que germa, dans le cerveau particulièrement allumé et génial de Jimmy Guieu, l'idée d'inviter les Rolling Stones à Marseille. Les Stones, rien que ça, à une époque où Mick Jagger hystérisait littéralement les foules avec *Satisfaction* ! Pour Jimmy, impossible n'était pas mar-

194

seillais, et nous l'aimions aussi pour ses audaces. Après avoir chanté à l'Olympia et à Lyon, le groupe anglais cherchait une salle en province et la participation d'une association pour monter leur spectacle. Ceci pour une sombre histoire de taxes... Jimmy, qui connaissait l'agent du groupe, proposa qu'Inter jeunes reçoive les Rolling Stones, salle Vallier, pour deux concerts le même jour. La salle contenant quatre mille places, avec huit mille entrées l'association rentrait dans ses frais et pouvait accorder le cachet demandé par les rock stars, à savoir soixante-dix mille francs. Quelle ne fut pas ma stupéfaction quand Jimmy m'annonça la somme. Elle me sembla exorbitante ! Un autre monde s'ouvrait à moi... Le miracle, c'est que les Stones acceptèrent toutes les conditions et la date des concerts fut arrêtée. Ne restait plus qu'à tout organiser.

Comment le regard de Jimmy se tourna vers Claude et moi à cet instant, je l'ignore, mais le fait est qu'il délégua toute l'installation et la coordination du spectacle à deux gamins de dix-sept et dix-huit ans, qui se lancèrent dans l'aventure sans l'once d'une hésitation. En quelques semaines, nous dûmes gérer l'aménagement de la salle, trouver les fauteuils, une sono à la hauteur des musiciens, nous occuper de la logistique, de l'intendance, des membres du service d'ordre, de la billetterie, des affiches... Tout, il y avait tout à faire. Francis, notre copain qui tenait Le Soupirail, une boîte de nuit que Claude et moi fréquentions assidûment, nous aida pour l'affichage et la vente des billets, mais pour le reste, ce fut de l'improvisation pure. Pour la première fois de ma vie, j'eus entre les mains le contrat d'une star internationale. Sur celui de Mick Jagger était stipulé, entre autres exigences, qu'il trouverait dans sa loge des serviettes, un peignoir, des nourritures précises (quarante ans après, qu'on me pardonne, j'ai oublié lesquelles...), du Coca-Cola... et du thé Darjeeling. Ça, oui, je

195

m'en souviens. « Je te préviens, ils ne jouent pas s'il n'y a pas de thé Darjeeling ! » avait annoncé Jimmy très sérieusement. Bon, après tout, c'était leur droit... Sur mon Solex, je dus parcourir la moitié de la ville pour trouver ce « Darjeeling » dont je n'avais jamais entendu parler. Tout d'un coup, ce produit devenait aussi précieux que de l'insuline pour un diabétique. Après avoir fait quinze boutiques et essuyé les réflexions moqueuses des commerçants (« Du thé... quoi ? ») je finis par en dénicher dans une petite épicerie de luxe et rapportai la boîte comme un prêtre le calice. Une fois le concert terminé, lorsque je débarrassai la loge de Mick Jagger, je retrouvai le thé intact. Il n'y avait même pas touché. Je venais de découvrir ce qu'était un caprice de star.

Le concert eut un succès aussi monumental que monstrueux. L'erreur, mais personne ne nous avait mis en garde, fut d'organiser deux sessions dans la même journée, à dix-huit heures trente et à vingt et une heures trente. Lorsque les quatre mille personnes du second concert vinrent s'ajouter aux quatre mille du premier qui refusaient de sortir, la salle explosa littéralement. Sous la pression des gens, les glaces du hall se brisèrent, il y eut des malaises, des pieds écrasés, mais par miracle aucun blessé grave. Un brassard « sécurité » au bras, Claude et moi courions en tous sens pour limiter les dégâts. En vain. Les agents du service d'ordre ne pouvaient déjà plus canaliser la fureur des fans, qui dévastèrent tout sur leur passage. À la demande de la sécurité qui, contrairement à nous, connaissait la « déferlante » Rolling Stones, nous avions solidarisé les fauteuils grâce à de longues barres de bois qu'un copain avait « empruntées » à son père menuisier. Sans lui en parler, évidemment. C'était l'affaire d'une soirée, ni vu ni connu. Lorsqu'il vint les récupérer après le concert, il aurait pu en faire des fagots. Le public avait tout cassé. Le bouquet final du spectacle fut assuré par Mick Jagger (on n'en attendait pas moins de lui) qui, ayant reçu une canette de bière sur l'arcade sourcilière à la dernière chanson, demanda trois cent mille francs de dédommagement ! Bref, l'apocalypse.

À l'heure des comptes, Jimmy découvrit l'existence d'une billetterie occulte qui, plus tard, donna lieu à des plaintes et à un procès retentissant. L'agent des Rolling Stones, qui s'était installé chez Claude pour passer ses coups de fil, appelant Londres dix fois par jour et conversant pendant des heures, laissa aux Moreau une facture de téléphone de plusieurs milliers de francs. Battu par les Stones qui, de leurs chambres à l'hôtel Ruhl, en une journée et une nuit, téléphonèrent pour plus de dix mille francs ! La presse parla du concert comme d'un flop rare et le pauvre Jimmy paya les pots cassés : le fisc récupéra sa voiture, ses meubles et tous ses biens pour payer les réparations de la salle, et surtout une partie de l'exorbitante assurance des chanteurs. Inconscience, orgueil, mégalomanie, je ne sais quel sentiment nous avait conduits à relever un tel challenge. Notre innocence nous fit tomber dans les panneaux les plus évidents (la double billetterie, par exemple, n'importe qui s'en serait méfié, et nous n'y avions même pas pensé...). La tête nous avait tourné. Je me souviens que, pour l'intermède, après la première partie qu'assuraient le chanteur Antoine et les Problèmes, Claude et moi avions auditionné quelques groupes locaux. Je nous revois, clope au bec, jouant aux producteurs et jaugeant, du haut de nos dix-sept ans, le travail de musiciens professionnels dont certains avaient dix ans de métier. Les Why Not, des copains d'école, furent les grands gagnants. Ils portaient bien leur nom, comme le bateau de Charcot, le *Pourquoi pas ?*, qui fit naufrage. Notre concert coula lui aussi, corps et biens, mais

197

nous avions pleinement vécu ce rêve, cette folie... La salle était encore fumante et Jimmy Guieu sur la paille, mais il n'en restait pas moins que deux gamins avaient osé inviter chez eux les Rolling Stones, le plus fameux groupe du monde. J'espère que ceux qui y étaient s'en souviennent comme d'un pur moment de rock and roll ! Notre ami perdit tout dans cette histoire, mais il ne nous en tint aucun grief. Il n'avait pas mesuré l'énormité de l'entreprise et endossait toute la responsabilité. Malgré tout, cette mésaventure reste pour nous un souvenir d'exaltation suprême, un parcours initiatique où nous nous mesurâmes à plus fort que nous. À notre manière, nous avions fait une intrusion dans le monde des adultes et nous étions allés jusqu'au bout. Pour nous avoir accordé cette confiance, je garde à Jimmy Guieu, qui nous a quittés il y a presque dix ans, une immense tendresse, une grande reconnaissance.

Cette épopée, dont nous étions sortis exténués, avait relégué au second plan la planète terminale, le lycée, et il fallut émerger au plus vite. Les semaines s'étaient écoulées et nous nous retrouvions début juin avec quelques jours seulement pour réviser... apprendre... enfin, faire l'impossible pour décrocher ce baccalauréat qui semblait émouvoir tout le monde sauf nous. Je m'y attelai mollement, Claude aussi, histoire qu'on nous fiche la paix. Finalement, quand le grand jour arriva, nous n'étions pas prêts du tout. La veille, notre copain Christian Rousset nous avait appris qu'au bar Pierre, un bistro de la ville, on pouvait avoir les sujets du bac, une secrétaire ayant réussi à détourner l'enveloppe du rectorat le temps de photocopier les épreuves. L'occasion était trop belle et Claude et moi nous étions précipités chez Pierre, où l'on nous remit les précieux documents sans avoir à débourser un centime. Incroyable ! Ensuite, nous avions couru chez

Christian pour les étudier tranquillement, bien décidés à réviser toute la nuit et à dormir sur place. En tout cas, c'est ce qu'on avait dit à nos parents, sans se vanter d'avoir les sujets... En fait, ce cadeau du Ciel, on n'y croyait qu'à moitié, c'était trop beau, trop facile, il devait y avoir une « embrouille ». Quoi qu'il en soit, nous avions acheté des packs de bière, du whisky et des cigarettes, mes bonnes Bastos sans filtre, pour tenir le coup et travailler le plus tard possible. Il fallait bien cela. Dans la chambre de Christian, les capsules sautèrent, on trinqua à notre chance d'avoir les sujets, à nos amis qui devaient être en train de trimer, les pauvres, ils revoyaient tout le programme, eux... Ensuite, le trou noir. Je crois que nous avons refait le monde dans tous les sens, hurlé de rire, trinqué et trinqué encore. Le reste, je l'ai oublié. Quand le réveil sonna vers sept heures, nous ne nous étions même pas couchés. Après avoir somnolé un court moment, affalés dans la voiture sur le parking du centre d'examens, nous allâmes tranquillement passer notre bac. Quand l'examinateur posa les sujets sur les tables, nous nous regardâmes de loin, consternés : le tuyau était le bon et nous n'avions rien révisé. Résultat de ce magnifique tour de force : recalés tous les trois ! Claude, Christian et moi devons être les rares idiots à avoir loupé leur bac en ayant eu connaissance des sujets. Ma moyenne fut de cinq sur vingt avec un zéro en sciences physiques et en sciences naturelles. Chapeau, l'artiste... Je dois dire que, avec le recul, autant de légèreté et d'insouciance m'étonne moi-même. Un tel suicide collectif, c'est surréaliste. Une chose est sûre, et je ne m'explique pas autrement ce sabordage : aucun de nous ne désirait accéder à l'université. Consciemment ou inconsciemment, nous avons fait ce qu'il fallait pour entrer dans la vie active. Lorsque nous parlions de notre avenir, Claude et moi nous imaginions président-directeur général, bâtisseur d'empires, que sais-je, comme s'il suffisait de claquer des doigts pour accéder à ces professions. Nous rêvions, et seuls nous intéressaient l'aventure de la vie, le terrain, l'empirisme. En échouant au baccalauréat, nous nous fermions définitivement la porte des études supérieures, et nous l'avions voulu ainsi. La vie d'adulte tant convoitée, nous allions la connaître. Elle était là. Tout de suite.

Ces adultes qui nous fascinaient tant, nous les retrouvions au Club des Antillais ou Aux amis de l'ORTF, deux cercles dont les habitués, essentiellement des amateurs de radio, tous beaucoup plus âgés que nous, semblaient vivre « des choses » hors du commun... On ne savait pas quoi exactement, mais ces gens n'avaient pas froid aux yeux et c'était, pensions-nous, l'attitude à adopter en toutes circonstances. Je me souviens que nous essayions d'accrocher du regard certains d'entre eux pour être, nous aussi, pris au sérieux. Nous avions même collé des autocollants *ORTF* sur la voiture de M. Moreau, comme si nous faisions partie du sérail... D'une façon ou d'une autre, nous cherchions une connivence avec les professionnels. Autre lieu de rendez-vous privilégié : La Réserve, un endroit mythique, disparu aujourd'hui, notre quartier général car nous ne payions nos cocktails Tangos qu'une fois sur cinq, les fils de la maison, les Canepa, nous ayant à la bonne. Le must étant les fêtes que donnait Marie-Thérèse, une petite amie que Claude eut un temps, dont les parents très fortunés occupaient l'une des plus belles villas de Sausset-les-Pins. Des surprises-parties magnifiques comme on n'en voyait que dans les comédies américaines, légères et brillantes avec des buffets royaux et des bouteilles de champagne dont les bouchons sautaient sans interruption. On s'y vautrait sans complexe, faisant honneur à tout. Les soirs de printemps, quand la douceur de l'air nous extirpait de notre tanière, nous partions en goguette dans la 2 CV. On conduisait comme des fous, ce qui peut faire sourire quand on se souvient ce qu'était cette automobile brinquebalante où tout avait été conçu à l'envers... Qui n'a pas eu le coude massacré par la demi-fenêtre avant qui vous tombait dessus lorsque vous fermiez la portière ou que vous freiniez un peu brutalement ? ! Qui n'a pas reçu dans la figure le contenu de la boîte à gants au fond de laquelle une grille laissait passer l'air ? Elle fut la voiture du comptable anthracite, du curé et des religieuses du village, mais aussi celle d'étudiantes en minijupe, de bons copains en vadrouille et de familles sans histoire. Universelle 2 CV... Un vrai poème, cette voiture, mais qu'est-ce qu'on l'aimait ! En ville, Claude me laissait le volant car, disait-il, il suffisait que je conduise pour qu'une place se libère dans la seconde où je cherchais à me garer. Ce qui le laissait baba. Il disait souvent que j'avais un ressort sous le derrière, que j'étais atteint de bougeotte aiguë : effectivement, dès que j'arrivais quelque part, je pensais à l'endroit où nous pourrions aller ensuite et je brûlais de repartir. Comme si ailleurs était mieux qu'ici. Suis-je toujours ainsi ? Je ne crois pas, j'ai appris à me poser. Cette impétuosité, qui était peut-être une forme d'insatisfaction, ne m'empêcha pas d'émarger pendant vingt ans à la même radio et de travailler, depuis des années, sur la même chaîne de télévision. Instable, remuant, peut-être, mais fidèle. Et constant, quand je me sens bien.

Parfois, nos pas nous portaient vers le Vieux-Port, où nous déambulions en regardant les bateaux à quai, dans les cliquetis des mâts et des cordes. Même magnifiques et en partance pour des contrées lointaines, ils ne provoquaient pas en nous d'irrésistibles envies de voyage. Nous n'étions pas marins et les ondes nous attiraient plus que les vagues... Tout s'articulait autour de l'embarcadère, le cœur battant de la ville, et des ruelles pentues et sombres qui, pour mes copains et moi, représentaient le mystère, l'interdit. Il s'en passait de drôles, là-bas, disait-on, mais ces territoires n'étaient pas les nôtres, ce Marseille trouble et impénétrable ne nous concernait pas. Malgré tout, il existait, et lorsque je passais devant l'hôtel de Mémé Guérini, je ne pouvais pas m'empêcher de me hisser sur la pointe des pieds pour tenter d'apercevoir cette légende vivante. Un jour que je marchais avec Claude, j'aperçus la célèbre silhouette accoudée au bar, dans un superbe costume gris, cheveux gominés, impeccable. « Regarde, c'est Mémé Guérini ! » chuchotai-je en montrant du menton l'homme qui faisait la loi dans toute la ville. Rien que son nom imposait le respect ou le silence. Grand résistant puis maffieux notoire, il était devenu l'ordonnateur de tous les fonctionnements obscurs de la ville. Et même si nous n'avions rien à craindre de lui, nous en parlions avec un frisson dans la voix.

Il n'était pas le seul à régner sur Marseille. Un jour que, pour gagner du temps, j'avais fait grimper Claude à l'arrière de mon Solex, un agent de police nous arrêta et nous fit descendre du véhicule. Lorsqu'il sortit son calepin et qu'il commença à tourner autour de mon vieux vélomoteur pour en relever toutes les irrégularités, je proposai à Claude d'aller boire un verre au bistro d'en face. Nous en avions pour un bon moment ! Trop occupé à remplir sa liste, l'agent ne s'y opposa même pas. Tout en descendant nos panachés, nous réfléchissions au moyen de payer la contravention exorbitante qui allait nous tomber dessus. Près de nous, un monsieur très chic sirotait son anisette, les yeux dans le vague. Avec mon habitude de parler à tout le monde, je pris à partie le consommateur en lui racontant l'incident et, dans un geste large, je lui offris son verre. Au point où j'en étais, dix francs de plus ou de moins... L'homme m'écouta sans m'interrompre, termina sa boisson et se leva en me regardant droit dans les yeux : « Petit, je vais te faire voir qui je suis... Rappelle-toi : je suis le président des Corses de Marseille. » Il fit signe au serveur qu'il payait nos trois consommations, laissa un billet sur le zinc et sortit du bar, nous sur ses talons. Dehors, le flic était toujours penché sur mon Solex. L'homme s'approcha de lui. « Dites-moi... Ce petit, là... c'est mon neveu... Il faut pas l'embêter... », le tout avec un accent corse de tous les diables. L'autre se redressa, nous regarda tous les trois, marmonna quelque chose et tourna les talons après un bref salut. Je n'en croyais pas mes yeux. Marseille, c'était cela aussi. Mais je mentirais si je prétendais l'avoir connu et fréquenté. Conduire une voiture sans permis et m'être procuré les sujets du bac avant les autres sont les seules véritables irrégularités auxquelles je me sois livré dans ma jeunesse. Pas de quoi se vanter !

Très tôt, mon père me mit en garde contre certains coins chauds de Marseille, en particulier le célèbre et très mal famé quartier du Panier, lieu de tous les trafics et rendez-vous des truands. Le périmètre autorisé ne dépassait pas les bureaux de la rue Breteuil, situés dans le quartier huppé des avocats d'affaires, et il ne tenait pas à ce que je traîne au-delà. Dans cette rue, les mauvaises rencontres étaient rares, pourtant, un soir que mon père sortait du bureau avec mon cousin Michel, une créature venue de nulle part l'aborda en voiture et lui décocha son plus beau sourire. « Tu viens, chéri ? lui lança-t-elle. – Pour quoi faire ? Qu'est-ce que vous voulez ? » répondit-il sans aucune ironie. La demoiselle n'insista pas et poursuivit sa route. Michel, qui m'a raconté l'anecdote, en rit encore : « Je t'assure que dans un premier temps il n'avait pas compris ce qu'elle voulait. Après, bien sûr, il a réalisé et il a haussé les épaules... » Mon père pouvait être parfois d'une candeur désarmante… Enfant, je ne m'aventurais vers le Port autonome que pour l'accompagner au contrôle des marchandises, à l'arrivée d'un bateau. Après m'être arrêté à l'administration portuaire pour récupérer un laissez-passer, je le retrouvais devant les cageots de fruits et de légumes dans des entrepôts qui, à l'époque, exhalaient tous les parfums exotiques. C'était l'endroit le plus animé du port. Sur les quais immenses, des montagnes de caisses attendaient d'être rangées ou embarquées. Les importateurs comme mon père venaient y vérifier la marchandise, la palper, la sentir. Aujourd'hui, on ne ressent plus cette fièvre et, comme tout est dans des conteneurs, on ne sait plus ce qu'on manipule. L'imposant M. Falek nous rejoignait avec sa traction grise. Dans ma mémoire, ces silhouettes au long pardessus flottant marchent et se croisent dans un ballet muet, les portières de voiture claquent doucement. Impressions noires sur fond blanc, fluides et lisses comme dans les films d'avant-guerre…

Comme beaucoup de Marseillais, nous sortions peu de notre quartier. Adolescent, je naviguais dans Bonneveine entre l'église, le patronage, le camp de scoutisme, puis ensuite le lycée de Marseilleveyre que je rejoignais à grands coups de pédales sur le vélo d'occasion que mon père m'offrit après l'avoir repeint en rouge vif. Une bicyclette Ferrari, en quelque sorte ! De fait, je n'ai pas approché ces mauvais garçons qui firent la réputation de la ville et, en la quittant à l'âge de dix-huit ans, j'ai peut-être échappé à de mauvaises rencontres. Il y eut bien quelques blousons noirs, des petits casseurs qui rôdaient vers chez nous pour s'affronter entre bandes, mais rien d'exceptionnel. Si Marseille fut importante dans ma jeunesse, c'est davantage par ce qu'elle m'apporta au quotidien qu'à travers une image attendue et des clichés. Marseille, c'est tout cela et c'est beaucoup plus que cela ! Pour moi, sa vraie richesse réside dans sa beauté, entre autres dans le spectacle de sa célèbre baie. La mer, je la contemple depuis l'enfance, et je ne m'en suis jamais lassé. Je l'ai tellement regardée qu'elle m'est familière, comme apprivoisée. Je l'ai vue au réveil et au coucher, telle une femme aimée... Au petit matin, quand nous allions à la pêche, mon père et moi, et qu'elle nous plaquait aux jambes ses bras glacés ; les week-ends, en promenade dans les calanques avec la famille, quand elle nous faisait signe pour qu'on vienne la fouler et se rouler en elle ; avec mes amis scouts, sur le bord des falaises qu'elle fouettait méchamment aux pieds pour nous effrayer ; et la nuit à Bonneveine, de la terrasse de ma chambre, quand elle étendait sous mes yeux sa masse noire à l'infini. La mer, qui m'a baigné enfant et qui m'accueille avec le même embrassement aujourd'hui, cette éternelle sauvageonne sur qui le temps n'a pas de prise, alors qu'il nous marque un peu plus de son empreinte chaque année...

Elle m'étonne toujours et me ravit quand j'emmène d'un coup de bateau des amis de passage jusqu'au château d'If ou aux îles du Frioul. Combien d'heures de blues, d'incertitude, de tristesse furent balayées par des virées en bateau avec Claude, de baignades dans la mer, de soirées sur une plage de galets à écouter le clapotis de l'eau, quand la nuit apaise une journée brûlante, que les parfums de pin, de bruyère et d'algue explosent dans la douceur de l'air et vous imprègnent au plus profond. Des balades en bateau, j'en ai fait des centaines, mais l'une d'entre elles faillit me guérir à vie des expéditions maritimes. Ce jour-là, M. Moreau, heureux propriétaire du *Caprice 3*, un magnifique cabin-cruiser Coronet de sept mètres, devait piloter le bateau de Cannes jusqu'à Sausset-les-Pins. Toujours à l'affût d'une excursion ou d'une bonne partie de rigolade, Claude et moi avions proposé de l'accompagner. La vie était belle... et le mistral qui nous tomba dessus sans prévenir, pas mal non plus. En quelques minutes, le ciel s'assombrit, la mer grossit, faisant tanguer l'embarcation comme un bateau de papier. Un changement de temps si subit, je n'avais jamais vu ça. Mon estomac non plus. J'ai cru mourir sur place. Tandis que je rendais tripes et boyaux au fond de la cale, Claude et son père bataillaient pour que le bateau ne chavire pas. Ils parvinrent à conserver l'équilibre mais durent amarrer en catastrophe à Bandol, le temps que la tempête se calme. Comme elle persistait, Claude et moi sommes repartis à Marseille en autocar tandis que, coincé pendant huit jours sur place à cause de la pluie, M. Moreau en profitait pour visiter la ville. Il y découvrit la maison de ses vieux jours. D'où l'art de faire de difficultés passagères de nouvelles opportunités...

Pour tous ceux que la mer ne fascine pas, il reste l'échappatoire des collines de Marseilleveyre, que l'on pourrait orthographier « Marseille vert » tant la montagne de calcaire, dernier rempart avant la Méditerranée, offre d'excursions sur les petites routes et les sentiers, sur les falaises balayées par un vent qui érode les reliefs et vous tanne la peau. Des promenades qui, si elles ne vous attirent pas vers le gouffre, vous guérissent à jamais du vertige. Les autres massifs enserrent la ville comme une couronne et font corps avec elle : la Sainte-Baume et le massif de Gineste qui vire du vert au rouge pendant les mois d'été. Enfant, je ne me souviens pas l'avoir vu autrement qu'orangé par les incendies qui rampaient sur son échine et lui dévoraient les entrailles. La pureté de l'eau des calanques, les collines de rocaille au-dessus de la ville, l'éclat opalin de sa lumière, les parfums de mimosa et de lavande, tout participa à me construire, à m'égayer et à me faire croire en ma bonne étoile, ma « bonne veine ». Nombre de Parisiens pensent que Marseille est la seule ville de France qui pourrait leur faire oublier la capitale, son rythme étourdissant et la légèreté du ciel. Pour vivre dans les deux, je le crois aussi. On connaît l'effet de la pluie et de l'obscurité sur le moral : vivre à Marseille, c'est jouir du soleil la majeure partie de l'année et avoir autour de soi des gens chaleureux, joviaux, à la philosophie toute particulière. On ne grandit pas, on ne s'ouvre pas au monde de la même façon dans un pays hostile que dans une région dont la splendeur se rappelle à vous à chaque heure du jour, et qui semble avoir apprivoisé la météo. Ici, en Provence, les saisons sont douces et se posent sur les plaies du cœur comme un cataplasme.

Elle y était pourtant sensible, maman, à la douceur de l'air et au bleu du ciel, elle qui venait du Nord, mais après mon superbe fiasco ils ne furent d'aucun effet sur son humeur. Les « Qu'est-ce que tu vas devenir ? » reprirent de plus belle, ponctués de soupirs inquiets que ma mère laissait échapper comme autant de nuages noirs qui assombrissaient mon présent et oblitéraient toute possibilité d'avenir. D'ailleurs, les dés n'étaient-ils pas jetés ? Échec au baccalauréat, mes études s'arrêtaient là. Elle avait tout fait pour moi, mais mon obstination l'emportait. Prochaine étape : la recherche d'un emploi. Depuis trois ans, ma mère connaissait mon penchant pour la radio, elle m'avait vu à l'œuvre chez Claude, mais les métiers du spectacle, « de saltimbanques » comme on disait à l'époque, étaient considérés comme marginaux. Personne dans ma famille n'imaginait qu'ils puissent inclure des professions aux revenus réguliers et durables. Et même si, autour de moi, on voulait bien me reconnaître certains talents d'orateur, on ne voyait pas comment je pourrais en vivre ! En fait, c'est parce qu'elle se sentait impuissante à me faire entendre raison sur la nécessité d'obtenir des diplômes pour accéder à un métier que maman m'émancipa à l'âge de vingt ans, un an avant la majorité. Elle comptait ainsi me responsabiliser un maximum. Puisque je voulais être adulte, elle me rendait entièrement libre de mes actes et, désormais, ma vie deviendrait exactement ce que j'en ferais. J'avais bien entendu l'avertissement. Nous étions en 1966, de grands changements de société allaient se produire bientôt, c'était dans l'air. Peut-être fis-je preuve d'un optimisme démesuré, peut-être même n'étais-je pas très humble, mais je savais ce que je voulais, j'avais la foi. C'est ce qui me permit d'aller jusqu'au bout. Ce sérieux de l'existence que ma mère brandissait comme une menace, le sacrifice par le travail, je n'y croyais pas beaucoup, en tout cas pas comme elle me les peignait. On pouvait réaliser des choses plaisantes et drôles dans cette vie, j'en étais sûr. Distraire et divertir, d'autres l'avaient fait avant moi. Si Marseille est par excellence le lieu de la « démerde », j'étais bien un de ses fils, et tout était possible pour ceux qui voulaient bien s'en donner la peine... C'est la leçon que cette ville, brouillonne et généreuse, m'a inculquée, une leçon de vie comme je les aime, les seules que j'aie jamais retenues.

Semailles et vendanges

Avant même les résultats du baccalauréat, sur lesquels je ne me faisais aucune illusion, je m'étais plongé dans la recherche d'un emploi, envoyant des lettres tous azimuts à des sociétés, y compris pour un poste de visiteur médical qui me fut poliment mais fermement refusé. Qu'à cela ne tienne ! Dans le journal *Le Provençal*, les annonces de « petits boulots » ne manquaient pas, ces jobs d'été que tous les jeunes ont exercés un jour pour se payer une guitare, une voiture d'occasion, ou, plus prosaïquement, pour ne pas être à la charge de leurs parents le temps des vacances. Époque bénie où il suffisait de s'y prendre au mois de mai pour trouver un travail en juillet... À ce stade de ma vie, l'urgent était de ne pas peser sur le porte-monnaie familial et de ne réactiver ni rancœur ni reproches. Puisque j'avais préféré faire le pitre plutôt que d'étudier, j'en assumais les conséquences sans espérer aucune aide. Pour la suite, on verrait bien les opportunités qui se présenteraient à la rentrée de septembre, mais, quoi qu'il en soit, j'étais bien décidé à faire un métier qui me correspondrait et non pas uniquement à « gagner ma vie ».

Quand je lus qu'une société de Toulouse cherchait une personne possédant son permis de conduire, j'eus l'impression que l'annonce me clignait de d'œil : je venais juste de l'obtenir. Le travail consistait à proposer, en itinérant, des porte-clés aux commerçants, de les convaincre d'en acheter de grosses quantités et de revenir avec un maximum de commandes. Pas sorcier, me dis-je. Avec un bon sourire et de la persuasion, je devais y arriver. Au milieu des années 60, l'engouement pour les porte-clés était total. Chaque marque avait le sien, rivalisant d'inventivité. Je me souviens avec quelle convoitise, au lycée, nous lorgnions certaines très belles pièces. C'était plus qu'une mode, une vraie passion. À tout prendre, je préférais vendre cela que des brosses à chaussures. « Salaire assuré », était-il même précisé, ce qui semble logique quand on travaille, mais qui me fit rêver. J'imaginais déjà la cagnotte, le gros lot. En fait, j'étais payé à la commission, uniquement après la confirmation des commandes, c'est-à-dire peu et bien plus tard... Aux entretiens d'embauche, qui eurent lieu à l'hôtel Beauvau à Marseille, mon assurance et mon enthousiasme retinrent l'attention et je fus engagé. « Vous commencerez avant l'été, vous couvrirez toute la partie sud-ouest et le long de la côte entre Marseille et Toulouse », me dit-on en me remettant une mallette remplie de porte-clés et de cartes de visite de la société. Après tout, rouler en voiture ne me faisait pas peur, et la région, qui allait bientôt se remplir de vacanciers, était plutôt agréable à sillonner.

Au même moment, l'ami Claude œuvrait à notre avenir. Ayant entendu que Radio-Monte-Carlo organisait un concours pour recruter des animateurs en vue du lancement d'un nouvel émetteur grandes ondes, il tapa deux lettres identiques sur la vieille Underwood de ses parents, l'une pour lui, l'autre pour moi, qu'il signa à ma place, et envoya le tout. « Ne cherchez plus, vous avez trouvé : c'est nous ! » avait-il écrit pour annoncer nos candidatures. Malgré cette fanfaronnade, la démarche lui sembla si hasardeuse qu'il ne m'en informa même pas. Trois jours plus tard, un télégramme arriva chez chacun de nous, nous conviant à un premier test. J'avais déjà donné mon accord pour le job de représentant, mais cela ne m'empêchait pas d'aller passer cette audition. Fou de joie, je remerciai chaleureusement Claude de sa généreuse initiative, et nous partîmes ensemble au 36, La Canebière, où se déroulait la présélection.

Au lieu du rendez-vous, une vingtaine de jeunes gens piétinaient déjà devant la porte du studio. Je me souviens m'être dit en arrivant : « C'est peut-être ici que ma vie va changer... » En entrant, nous eûmes la surprise de retrouver Jimmy Guieu, qui venait assister aux épreuves, et j'eus le sentiment qu'il allait me porter chance. La pièce où nous nous présentions les uns après les autres était un vieux studio de radio situé au dernier étage d'un immeuble, avec posés sur une moquette râpée un piano à queue et quelques sièges défoncés ici et là. Derrière la vitre, en régie, deux hommes nous scrutaient, installés à une énorme console de marque Western Electric : Jean-Louis Sarre, chargé de la programmation à Radio-Monte-Carlo, et Jean Foucher, un ingénieur du son avec qui je travaillerais des années plus tard. Quand les tests débutèrent, nous étions près d'une centaine de candidats à attendre. Je revois comme si c'était hier celui qui passait juste avant moi. Chacun d'entre nous étant invité à décliner son identité, il entra et lança, avec un accent à couper au couteau, un tonitruant « Bo-ta-sso Ro-bert ! » qui nous fit tous éclater de rire. Avec Claude, nous nous sommes regardés, sûrs de nous, l'air de dire : « Si c'est ça le niveau, alors on est drôlement au-dessus ! » Forts de notre minuscule expérience de reporters, on ne doutait de rien, une fois de plus. Quand le fameux Botasso Robert ressortit du studio, il me chuchota d'un air désolé : « Je n'ai pas l'impression que ça se soit bien passé... » Et hop, au suivant ! Le suivant, c'était moi.

Avant de nous auditionner, Jean-Louis Sarre avait établi un portrait-robot de l'« animateur idéal » tel qu'il l'imaginait, puisqu'à RMC il n'en existait pas. Il devait être aimable, vif, bien articuler dans le micro, mais aussi témoigner d'une certaine culture et d'une grande liberté d'esprit. Un peu de charisme était le bienvenu. En fonction de ces critères, Jean-Louis avait listé quatorze épreuves permettant de vérifier toutes ces qualités. Je me souviens, entre autres, d'un texte à lire à haute voix, bourré d'expressions incongrues qu'il fallait rectifier en même temps qu'on les découvrait, le tout en gardant un ton le plus naturel possible. Après des questions de culture générale pour déterminer notre niveau, Jean-Louis avait choisi une vingtaine de mots dont on devait donner le genre. Test imparable et hécatombe parmi les postulants ! Je n'entendais pas les réponses, mais en régie je voyais nos deux examinateurs secouer la tête d'un air affligé. « Pas facile de faire le tri entre vous tous, me confia Jean-Louis plus tard. Les plus cultivés étaient souvent les pires en orthographe ! » Peu de candidats parvinrent à aller jusqu'au bout des quatorze épreuves. Moi-même, je ne me souviens pas en avoir triomphé.

Quand nous nous retrouvâmes dehors, Claude, qui était près de moi pendant le test, me confia avoir lu sur les lèvres de Jimmy Guieu, qui s'adressait à Jean-Louis Sarre : « Tu verras, Jean-Pierre, c'est un animateur qui fera son chemin. » Je ne sais pas si ses paroles ont pesé dans la décision finale mais Jimmy, si tu m'entends, merci ! D'autres sélections auraient lieu dans toute la zone d'écoute de Radio-Monte-Carlo et, sans savoir que trois mille cinq cents candidats postuleraient, je me doutais que la décision serait longue à prendre. Mieux valait ne pas trop y compter. En réalité, je n'y croyais pas du tout. La radio était affaire de personnalités, de célébrités, pensais-je. Que pouvait espérer un inconnu de dix-huit ans, qui plus est un futur recalé au bac? Je choisis donc de ne pas attendre et de partir sans tarder avec la 2 CV que maman acceptait de me prêter, ma cargaison de porte-clés, mon maigre bagage et la carte routière étalée sur le siège avant en guise de passager. Pendant quelques jours, je vécus le quotidien d'un représentant de province roulant toute la journée, s'arrêtant dès qu'une agglomération était annoncée et repartant plus loin, après une tournée plus ou moins fructueuse. Je n'avais pas beaucoup de succès et quand on me disait « Laissez-nous votre carte, on va réfléchir... », je ne me faisais guère d'illusion. Très vite, l'ennui remplaça la ferveur des premiers jours. J'avais l'impression de travailler dans le vide et de dépenser mon énergie pour peu de résultats. Le soir, mes pauvres économies ne me permettant pas de dormir à l'hôtel, je cherchais une place dans les campings, cassais une croûte rapide et me préparais du café sur un petit réchaud que maman avait pris soin de mettre dans le coffre, avec quelques ustensiles de cuisine. Trop fatigué pour monter la tente, j'enlevais les deux banquettes de la 2 CV et installais mon sac de couchage dans l'habitacle. Quand la nuit était trop chaude, je dormais à la belle étoile. Grâce à mon expérience du scoutisme, je pouvais m'allonger à peu près n'importe où et trouver le repos. C'était l'été, il faisait bon. Le soir, autour de moi, les gens s'amusaient, organisaient des fêtes, de grands feux de camp. Je me sentais un peu décalé par rapport aux autres, ni en vacances ni occupé par un vrai travail. Parfois, pour briser ma solitude, j'allais écouter une guitare ou partager le repas d'une famille qui m'avait invité. La relation s'arrêtait là : le lendemain, quand le camp s'éveillait, j'étais déjà reparti sur les routes.

Deux ou trois semaines s'écoulèrent ainsi, jusqu'au jour où un télégramme tomba dans la boîte aux lettres du 44 boulevard du Collet : j'étais sélectionné pour la finale de RMC qui devait avoir lieu le surlendemain dans la principauté de Monaco. Quand ma mère lut le message, elle téléphona immédiatement à Claude pour lui demander où me joindre. Lui aussi avait eu des nouvelles du concours, mais il n'était pas retenu. Quant à l'endroit où je me trouvais, il l'ignorait complètement. Aujourd'hui, un message sur le portable et le problème est réglé dans la seconde, mais, à l'époque, il n'existait ni mobiles ni téléphones publics. On allait faire la queue à la poste où la préposée vous indiquait une cabine après avoir composé elle-même le numéro. Je me souviens des coups d'œil furibards vers ceux qui s'éternisaient en propos futiles, car, bien sûr, on entendait toutes les conversations. Quand j'y pense, cela paraît incroyablement archaïque ! Avec mes déplacements incessants, j'avais autre chose à faire que de donner de mes nouvelles et, quand ma prospection s'achevait, les bureaux de poste étaient fermés depuis longtemps. Bref, personne ne savait où j'étais.

Avec l'aide de Claude, ma mère se lança alors dans une véritable chasse à l'homme. Sachant que je dormais dans les campings, elle télégraphia et téléphona à tous ceux susceptibles de m'avoir reçu. On imagine le nombre de campings ouverts dans le sud de la France au début de l'été. Fallait-il qu'elle y croie ! Des heures durant, elle téléphona. Ici, on ne m'avait pas vu, là, j'étais passé et déjà reparti. C'est seulement le lendemain, en rentrant de ma journée de travail au camping de Perpignan – j'avais profité de la voiture d'une jeune fille qui faisait la même tournée que moi –, que je trouvai le télégramme de maman glissé sous les essuie-glaces de la 2 CV.

Comme un fou, je fonçai à la poste la rappeler en PCV, juste avant la fermeture des bureaux. Rarement elle fut aussi heureuse de m'entendre ! Bouche bée, j'écoutai la bonne nouvelle. Le rendez-vous étant fixé à dix heures le lendemain à Monte-Carlo, j'avais juste le temps de rentrer à la maison prendre une douche, me changer et repartir. Pas une minute à perdre. J'appelai le directeur de la société qui m'employait, invoquai une urgence dans la famille m'obligeant à rejoindre Marseille, et démarrai sur les chapeaux de roues. Adieu, porte-clés ! RMC, me voilà !

Le pied au plancher, je me repassai le film des tests de La Canebière en me demandant quelles qualités me valaient d'être retenu. Un mélange de sérieux et de décontraction, sans doute, c'est ce qui avait plu... Ayant dépassé ma timidité naturelle au contact de mes copains de classe, je pouvais aussi amuser un auditoire. Peut-être Jean-Louis Sarre l'avait-il perçu. « Tu étais présent, immédiat, spontané. Toi, tu ne jouais pas de rôle, on aimait ou pas ce que tu faisais, mais tu existais. Et puis, ce qui me plaisait bien, c'est ta très légère pointe d'accent qui rendait tes propos sympathiques... Tu inspirais confiance. C'est ce qu'on cherchait pour RMC », me dit-il plus tard. Dans la voiture, je chantais, je riais, ce télégramme, c'était un signe, le Ciel m'avait choisi ! Cette fois, pas question de louper le coche. Je songeais à Claude, qu'est-ce qu'il devait être déçu... Quelle injustice, en plus. En attendant mon arrivée, ma mère courut m'acheter une chemise et un pantalon neufs, imaginant l'état de mes vêtements entassés au fond de la voiture. Bien vu, je n'y aurais pas pensé ! Quand je me garai boulevard du Collet, tard dans la nuit, elle m'attendait en haut des marches du jardin. Je lus le soulagement sur son visage. Le temps d'avaler un morceau, d'enfiler des vêtements propres et d'étudier calmement sur la carte le trajet vers cette ville mythique, je repartais, cette fois avec la 204 blanche de maman. Ça faisait plus sérieux. Monte-Carlo, je savais à peine où situer la ville. Ce nom résonnait en moi comme une planète lointaine, synonyme de luxe, d'argent, de vie facile. Une monarchie, un prince, une jolie princesse vivant sur un rocher, c'était presque irréel, un conte de fées. Fallait-il un passeport ? Un visa ? Je plaisante à moitié... Arrivé vers neuf heures du matin à Nice, le panneau *Monaco, 14 kilomètres* me donna des frissons. J'y étais, enfin. Pas très frais, mais à l'heure au rendez-vous de la chance. Ou du retour aux porte-clés.

À RMC, surprise ! Alors que je m'attendais à affronter une nouvelle file d'attente, Jean-Louis Sarre n'avait retenu que trois candidats : Guy-Pierre Bennet, un certain Patrick Topaloff et moi. Il nous installa devant un micro, écouta nos voix... et c'est tout. Pas d'épreuves supplémentaires. J'ignore pourquoi Jean-Louis renonça à nous départager et préféra miser sur notre complémentarité, mais il nous embaucha tous les trois en nous confiant la tranche vingt-deux heures-minuit. À cette heure tardive, les risques de dérapage portaient moins à conséquence, nous pouvions faire nos classes en toute tranquillité. Guy-Pierre était l'intello du groupe, Patrick le fou furieux et moi, à équidistance des deux, entre sagesse et délire. Dire qu'au début Patrick et moi nous regardions en chiens de faïence ! En quelques jours, il devint un complice formidable et un grand ami. Nous testions nos plaisanteries entre nous, nous épaulant et nous remplaçant quand l'un ou l'autre ne pouvait assurer l'antenne, on s'entendait très bien. Au point de partager quelques mois le même appartement à Roquebrune-Village, près de Menton, pour fuir l'hôtel vieux et triste dans lequel on nous avait cantonnés dès notre arrivée. Nous étions le 25 juillet 1966 et ma carrière à la radio débutait. Pendant ce temps, Claude faisait le tour du monde en bateau et je savais qu'il écoutait tous les soirs RMC sur ondes courtes. Il devait m'envier. Pourtant, s'il avait su...

Et si je m'attendais à cela... Les premières heures d'euphorie passées, les choses ne tardèrent pas à se gâter. Je connus l'immense bonheur de commencer à travailler et la non moins immense déception de découvrir la vie professionnelle. Sans espérer être accueilli à bras ouverts, je pensais que mon allant, ma joie apparente de rentrer à RMC seraient reconnus et appréciés par ceux qui y étaient avant nous. C'est le contraire qui se produisit. Pourtant, *Danse à gogo*, notre émission, ne risquait pas de déranger l'auditoire habituel ou les gens de la maison. Nous passions un programme musical choisi par la station, donnant, ici et là, quelques informations sur un concert, une tournée, commentant telle manifestation culturelle, rien de très méchant... Et pourtant, nous essuyâmes un rejet absolu de la part de la direction et des animateurs en place. Pire que des pestiférés. Tout simplement parce que les célébrités locales voyaient d'un mauvais œil ces trois jeunots qui allaient peut-être leur voler la vedette. À d'autres niveaux, du personnel plus jeune fut également recruté, des journalistes, des preneurs de son, des assistants, tous talentueux mais débutants, qui subirent le même ostracisme. À l'époque, RMC, troisième station après RTL et Europe 1, prenait une importance considérable au moment des vacances, car toute la France qui descendait vers le soleil l'écoutait. Mais c'était surtout une véritable administration où l'on sévissait de père en fils, une maison qui ronronnait sans faire de vagues. Il fallait changer tout cela et le renouvellement ne plaisait pas à tous. Jean-Louis Sarre fut chargé de trouver des programmes nouveaux et des voix inconnues pour habiller les grandes ondes, mission qu'il eut toutes les peines du monde

217

à remplir. Furieux de voir comment on nous traitait, il nous protégea autant qu'il le pouvait, et, pour finir, lui aussi passa à la trappe. Le jour où quelqu'un porta plainte contre moi pour délit de fuite, je compris que certains étaient prêts à tout pour nous chasser. La police me convoqua au commissariat en m'accusant de m'être enfui avec ma voiture après avoir renversé un piéton sur la chaussée. Une personne m'avait vu et avait relevé mon numéro d'immatriculation. Je crus mal comprendre. « Qu'est-ce que c'est que cette histoire ? – Lisez... » me répondit le policier en me tendant un document. Je restai sans voix en découvrant le numéro de ma 2 CV sur le procès-verbal de l'accident. J'eus beau répéter « Ce n'est pas moi, je vous le jure ! » et, après vérification auprès de Patrick qui empruntait parfois le véhicule, « Je vous assure que personne n'a pris ma voiture ce jour-là ! », j'étais terriblement suspect. Dieu sait comment cette mésaventure se serait terminée si, par miracle, le tableau de service n'avait pas attesté de ma présence à l'antenne à l'heure précise du supposé délit ! Après ce coup bas, je ne regardai plus le personnel de la station de la même façon. Qui avait fait le coup ? Pourquoi m'en voulait-on à ce point ?

L'affaire classée, le mystère resta entier et la mauvaise ambiance persista jusqu'à la fin de l'année. Le 31 décembre 1966, pour nos étrennes de Nouvel An, Guy-Pierre, Patrick et moi reçûmes notre lettre de licenciement. Les détracteurs de Jean-Louis Sarre avaient eu sa tête et, du même coup, ils éliminaient ses trois nouvelles recrues. L'aventure RMC s'arrêtait là. Six mois à peine, même pas une saison. Mes rêves s'effondraient avant même que j'aie pu exprimer quoi que ce soit d'un peu personnel. De quoi aurais-je l'air en rentrant à la maison ? « Reprenez vos études. Vous n'êtes pas fait pour ce métier », me conseilla le directeur financier. J'en souris

218

presque. Quelles études ? De quoi parlait-il, ce monsieur qui témoignait d'une telle clairvoyance ? Pour moi, c'était pire que s'il m'avait dit « Vous êtes un bon à rien »... Dure, dure était la chute. En même temps, comment persévérer dans une atmosphère si hostile ? Heureusement, notre ange gardien veillait. Avant de quitter RMC, Jean-Louis Sarre, qui refusait de nous laisser tomber, téléphona à son ami Lucien Morisse, directeur d'Europe 1, pour qu'il nous prenne, Patrick et moi, dans son équipe. Guy-Pierre, lui, avait jeté l'éponge. « On est en train d'assassiner mes enfants, sauve-les ! » dit Jean-Louis à Morisse. Quand il cita le nom « Topaloff », l'autre faillit s'étrangler. « Patrick ? ! Tu n'y penses pas ? Il est fou ! Il a travaillé ici comme garçon de courses et standardiste, et il ne faisait que des conneries ! » Jean-Louis ne se démonta pas. « Excuse-moi, mais vous n'avez pas su le regarder. C'est un formidable animateur. Prends-le, je te le garantis. » Lucien Morisse suivit ce conseil et n'eut pas à le regretter. Dix jours plus tard, nous montions à Paris et la programmation nous inscrivait au tableau de service.

Rue François Ier, Lucien Morisse nous confia, en alternance, la réalisation et l'animation d'une émission quotidienne, tard le soir, comme à RMC. L'enjeu était sensiblement le même, puisqu'on y passait un programme de disques, mais l'ambiance était autrement plus conviviale ! Quel bonheur d'être accueilli avec des sourires, de croiser les journalistes tard le soir dans le calme d'une rédaction, de partager un café avec eux en se tenant informé des nouvelles du petit matin. Pour Europe 1, nous embaucher équivalait à signer un chèque en blanc, à nous faire confiance avant que nous ayons fait nos preuves. Malgré notre inexpérience, nous nous sentîmes aussitôt assimilés. Notre force, c'était cette envie démesurée que nous avions de communiquer notre joie, nos plaisanteries, en imaginant à l'autre bout du poste les visages hilares de nos auditeurs. Cela peut sembler présomptueux, mais c'est d'abord pour cette raison que j'ai voulu faire ce métier : faire rire, rendre les gens heureux. Et chaque jour autant que la veille. À mes débuts sur RMC, Jean-Louis Sarre me donna quelques conseils : ne jamais dire bonjour deux fois de la même façon (ce qui vaut davantage pour un animateur que pour un journaliste, un chroniqueur ou un présentateur...), trouver des accroches différentes pour lancer les disques, aller cueillir l'auditeur. « En tout cas, ne fais rien machinalement... Les gens s'ennuieront s'ils ont l'impression d'avoir affaire à une mécanique bien huilée. Et ne joue pas un rôle, sois toi-même. » Être soi-même... Aujourd'hui, c'est ce qu'on entend à longueur d'émission, mais à l'époque où les speakers adoptaient le même ton sentencieux quels que soient les thèmes traités, ce fut un vrai, un formidable conseil. Je ne l'ai jamais oublié. À l'antenne, les attitudes, le langage, la manière de s'adresser à l'auditeur se décrispaient. Le vent de 1968 se levait, il allait souffler partout. Marcel Primault, un autre sage de RMC, me montra comment tourner mes pages d'annonces publicitaires sans qu'on entende le bruit des feuilles. Mais là aussi, les habitudes évoluaient. Aujourd'hui, le décor, l'ambiance d'une émission se bâtissent avec les sons du quotidien, les respirations, le bruit des petites cuillers contre les tasses à café, celui d'un briquet, la fumée d'une cigarette qu'on exhale... Tout ce qui crée un lien, une appartenance, une proximité est le bienvenu.

À mes débuts, les radios avaient des commentateurs politiques, sportifs, des chroniqueurs judiciaires ou autres et des speakers présents à l'antenne qui lisaient le texte qu'on leur donnait, rien de plus. On peut comprendre que les jeunes ne se soient pas précipités pour travailler dans des lieux qui représentaient l'image du sérieux et du pontifiant. Europe 1 et RTL n'avaient pas encore modernisé les ondes en apportant le souffle qui rapprocha définitivement les auditeurs de l'événement, mais déjà quelques animateurs apparaissaient, des personnalités singulières, attachantes, dont on retenait le nom. On allumait la radio pour les entendre, parce qu'on les aimait. J'ai dû faire partie de cette première génération d'animateurs proches du public, qui divertissaient tout en créant un climat complice, chaleureux, et qui s'exprimaient au micro comme dans la vie. Derrière la radio perçaient les tempéraments. Qu'on se souvienne de Maurice Biraud : il enchantait la station et ses auditeurs. Quand je fus engagé à Europe 1, des personnes de notre entourage familial qui m'avaient entendu firent à maman des commentaires élogieux sur moi. Pourtant, elle restait méfiante : mon passage éclair à RMC l'avait un peu refroidie. Elle qui avait bataillé pour que j'y arrive n'imaginait pas que je puisse vivre de cette activité. Il fallut des contrats, des fiches de salaire pour qu'elle admette que, désormais, je pourrais subvenir à mes besoins. Tout doucement, elle se tranquillisa. La situation était inédite : pour une fois qu'elle pouvait être fière de mon travail !

Tandis que j'œuvrais à Paris, le ministère des Armées vint me remémorer mes obligations militaires. À vingt ans passés, alors que je commençais juste à faire mon trou, on m'appelait sous les drapeaux ! C'était absurde. Douze mois d'interruption et tout serait à reprendre. Comment retrouver ma place ensuite ? Depuis plusieurs mois, la menace planait au-dessus de moi comme une épée de Damoclès, mais j'évitais d'y penser ; elle m'avait rattrapée. « Quelle est votre activité ? me demanda un jeune médecin de Tarascon, quand j'effectuai mes trois jours. – Animateur à Europe 1 », répondis-je, avec l'espoir que cette singularité rendrait mon interlocuteur indulgent. Mauvaise pioche. « Tire au flanc ! Allez hop ! Bon pour le service ! » s'écria-t-il, goguenard. J'étais effondré. Finalement, avec l'aide précieuse d'André Verchuren, mon complice d'alors sur l'antenne, je fis jouer ma situation de pupille de la Nation et de soutien de famille, et ne restai qu'un mois et dix-huit jours à la caserne. À Europe 1, Patrick assura l'intérim non stop. Je gardais en mémoire les lettres de Claude, qui effectuait son service dans la Marine à Brest alors qu'il pensait être basé à Toulon, près de chez nous. Il m'écrivait régulièrement le récit de ses tourments et, surtout, de son incommensurable ennui. Cette situation, ce temps perdu le déprimaient. Combien de fois ai-je sauté dans ma R8 Major, ma voiture de l'époque, pour aller là-bas le week-end tenter de lui remonter le moral... Alors, merci bien, très peu pour moi ! Depuis un an, je m'étais installé chez ma tante à Neuilly, et je ne tenais pas à quitter ce nid délicieux pour une chambrée de braillards. Chez Tati, j'étais comme un coq en pâte. Elle avait toujours été aux petits soins pour moi et mon statut d'adulte n'avait en rien modifié son attitude à mon égard. Bien avant que j'arrive, ma chambre était prête, et sur la table de chevet reposait une boîte remplie de mes biscuits préférés. Pendant des années, lorsqu'il m'arrivait occasionnellement de passer une nuit chez Tati, il y eut toujours à mon intention des madeleines longues à la fleur d'oranger et des gâteaux Chamonix, dont je raffolais, ces petits dômes orange recouverts de sucre glace qui collait inexorablement au papier d'aluminium. Les gourmands s'en souviendront !

J'ai tout appris de mon métier à Europe 1. Souvent, mon travail terminé, je traînais un peu au lieu de rentrer chez moi, j'observais l'organisation d'une rédaction, les différents intervenants. Ou bien je revenais assister aux conférences de la journée, à la fabrication des journaux. Une formation professionnelle accélérée, sur le tas, et bientôt sur le terrain. Un jour, après nous avoir entendus, Patrick et moi, Jacques Lanzmann nous proposa de réaliser ensemble des reportages pour son émission *Rendez-vous avec Lui, Lui* étant le célèbre magazine de charme réservé aux hommes, mais que tous les adolescents feuilletaient en cachette. Le programme était original, un peu loufoque, comme son animateur, qui nous commandait toujours des reportages sur les femmes, l'amour, le sexe... On avait carte blanche. Grâce à Jacques et à *Lui*, nous pûmes laisser cavaler notre imagination. Champions du déguisement et de la farce, nous nous en donnions à cœur joie dans les rues de Paris, jouant les touristes ahuris, odieux, entreprenants, collants, tout ce qui pouvait faire réagir nos pauvres victimes féminines, dont les réactions étaient dûment enregistrées. Nous étions deux délurés en goguette, mais surtout deux provinciaux qui avaient beaucoup à apprendre de la vie parisienne. Le jour où le facétieux Lanzmann m'envoya chez Luis Mariano et Jean Marais pour les interviewer sur « le pouvoir merveilleux des charmes féminins », j'y allai sans broncher ! Je ne connaissais pas les personnalités du spectacle, rien des mœurs et coutumes de certaines d'entre elles, et je mis allègrement mes gros sabots dans tous les plats qu'on me présentait. Si cela en fit rire certains, tant mieux. De bourdes en bévues, nous confortions notre réputation de comiques, bien malgré nous. Trois ans s'écoulèrent ainsi où je me promenai sur différentes tranches horaires. Patrick continua quelques années sur ce même registre, quant à moi, j'empruntai d'autres voies. À cet effet, la rencontre en 1969 avec Léon Orlandi, réalisateur à RMC, fut déterminante.

Les médias ont ceci de commun avec la politique qu'aucun départ n'est jamais définitif. Les têtes tombent, les fonctions restent. Un jour tout-puissant, le lendemain aux oubliettes, et les ennemis d'hier deviennent les amis d'aujourd'hui. La roue tourne... C'est vertigineux, il faut juste s'en souvenir. Si l'on avait dit à Frédéric de la Panouse, qui m'avait renvoyé à mes chères études, que je reviendrais, trois ans plus tard, avec un salaire multiplié par six, il aurait ricané. Moi-même, je ne pensais pas revoir si vite la Principauté, en tout cas pas l'immeuble de RMC, que je ne portais pas dans mon cœur. Et puis, un jour, un coup de fil. « Je vous écoute souvent sur Europe 1 [à l'époque, j'animais le créneau du matin], et j'aime bien ce que vous faites. Accepteriez-vous de revenir sur RMC ? » me demanda Jean Gauthier, nouveau directeur des programmes. Malgré mes réticences, la proposition me tentait. Paris n'avait réussi ni à remplacer ni à me faire oublier les rythmes méridionaux, et, bien que sensible à la beauté de la capitale, je ne profitais pas de ses avantages tant ma vie s'écoulait exclusivement à la radio. Parfois, le soleil de la Provence, la douceur de l'air me manquaient atrocement, j'avais envie de senteurs de pin et de lavande. Et de Méditerranée, bien sûr. Il faut être né dans le Midi pour comprendre à quel point on peut souffrir d'en être privé. La proposition était alléchante et elle flattait mon orgueil car, après m'avoir rejeté, on me proposait un retour triomphant : la tranche neuf heures-douze heures, un véritable morceau de choix où je prenais la suite de Maurice Gardet, une figure emblématique de la station. De plus, je l'ai dit, mon petit salaire de mille francs de l'époque (moins que prévu, puisque trois animateurs avaient été retenus au lieu d'un) était sextuplé. Pas négligeable non plus... Pour finir, j'acceptai la proposition et fis mes adieux à Patrick et à Europe 1 avec un vrai pincement au cœur. J'avais été heureux, rue François Ier. Lors de mon pot de départ, Lucien Morisse trinqua avec moi et me souhaita bonne chance avec une grande sincérité. Le jour d'après, je

224

libérai mon bureau pour le remplaçant à venir et la vie reprit son cours. La semaine suivante, je n'étais plus au tableau de service. Une page se tournait.

En attendant l'appel de Jean Gauthier et la date précise de mon embauche à RMC, je préparai mes bagages. Peu de choses en somme, tout tenait dans deux malles en fer de l'armée. Tati m'aida, une larme à l'œil. Nous venions de vivre trois années de douce cohabitation et, malgré sa tristesse, elle comprenait mon choix. Coup de fil de Jean Gauthier. Enfin ! Sa voix était étrange, légèrement fuyante. « Jean-Pierre, je voulais vous dire... Enfin, je suis désolé, mais... ce que je vous ai proposé ne peut plus se faire... Je regrette, mais pour l'instant, on va... » Je l'interrompis. « Comment ? Mais, enfin, ce n'est pas possible, je viens de démissionner d'Europe 1 ! » Silence interminable au bout de la ligne. Il bredouilla des excuses, dit que rien n'était encore décidé et raccrocha rapidement en promettant une réponse définitive quarante-huit heures plus tard. Je crois avoir vécu les deux journées d'attente rageuse les plus longues de ma vie. Je tournais autour du téléphone comme un fauve en cage, vitupérant la légèreté des gens dans leurs promesses, me reprochant ma naïveté (j'employai un autre mot), prenant ma pauvre Tati à témoin, j'étais devenu fou. Quand Jean Gauthier rappela, j'étais tétanisé, pendu à ses paroles : il acceptait de m'embaucher si je consentais, dit-il, « à faire quelques concessions financières ». Incroyable ! Ce salaire mirobolant, c'est lui qui me l'avait proposé ! Malgré le sentiment pénible de m'être fait piéger comme un débutant, je dis oui. Avais-je le choix... Cette tactique d'accroche alléchante puis de pression devait être connue mais, là aussi, je débarquais. Quoi qu'il en soit, la mésaventure m'aura appris à me méfier des sirènes et, surtout, à ne pas m'engager avant d'avoir signé un contrat. Très utile dans mon milieu, où beaucoup parlent mais n'ont aucune parole...

À RMC, l'ambiance avait bien changé en trois ans et, contrairement à ce que je craignais, on m'accueillit avec joie, surtout Jean-Louis Sarre, qui avait retrouvé un poste à la force du poignet... et l'ami Claude, qui occupait à présent les fonctions de réalisateur. Après quelques tâtonnements, lui aussi était parvenu à matérialiser ses rêves. Quant à moi, la station me fichait une paix royale. Il y avait même visiblement une volonté de croire en moi et de me faciliter la tâche. Quelques mois après ma prise de fonctions, le cours de ma vie professionnelle changea. Lorsque la direction proposa à Léon Orlandi, un jeune régisseur d'antenne qui connaissait la maison par cœur pour y avoir tenu d'autres fonctions, de réaliser ma tranche d'animation, il dit oui tout de suite. Entre nous, le courant passa immédiatement. Lui en régie, moi en studio, le ping-pong de plaisanteries, de jeux de mots n'arrêtait pas. Nous nous inspirions mutuellement. Comme il me faisait rire et que je trouvais dommage que les auditeurs n'en profitent pas, je fis installer un micro en régie pour qu'il puisse intervenir. Bientôt, il vint s'asseoir à mes côtés en studio.

« Faire beaucoup de choses avec rien », c'est ainsi que je définirais le métier d'animateur. C'est une humeur, une réflexion sur un disque, une plaisanterie au journaliste que vous annoncez, un bon mot sur la météo, un étonnement exprimé après une publicité, une sorte de liant qui cimente les émissions les unes aux autres, avec une couleur, un ton. Tel était mon rôle, et Léon me donna merveilleusement la réplique. Nous avions le même humour, la même faculté de nous moquer de nous-mêmes, de ne jamais nous prendre au sérieux. Avec lui, je pus travailler « sans filet » tant la

226

confiance, l'amitié étaient grandes entre nous. J'avais vingt-deux ans, lui vingt-quatre et, bien que très différents, nous nous complétions admirablement. Il aimait le rock alors que j'adorais la chanson française ; quand, le soir, j'allais dîner tranquillement avec Marie-José qui m'avait rejoint à Monte-Carlo, Léon retrouvait des amis dans un bar en attendant l'ouverture des boîtes de nuit. Son côté farfelu alimentait mon imagination ; j'étais le plus posé des deux, mais souvent les rôles s'inversaient et c'est moi qui reprenais les rênes du convoi délirant. Tôt le matin, nous arrivions au bureau pour écrire la trame de nos sketchs, les grandes lignes des sujets dont nous avions envie de parler, pour noter quelques informations amusantes glanées ici ou là. Le reste, on l'improvisait. Fausses publicités, détournements de chansons, tout était revu et corrigé à notre sauce. Parfois, je retrouvais les mêmes sensations que celles éprouvées avec Claude six ans plus tôt, quand on s'entraînait sur son magnétophone. Nous avions bien raison de persévérer dans nos bêtises, mais cette fois j'étais payé pour les dire ! Très vite, les gens adorèrent notre tandem et le courrier afflua à la station. En une journée, RMC pouvait recevoir plusieurs milliers de lettres qui, en majorité, nous encourageaient à poursuivre ainsi. Certaines d'entre elles plaignaient « ce pauvre Léon » d'être mon souffre-douleur, alors qu'il avait créé ce rôle à la fois de victime et de petit malin pour mieux se rebeller contre moi et m'assener quelques belles reparties. Ressorts classiques de la comédie en général. Ainsi, les personnages étaient identifiables, ce qui permettait de multiplier les situations comiques. C'était un mélange assez curieux de naturel et de jeu que je ne pourrais pas reproduire aujourd'hui à la télévision. On ose davantage à la radio, c'est certain, le corps se décontracte et il libère la parole et les inhibitions.

227

Je me souviens du jour où Léon est passé, pour la première fois, de la régie au studio. Tous les matins, à heure précise, avait lieu un tirage au sort de cartes postales d'auditeurs. Patricia, une jeune fille de la station, venait près de moi et sa « main innocente », comme je le répétais à l'envi, procédait au tirage. À cet instant, son calvaire commençait. Je ne sais pas pourquoi, Léon et moi nous acharnions à la bombarder de moqueries et de vannes, un vrai tir groupé qui la déstabilisait et nous faisait redoubler de perfidie. La pauvre Patricia encaissait les coups le plus dignement possible et s'enfuyait du studio une fois le jeu terminé. Après quelques jours de ce régime, elle déclara, hors antenne, qu'on était « de pauvres types », et elle nous planta là sans espoir de retour. Je reconnais qu'on ne l'avait pas volé. En attendant de trouver une autre victime, Léon et moi avions procédé ensemble au tirage au sort et, comme la situation donnait lieu à de nouveaux gags, nous avions continué à le faire. Je me demande qui de nous deux osa faire la main innocente...

Dès que je mis un pied dans le monde du travail, mon rapport à l'instruction, à la connaissance changea du tout au tout. Grâce à Léon et à sa culture générale exceptionnelle, je pus rattraper le temps perdu. Ensemble nous dévorions la presse, y compris la presse étrangère, les magazines, pour glaner des idées, relever des infos, des brèves amusantes. Encouragés par la facilité que nous avions désormais à nous informer, nous étions curieux de tout. Alors que, durant toute ma scolarité, il m'avait été indifférent d'être considéré comme un cancre, désormais je fis tout pour ne jamais être pris en flagrant délit d'ignorance. Des antennes me poussèrent, je voulais tout savoir. Aujourd'hui, ainsi que le faisait mon père, je lis tous les quotidiens ; c'est une drogue, je ne peux pas commencer une journée sans m'enquérir des opinions des uns et des autres. J'ai besoin d'ingérer un maximum d'informations. Après tout, c'est mon métier d'avoir réponse à tout, d'essayer en tout cas... Quand je suis à l'antenne et qu'un auditeur me retourne une question, je me dois de lui répondre. D'où mon souci constant de m'instruire. Ainsi, dans l'émission *Qui veut gagner des millions ?*, mon grand plaisir est de donner des précisions au candidat avant que les rédacteurs en régie ne me les transmettent sur mon écran. C'est un petit jeu entre nous. J'aime bien les gagner de vitesse. Depuis trente ans que je pose des questions, je constate, Dieu merci (le contraire serait pathétique), que ma culture générale s'est solidifiée ! D'ailleurs, Jean-Louis Sarre, à qui les lacunes de mon instruction n'avaient pas échappé lors des fameux tests, reconnaît aujourd'hui que j'ai fait « mes universités ». Tout de même, c'est mon père qui doit être épaté s'il me voit. La rédemption du cancre...

Entré une première fois à RMC et remercié au bout de six mois, je fus l'animateur « maison » pendant vingt ans. Vingt années de collaboration avec Léon, pendant lesquelles nous nous sommes baladés à toutes les heures de la journée. Cela peut sembler insensé, mais durant tout ce temps je n'ai pas connu une seule minute d'ennui. Et pas de tensions. Deux, trois coups de gueule, tout au plus, mais rien de sérieux. Peut-être parce que Léon et moi évitions de trop nous fréquenter à l'extérieur afin de ne pas épuiser la relation, réservant ainsi notre inventivité, nos trouvailles pour l'antenne. Et surtout, je crois, parce que nous étions sincères. Jamais nous n'avons pensé : « Qu'est-ce qu'on pourrait inventer pour faire rire ? » Nous nous sommes juste amusés ensemble. Aujourd'hui encore, les auditeurs de la région Sud nous parlent de notre fine équipe. Les gens nous associent à cette époque optimiste, légère et heureuse de la fin des années 60, où l'on découvrait l'amour sans contrainte et sans la maladie, où le chômage ne sévissait pas autant, où l'environnement immédiat paraissait moins violent, la vie moins dure.

Notre cote d'amour s'accrut lorsqu'on nous demanda d'aller animer des émissions en extérieur, sur des foires et dans les grandes surfaces, ces fameux « supermarchés » que l'on voyait pousser partout avec ravissement. Pour se faire connaître, RMC avait besoin de visibilité, et elle misa sur ses éléments les plus populaires. Pour la première fois, nous rencontrions notre public, les gens étaient curieux de nous, l'ambiance extrêmement chaleureuse. Et on nous reconnaissait alors que nos visages n'étaient jamais passés à la télévision ! C'était très nouveau pour nous, et tellement grisant qu'il m'arriva de me faire abuser. Comme ce jour, à Antibes, où Léon et moi étions arrivés très tôt en voiture, et où nous attendions l'ouverture d'un grand magasin pour aller repérer les lieux avant la venue des techniciens qui devaient installer le studio. Le parking était désert, personne à l'horizon, quand, tout d'un coup, une femme, surgie de nulle part, s'avança droit vers moi. « Vous, vous êtes de Radio-Monte-Carlo ! » dit-elle, péremptoire. Flatté qu'elle me reconnaisse de loin et si vite, je sortais déjà mon stylo pour signer le papier qu'elle ne manquerait pas de me tendre, lorsqu'elle me dit : « Je le sais parce que vous portez un pantalon rouge. » Et elle tourna les talons. En fait, elle ne m'avait pas du tout reconnu mais, le rouge et le blanc étant les couleurs de RMC, elle s'imaginait que tout le personnel était vêtu ainsi ! Très étrange... Je restai songeur quelques instants tandis qu'à côté de moi Léon se tordait de rire. « T'as cru qu'elle allait te demander un autographe ! Pas de chance, hein ?... » Lorsque la caravane RMC prenait la route, nous partions pour plusieurs semaines comme un chanteur fait sa tournée, ou plutôt comme un cirque, Léon et moi assurant tout à la fois les numéros d'équilibristes, de clowns et de fauves sortis de leur cage. Ce fut une période de grande euphorie, de douce folie. Je découvris les délices et les inconvénients de la popularité. Combien de fois nous est-il arrivé de devoir faire deux repas d'affilée parce que les organisateurs d'une élection de Miss ou d'une autre soirée tenaient absolument à nous inviter alors que nous avions déjà dîné ! Par peur de les froisser, je n'osais pas dire non. Je me revois assis entre monsieur le maire et son épouse, le sourire un peu forcé, obligé de faire honneur au confit de canard et aux pommes de terre à la graisse d'oie alors qu'une heure avant j'avais avalé une tarte Tatin ! Et Léon qui riait...

Mes débuts sur le petit écran furent plus tardifs, même si je me sentais capable d'y accéder après avoir tâté de la scène sur les podiums. À la télévision aussi, l'heure de la détente avait sonné, et ma manière d'être au micro devait pouvoir s'accommoder de la présence des caméras. Un challenge auquel je me serais bien frotté. Évidemment, mon handicap était de vivre en province et non à Paris, où l'entregent fonctionnait à plein. On ne devenait pas un grand animateur sans passer par le sacre de la capitale. Moi, je n'avais ni réseau ni véritable visibilité... C'est Philippe Gosset, directeur à l'époque de *Télé Magazine*, malheureusement disparu aujour d'hui, qui parla de moi à Guy Lux. Sans lui, aucune porte ne se serait ouverte. « Si tu cherches quelqu'un, demande à Foucault, il est bien ! » lui conseilla-t-il. Encore une fois, le téléphone sonna à la maison, à Marseille, où je me remettais péniblement d'une hépatite virale. C'était Philippe Gosset. « Écoute, papa, me dit-il [il appelait tous ses collègues des médias ainsi], il faut que tu viennes à Paris, Guy Lux auditionne pour l'émission *C'est dimanche*. – Mais je ne peux pas,

231

je suis tout jaune ! – T'inquiète pas, le casting est dans dix jours... D'ici là, soigne-toi et monte... » L'avantage des convalescences, c'est qu'elles vous permettent de réfléchir, et j'occupai la mienne à imaginer toutes les situations qu'on pourrait me soumettre. Puis je pris l'avion pour Paris et me retrouvai rue Cognacq-Jay, face à Guy Lux et à Luce Perrot, la coproductrice de l'émission, en compétition avec deux débutants : Gérard Holtz et Michel Leeb. La première épreuve consista à interviewer le chanteur Guy Mardel, mari de Luce Perrot, et la seconde à intervenir à l'antenne pour s'excuser auprès des téléspectateurs de l'interruption inopinée d'un film. Le miracle, c'est que non seulement je m'étais préparé à ce cas de figure, mais que j'avais même glissé un morceau de pellicule dans le fond de ma poche. Quand arriva mon tour, je priai le téléspectateur de « bien vouloir nous excuser de cet incident », etc. puis je sortis mon bout de film, le présentai à la caméra en expliquant de façon très naturelle ce qui s'était produit. Pendant ce temps, les techniciens étaient censés réparer la panne. Une idée toute bête, mais grâce à laquelle je fus choisi. Mes concurrents malheureux se sont bien rattrapés depuis... À toute allure, je me fis faire un costume neuf, et la semaine suivante je débutais à l'antenne.

Pendant un moment, je craignis que la nouvelle déplût au patron de RMC, un homme d'une grande rigueur, qui non seulement présidait la station, mais était membre du Comité de censure du cinéma français. En toutes circonstances, il promenait un air imperturbablement sérieux. Un jour que je lui demandais sur un ton innocent quel genre de scènes il censurait dans les films, il me répondit d'un ton très solennel : « Je suis contre les pilosités ! » Je me retins de rire, mais il ne plaisantait pas. Pour ce qui est de ma « promotion » télévisuelle, elle fut accueillie avec beaucoup d'intérêt et même de la fierté. Je me souviens qu'on organisa une réunion en mon honneur avec tout le personnel de la station et que le directeur fit une annonce à peu près dans ces termes : « Notre collaborateur a été choisi par la télévision de Paris », etc. Ainsi, ma distinction, toute modeste fût-elle, rejaillissait sur l'ensemble de Radio-Monte-Carlo ! Cet état de grâce dura jusqu'à mon départ. En 1989, je décidai de mettre un terme à mon contrat. Mon histoire sentimentale avec la petite station devenue grande avait commencé par une claque et un refus ; puis la capricieuse m'avait rappelé, me jurant fidélité et amour. Promesses tenues. Il n'y eut pas de casse entre nous. J'avais été heureux près d'elle et nous allions fêter nos noces de porcelaine. Après avoir assisté à son épanouissement, il était temps pour moi de lever l'ancre. Depuis 1987, le producteur Gérard Louvin, qui allait devenir un grand et fidèle ami, m'avait confié la présentation de *Sacrée soirée* et je m'étais installé à Paris. J'animais donc mon émission de radio à partir des studios parisiens de RMC, rue Magellan, avec Léon en duplex à Monaco. Au bout de deux ans, cette situation me lassa : je me sentais isolé et l'équipe me manquait. Cette complicité à distance n'avait plus beaucoup de sens. Il fallait couper le cordon, sauter le pas, encore une fois plier bagage. D'autres aventures m'attendaient...

C'est donc avec Guy Lux, en 1975, que j'ai appris mon second métier, avec lui et d'autres réalisateurs qui me facilitèrent considérablement la tâche grâce à leurs conseils et à leur présence amicale. Je pense à Georges Barrier, Jean Chatel, Abder Isker qui faisait des gros plans de moi en disant « Tiens, ça, c'est pour ta mère ! », tous plus sympathiques et talentueux les uns que les autres. Dans *C'est dimanche*, en direct de treize heures quinze à dix-neuf heures, un vrai marathon, je présentais sujets et reportages, j'interviewais les invités présents sur le plateau, je lançais tel chanteur, bref, un joyeux fourre-tout qui me permit de me frotter à toutes les situations. C'était passionnant car extrêmement divers. Une formation unique. J'appris à prendre possession de l'espace, à me déplacer sur des scènes plus ou moins grandes (sans donner l'impression d'arpenter ou d'aller de droite à gauche comme un lion en cage !), à contrôler mon apparence en plus de ma voix. Un exercice très difficile pour quelqu'un qui n'a jamais été à l'aise dans son corps. Au début, je ne savais pas marcher naturellement, ni que faire de mes mains. Ceux qui m'entendaient depuis dix ans sur les ondes ne me reconnaissaient pas. À l'écran, on est forcément moins volubile, et surtout moins bavard. Autant, à la radio, un silence peut s'apparenter au vide, sauf quand il est voulu, autant à la télévision il passe inaperçu dans la mesure où l'on est toujours à l'image. Et chaque geste est important : à la caméra, on ne réajuste pas impunément sa cravate ou ses lunettes, tout est comptabilisé pour faire de vous quelqu'un de timide, de complexé, d'arrogant... Je me suis posé beaucoup de questions sur l'image que je projetais, d'autant qu'il n'y avait même pas de styliste pour me conseiller sur ma tenue. Je m'habillais moi-même en demandant leur avis aux assistantes de plateau. J'avais peur de décevoir. Une voix est génératrice de fantasmes, on vous imagine forcément plus séduisant que vous n'êtes réellement. J'aurais bien aimé que l'on me rassure ! J'ai eu de la chance : le sourire que les auditeurs aimaient dans ma voix, les téléspectateurs l'adoptèrent assez rapidement, et leurs témoignages de sympathie firent taire toutes mes craintes.

Depuis plus de trente ans, j'ai animé beaucoup d'émissions avec plus ou moins de succès, mais toutes eurent une constante : distraire jeunes et moins jeunes. Il y eut des moments difficiles dans ma carrière, des fins de cycle, lorsqu'une émission s'épuise d'elle même par exemple, comme ce fut le cas pour *Sacrée soirée*, en juin 1994. Dieu sait à quel point cette émission fut le lieu d'émotions inoubliables, autant pour mes invités que pour moi. Pourtant, les téléspectateurs semblaient en avoir fait le tour. Après sept ans, l'idylle battait de l'aile... Un peu inquiet, je m'interrogeais : est-ce que je ne m'étais pas usé, dilué dans une image qu'ils avaient fidélisée mais dont ils commençaient à se lasser ? Peut-être allaient-ils me rejeter, me préférer quelqu'un d'autre ? Allais-je trouver un nouveau concept ? Je me sentais un peu perdu. TF1, qui n'a jamais été, en tout cas me concernant, le monstre cupide que l'on décrit, me donna le temps de réfléchir : « Refais-toi une virginité... », me dit-on. C'était tout à fait cela. Disparaître un temps pour revenir plus fort. J'aurais pu passer radicalement de l'autre côté du miroir puisque, un mois avant la fin de l'émission, j'avais été nommé directeur général adjoint de Radio-Monte-Carlo. Prendre en charge les programmes d'une station que je connaissais bien, en choisir les animateurs, pourquoi pas, j'envisageais la charge avec sérénité. Mais mon intuition me disait que je n'en avais pas terminé avec la télévision. Je crois aux signes, il faut les écouter. Là, il me fallait entendre la lassitude du public, attendre que les remous se calment à la surface et puis remonter. Dans les moments importants de ma vie, les choix déterminants, il y a toujours quelque chose qui me fait opter pour telle ou telle proposition. Je sais me battre pour obtenir ce que je désire, mais si les choses ne se font pas spontanément, naturellement, j'attends que l'orage passe. Je m'éloignai donc de la télévision sans date de retour. Six mois s'écoulèrent. Et lorsque Gérard Louvin me proposa de présenter *Les Années tubes,* par amour de la chanson et du direct je revins à l'antenne pour ne plus la quitter. Finalement, lorsque je réintégrai les rangs, j'avais juste l'impression d'avoir pris un peu plus de vacances que les autres...

Pourquoi certaines émissions émergent-elles et pas d'autres ? Je l'ignore, mais je constate que ce sont souvent les concepts les plus simples qui remportent l'adhésion. Quand je présentais *L'Académie des neuf*, tout le monde ou presque vint se soumettre à mon interrogatoire. Les bonnes réponses avaient moins d'intérêt que les reparties qui fusaient entre les cases où écrivains, stars du cinéma, du sport, de la télé, artistes de variétés se mesuraient à coups de tirades et de bons mots. On aurait dit une pièce de théâtre qui se serait écrite le stylo en l'air. C'était formidable. Nous étions exténués par la pression des tournages, le rythme des enregistrements, tôt le matin, tard le soir, mais qu'est-ce que j'ai pu rire ! Pourtant, je n'ai jamais eu de passion particulière pour les jeux. Ni les cartes comme mes parents, ni les chevaux, ni le casino. Heureusement pour moi, qui ai vécu vingt ans à Monte-Carlo. À l'heure qu'il est, je serais ruiné ! Et, aujourd'hui encore, je m'amuse comme un petit fou à poser mes questions. Sans connaître l'ennui, car si les règles et le déroulement des jeux sont immuables, ce sont les candidats qui donnent le ton. Célèbres ou anonymes, ils me surprennent par leurs reparties, leur humour ; chaque rencontre est une nouvelle aventure. Et si c'est moi qui « amorce la pompe », ce sont eux qui font le spectacle. Humainement, c'est enrichissant et toujours drôle. Pour certains candidats, passer à la télévision est un véritable événement, un bonheur ou une peur, en tout cas une excitation extrêmement communicative. Leurs émotions me gagnent et leur joie peut me rendre profondément heureux. Je ne m'en lasse pas. Voilà pourquoi ma passion pour ce métier ne s'altère pas. Si je devais cesser d'être en empathie avec eux, pour le coup, ce serait à moi de m'interroger ! Ne plus s'amuser dans une activité de divertissement est un non-sens absolu et je guette toujours les premiers signes de l'usure.

Le matin où je me dirai : « Bon, il faut que j'aille travailler », c'est que quelque chose n'ira plus.

Après toutes ces années, on me demande parfois quelle est ma recette, quels conseils je donnerais à qui voudrait durer dans le milieu. De secret, je n'en ai pas, si ce n'est quelques principes essentiels auxquels je n'ai jamais dérogé et qui, somme toute, concernent l'ensemble des métiers : le respect des gens avec qui et pour qui l'on travaille. Depuis mes débuts, j'entends sur les plateaux des présentateurs réclamer en hurlant leur micro, alors qu'il arrive deux fois plus vite quand on le demande gentiment. De même, les gens qui crachent sur ceux qui les ont hissés là où ils sont me déplaisent souverainement. « Je travaille pour tous ces ringards... », disent-ils avec mépris. Quelle attitude détestable ! Je ne crois pas qu'il existe de secret de longévité, si ce n'est un peu de chance, beaucoup de travail, de la sincérité dans ses choix. Et une solide fidélité pour ceux qui vous ressemblent, qui croient en vous. Mieux vaut savoir qui est de votre bord quand le bateau tangue. Peut-être les recettes diffèrent-elles avec les individus, et d'autres préconiseraient-ils davantage de calcul, de stratégie, d'intrigue... Quoi qu'il en soit, je reste convaincu que ma réussite, je la dois à mon envie irrépressible de faire ce métier. Contre l'avis de tous, contre vents et marées.

La télévision peut être trompeuse, c'est une affiche qui bouge et on ne sait jamais qui se cache derrière ceux ou celles qui animent ces images. Parce que je me montre plutôt aimable et bien élevé, certains pensent que, sur la planète Foucault, tout le monde il est beau, tout le monde il est gentil. Ils m'imaginent tel qu'ils me voient et me fabriquent une identité. Et ils se trompent, évidemment. Si je suis d'un naturel plutôt jovial, je ne nage pas dans une béatitude perpétuelle. Comme tout le monde, je pousse des coups de gueule et j'ai des moments d'exaspération, bien sûr, mais si je peux éviter de les infliger à mon entourage, je le fais. On me trouve « gentil » et je sais ce que ce mot signifie pour beaucoup... Peu m'importe, je préfère que l'on me croie gentil et bête que cruel et intelligent. La barre à mine, ce n'est pas mon truc, et je l'abandonne volontiers à ceux qui aiment la manier. Les médias ne doivent pas être le lieu des règlements de comptes, mais celui des échanges d'idées, d'opinions, et de toutes les discussions. Les animateurs qui ne connaissent pas d'autre façon de communiquer que d'éreinter me répugnent. Les aboiements qui expriment surtout leur impuissance ne suscitent chez moi aucun intérêt. Je préfère détendre, faire de l'humour, que les gens ne se sentent pas pris au piège quand ils viennent « chez moi ». D'ailleurs, en matière d'authenticité, mon expérience de reporter en début de carrière m'a prouvé que l'on obtenait beaucoup plus par l'écoute et le respect que par un « rentre dedans » systématique.

« Qu'y a-t-il derrière ce sourire ? » me demandait un jour Philippe Labro. Traduisez : que peut bien cacher votre sourire ? J'ai bien compris. Ce sourire peut être un masque, et il le fut longtemps pendant mon enfance. C'est celui que j'affichais à l'école lorsque je faisais le pitre pour éviter les questions qui font pleurer : « Alors, il ne te manque pas trop ton père ? » (De cette période, je crois, est née mon horreur des questions idiotes...) Le sourire, celui qu'on me reproche aujourd'hui, est aussi une protection. Le même que j'arbore pour me garder des impudiques, des inconvenants, et qui me sert de garde-fou pour ne pas basculer, corps et âme, dans la vie publique. Des fossettes comme bouclier, voilà mes armes. Le sourire, c'est surtout mon identité. Être accorte, courtois peut paraître un défaut chez certains, pas pour moi.

238

Question d'éducation. On dit que je suis « lisse, consensuel », mais qui le dit vraiment ? Les quinze personnes qui pensent faire l'opinion ? Apparemment, ce n'est pas l'avis de ceux qui apprécient mes émissions. « Excusez-moi de ne plaire qu'au public », avais-je dit un jour à un critique... Une réalité sous forme de boutade, mais c'est la mienne. Et j'en suis très heureux.

De par mon métier, je suis voué à subir les commentaires des journalistes, et la plupart se forgent une opinion d'un coup d'œil : tel animateur est gentil-gentil, tel autre impertinent, pète-sec, coupant, que sais-je encore... Uniquement des appréciations expéditives. En ce qui me concerne, je pense être tout sauf lisse. « Pour se moquer de quelqu'un, il faut le connaître. Pour le connaître, il faut s'y intéresser », disait Coluche, grâce auquel beaucoup apprirent le sens véritable du mot « grossièreté »... La plupart de mes détracteurs ne m'ont jamais entendu à la radio, ne me regardent pas à la télévision, je le sais. En repensant à l'humoriste qui subit tant d'insultes, je revois mes débuts de carrière où les journalistes en charge des chroniques télé démolissaient non pas le produit dont ils étaient censés parler, mais, à travers le produit, l'homme. On me reprochait mon peu d'intellect sans même m'avoir rencontré ou avoir discuté avec moi au téléphone. Comment pouvait-on me juger sans me connaître ? Il me semble que si j'étais journaliste, je m'attacherais à découvrir mon sujet avant de le descendre en flammes. Cette façon de faire, que j'ai ressentie comme une violente injustice, m'a chagriné longtemps, et en début de carrière j'étais d'une sensibilité maladive. J'étais inquiet de ce qu'on pouvait penser de moi, je voulais tout : être aimé, faire l'unanimité, être l'enfant, le frère, l'ami, le mari, l'amant de ceux à qui je m'adressais à travers les ondes... Vaste programme ! Péché d'orgueil,

239

surtout. Depuis, j'ai un peu limité mes objectifs. J'ai surtout appris à me protéger, à juger de mon travail à travers mon engagement, mon enthousiasme et mon honnêteté. La vie s'est chargée de m'endurcir et je crois avoir plutôt bien encaissé les coups, même les plus bas. Lorsque je repense au drame de mon adolescence, je me dis que cette période difficile me servit de laboratoire pour m'amener là où je suis aujourd'hui. En abordant ma vie professionnelle, je savais déjà qu'il ne pouvait pas m'arriver grand-chose de grave, puisque le scoutisme m'avait rodé aux situations périlleuses et que le pire, je l'avais déjà vécu avec la perte de mon père. Connaître à l'avance mes réactions en cas d'événements malheureux me renforça et me permit d'oser davantage.

Derrière le sourire, il y a aussi... ce que j'ai envie de garder pour moi, mon intimité. Comme tout un chacun. Au regard de toute cette exposition, qu'on me laisse de quoi ne pas avoir l'impression d'être complètement nu. Peut-être suis-je légèrement anachronique dans la profession, moi qui ne fréquente ni les soirées ni les cocktails et qui livre peu de ma vie privée. *Malheur à l'homme seul...* Les mondanités ne me semblent pas capitales pour exister dans mon métier. Les conversations obligées m'ennuient. Les gens qui se montrent partout sont ceux qui craignent qu'on les oublie, ou qui sont déjà oubliés. Navré pour les pararazzi, mais moi, après mon travail, je rentre à la maison ! À Paris ou à Marseille, je rejoins mes pénates. Redevenir soi-même, quelques heures, ne plus s'extérioriser en permanence, souffler... Quoi qu'on fasse, ce métier vous expose, vous êtes en éternelle représentation. Même lorsqu'il n'y paraît pas. Sur un plateau, je peux donner l'impression d'être totalement décontracté avec des invités, et converser avec les candidats comme avec mes propres amis. En fait, chaque enregistrement est un condensé de tensions et de stress, qui sont assez oppressants. Ce qui explique que, entre deux réglages et à la moindre pause, je me réfugie dans le silence de ma loge. Contrairement à ce qu'on pense, le naturel à la télévision, ça se travaille, même si j'essaie d'être au plus près de ce que je suis dans la vie. La spontanéité dans ce métier est une qualité qui s'acquiert au fil des années.

Alors que mon image semblait connue et relativement apprivoisée, il semble que, depuis quelque temps, les gens me perçoivent différemment, et je crois devoir cet autre regard sur moi à l'émission *Qui veut gagner des millions ?*. Le fait est que j'y suis profondément moi-même. J'aime les silences habités qui ponctuent les échanges, les coups d'œil en coin des concurrents qui sollicitent une aide de ma part... Ils me dévisagent intensément en tentant d'interpréter chacun de mes haussements de sourcil. Parfois, j'ose à peine respirer ! Il suffit que je dise « Vous êtes bien sûr ? » pour provoquer le doute et l'affolement chez mon interlocuteur. Au-delà du principe de l'émission, un autre jeu se met en place entre les candidats et moi. Il révèle les tempéraments sages et les casse-cou, les hésitants, les influençables et les sûrs d'eux. La polarité dans les duos de personnalités du spectacle est extrêmement intéressante. Comme le rapport de forces, tout en finesse, entre les hommes et les femmes... Quant à moi, derrière mes sourires de bouddha incorruptible, je prends des cours de psychologie passionnants, je continue de m'instruire, et je m'amuse beaucoup.

Parce que les acteurs qui constituent la scène médiatique ne sont pas avares de paroles acerbes, on pense que le milieu de la télévision est le lieu de toutes les intrigues, des machinations les plus diaboliques. C'est une impression fausse. Disons, pas plus là qu'ailleurs... Les requins de ce métier sont ceux qui aiment chiffrer, évaluer, faire du « business » et qui ne pensent qu'à ça. Moi je n'aime pas calculer, voilà pourquoi je n'ai jamais créé ma maison de production. En parfait artisan, j'avance dans mon travail avec le seul souci de me tromper le moins possible dans mes choix. Que les propositions soient toujours en adéquation avec mon savoir-faire et que j'y trouve autant de plaisir, voilà tout ce que je souhaite. Je me souviens qu'à une époque, pour espérer durer, il fallait plaire au patron ou à sa femme. C'est un temps révolu. Comme de vouloir briguer la place d'un autre... Cela ne marche pas. De toute façon, le pire des prédateurs ou des opportunistes doit quand même avoir du talent et, quels que soient ses appuis dans la maison, la sanction viendra de l'extérieur, du public. À la télévision, les clones ne font pas recette : seuls sortiront du lot ceux qui s'illustreront par leur singularité et le lien particulier qu'ils sauront créer avec le public. La fidélité n'est pas un vain mot dans ce métier, et elle fonctionne dans les deux sens. Pour ce qui me concerne, je ne harcèle pas mes responsables hiérarchiques au téléphone, je ne frappe pas aux portes. Pas besoin de me montrer. Ils savent que je suis là et qu'ils peuvent compter sur moi.

Mon père n'a rien vu de mon travail, il n'a pas soupçonné la réussite qui m'attendait, et c'est sans doute le grand regret de ma vie. Il aurait été tellement surpris et heureux, lui qui doutait que je fasse quelque chose de sérieux un jour, de me voir aller jusqu'au bout de mon idée. Toute mon enfance, il me demanda de travailler davantage ; que dirait-il aujourd'hui ? Repose-toi un peu ! Pas une semaine ne passe sans que je pense à lui. J'aurais voulu lui faire tout partager, lui montrer les tournages, les plateaux ; tout l'aurait intéressé, j'en suis sûr. Après m'avoir promené dans son univers, il serait venu dans le mien. Peut-être aurions-nous voyagé ensemble dans des avions modernes, confortables. Tous ces plaisirs que j'aurais voulu lui offrir... Le Concorde, un rêve... Pour le plaisir de rejouer la scène à l'envers : « Il est beau cet avion, hein, papa ? – Beau ? Magnifique, tu veux dire ! – Bon. Alors peut-être que nous le prendrons bientôt... » J'imagine ses yeux, son sourire. Mes occupations nous auraient peut-être éloignés l'un de l'autre mais, même à distance, nous aurions vieilli ensemble. La vie serait passée sur les choses et sur nous. Et, comme tous les enfants devenus grands, j'aurais connu la hantise de le perdre...

Ce qui fait une vie

Des éclats de rire, une exclamation me tirent de ma rêverie. C'est Claude qui annonce sa venue. « Et Jean-Pierre, il est où ? Encore dans sa tanière ? Hé, Jean-Pierre, tu te dépêches ? On a soif ! » J'arrive, les enfants, j'arrive... Où étais-je parti ? Loin, si loin dans les souvenirs. Quelle plongée... Pas facile de revenir du passé où tous les objets de cette pièce me convoquent dès que j'y mets le pied. Ici, le temps s'arrête et m'emporte malgré moi. Quelle heure peut-il bien être ? Une brise légère s'infiltre par la fenêtre entrouverte, une lumière orangée teinte le plafond et les murs du bureau, baignant mon petit univers d'un halo très doux. La journée a filé comme la vie. De la terrasse, le coucher de soleil doit être splendide. Je vais monter, mais qu'on m'accorde quelques minutes encore, le temps de prendre congé de ma grotte et de son précieux silence.

Elle est tellement calme cette maison, quand le soir tombe et que le souffle de la houle berce les dernières heures du jour. Durant ces week-ends marseillais, je me déconnecte presque violemment de la vie parisienne. Le téléphone mobile n'est jamais très loin, c'est vrai, et je le consulte une bonne dizaine de fois dans la journée, mais c'est plus un réflexe qu'un véritable souci de répondre présent. Impossible de l'oublier tout à fait. Je me connais, s'il ne se manifestait pas une seule fois pendant ces quarante-huit heures de pause, je m'inquiéterais. Sinon, je ne suis là que pour ma famille et les quelques amis qui me font le plaisir de venir jusqu'à moi prendre l'apéritif ou déjeuner. Hormis les baignades, les balades en bateau quand le temps le permet, je ne fais rien d'autre que de respirer à pleins poumons l'air marin, les parfums de pin et de lavande, et de bricoler, dans mon garage ou dans mon antre. Ici, je me régénère pour toute la semaine. La Provence et la mer me sont devenues indispensables, comme le marché de Carry-le-Rouet le vendredi matin. La grasse matinée n'ayant pas cours chez nous, je suis un des premiers à choisir le poisson fraîchement pêché, les dorades, les loups, les rougets qui nous régaleront à midi. D'un étal à l'autre, les accents s'apostrophent, les taquineries fusent... « Vé, mon poissong, il est un peu plus frais que toi ! » Ces plaisanteries, je ne m'en lasse pas. Je me souviens que, à mes débuts à RMC, on me reprenait sur les « o » que j'ouvrais un peu trop pour dire « Côte d'Azur ». À l'inverse, en 1967, après quelques mois passés à Europe 1, Lucien Morisse m'engagea pour une émission matinale, entre six et sept heures, et imagina une campagne de pub dont le slogan était « Six heures, un accent ensoleillé vous réveille ». Moi qui avais travaillé à gommer les quelques terminaisons traînantes qui me restaient, il me fallut les retrouver dare-dare. Pas de chance !

« Qu'est-ce que tu bricoles, on t'attend ! » Impatient, Claude a dégringolé les escaliers pour m'arracher à mon bureau, comme on extirpe un crustacé recroquevillé au fond d'une coquille. En fait, il voulait me montrer quelque chose. « Regarde ce que j'ai trouvé ce matin ! » dit-il en sortant d'un emballage douteux un ravissant petit électrophone Tepaz des

246

années 60 couleur vert d'eau, qu'il vient de dégoter aux puces. La brocante, c'est sa marotte. Il est pire que moi, une vraie folie. Parfois, nous revisitons nos capharnaüms respectifs, il me sort ses dernières acquisitions, un poste à galène, un 45-tours d'Elvis Presley, « ... vingt ans que je le cherchais, c'est un collector ! », ou un enjoliveur de Panhard, et nous feuilletons ensemble les albums bourrés de photos du lycée, des premiers articles de nos débuts. Là-dessus, on se comprend. Nos goûts, nos passions n'ont pas changé. Avec Claude, je peux décider d'une seconde à l'autre d'aller faire une balade en bateau aux Embiez, une presqu'île près de Bandol, de dormir sur place et de rentrer le lendemain. Le temps d'une excursion, nous redevenons les deux adolescents qui crapahutaient ensemble. Avec juste la tête un peu mieux vissée sur les épaules. Je peux voyager une heure avec lui en voiture et rester muet pendant tout le trajet. C'est peut-être cela, la vraie complicité. Et le silence, je l'affectionne parce qu'il me protège, comme le sourire. D'ailleurs, les gens qui ont un avis sur tout et répondent à des questions que personne ne leur pose m'exaspèrent. Parce que mon métier veut que je communique à tous crins, je déteste parler pour ne rien dire. Pas de risque que cela m'arrive ici, à Marseille, près de ceux qui m'ont connu et aimé « avant », avant le tourbillon médiatique, la notoriété, ceux qui sont là depuis toujours.

Par la volonté de Celui qui tire les ficelles, je me retrouve habiter juste à côté de chez Claude, grâce à qui ma carrière a commencé, il y a presque quarante ans. Jamais je n'aurais imaginé, en le rencontrant en classe de seconde, que nous finirions vraisemblablement nos jours en discutant vieilles bagnoles, pêche et bricolage. Pendant des années, nos occupations nous ont éloignés. Quand j'étais à Paris, il était dans le Midi, et vice versa. La maison de Carry a scellé nos retrouvailles. Il habitait ici depuis quelques années lorsque, en 1989, le propriétaire de la maison que j'occupe en interrompit la construction et mit en vente le terrain avec les fondations. Un drame familial l'obligeait à partir. Dès qu'il en fut informé, Claude m'appela à Paris pour me prévenir et, dans l'heure, je décidai d'acheter les quatre murs à demi érigés sur un terrain que je n'avais jamais vraiment regardé. Tout ce que je savais de cette nouvelle acquisition, c'est que, une fois la maison construite, elle aurait presque les pieds dans la mer. Bien peu de chose pour quelqu'un d'aussi prudent que moi mais, cette fois, je fonçai. Tôt le matin, je pris un avion de Paris en direction de Marseille, signai l'acte de vente au notaire qui m'attendait à l'aéroport de Marignane, et repris le même appareil en partance vers la capitale. Ma main tremblait au moment de signer, je l'avoue. Pendant vingt ans, j'avais hésité, n'osant pas me lancer dans un tel achat. L'idée d'emprunter de l'argent, de m'engager pour des années de crédit m'effrayait. Alors que je travaillais depuis l'âge de dix-neuf ans sans discontinuer, je craignais de voir les contrats se raréfier, même si, à chaque rentrée, je signais pour de nouvelles émissions. Je l'ai dit, les mésaventures paternelles m'ont marqué à jamais et l'idée que la chance puisse tourner ne me quittera pas. Combien de fois ai-je pensé : « Et si tout s'arrêtait demain ? » Mes inquiétudes ne se calment pas avec des « on verra bien », et je reste un incorrigible défaitiste qui craint toujours de ne pouvoir respecter ses engagements, un boulimique de travail qui satisfait autant un véritable plaisir que la peur de manquer. Cette angoisse souvent injustifiée fut sans doute nécessaire pour m'inciter à travailler davantage et mieux. Finalement, c'est peut-être une force de penser que le succès n'est jamais définitif, cela vous rend vigilant et philosophe.

« C'est fou... Toi aussi, tu as tout gardé... », remarque Claude, songeur, en détaillant une vieille photo de classe

248

maternelle. Tout, effectivement. Les bulletins de notes de différentes écoles qui eurent l'honneur de me compter parmi leurs effectifs avant de me renvoyer, les lettres de mon père reçues à Cardiff. Même mon premier billet d'avion. Pourquoi l'ai-je conservé ? Je l'ignore, quoique prendre l'avion, à l'époque, ce n'était pas si banal. Il y a aussi ma lettre d'embauche à Monte-Carlo, suivie, six mois plus tard, par ma lettre de licenciement, mon premier tableau de service à la radio, ma première lettre de fan, tout, tout, tout, classé, rangé dans des boîtes, des albums, des carnets... Trois gros classeurs contiennent mes revues de presse : chaque année, TF1 m'envoie une compilation des articles parus dans l'année. Je les garde tous, même si je ne sais plus où les mettre. Les cadeaux également, dont certains font aujourd'hui partie de ma vie. Ainsi, cette caricature réalisée par Morchoisne me représentant en pur-sang de Camargue, qui me plaît assez car il me rappelle *Crin Blanc...* même s'il m'a dessiné les dents en avant comme si j'allais mordre. Est-ce vraiment l'image que je donne ?!

Sur le mur le plus proche de moi, j'ai fixé un tableau offert par Michel Arthur, un artiste peintre. Je le regarde très souvent. Il s'agit une aquarelle représentant la chère Delahaye, d'après une photo de papa au volant de son magnifique cabriolet qu'un magazine avait publiée. Aujourd'hui, l'original s'abîme chez un collectionneur qui la bichonne sans doute moins que ne le faisait mon père. Jamais je n'oublierai le jour où mes collaborateurs de *Sacrée soirée* me firent la surprise d'amener la Delahaye jusqu'au plateau de l'émission. Je la reconnus au bruit et à l'odeur. J'étais éberlué, terrassé d'émotion... et de déception. Je dois l'avouer ici. C'était bien la voiture de mon père, oui, mais recouverte d'une horrible peinture bleue qui me la rendait méconnaissable. « Ni tout a fait la même, ni tout à fait une autre », comme dit le poète. Je dus m'approcher d'elle et lire la plaque *Marcel Foucault*, encore vissée sur le bois du tableau de bord, pour être sûr d'avoir en face de moi notre ancien trésor. La Delahaye étant viscéralement liée à mon père, quand je la vis, l'idée de la faire revenir dans notre famille commença à germer dans ma tête. Lorsque je confiai à maman mon désir de la racheter à son propriétaire, elle s'énerva, trouvant la dépense excessive. « Ça ne vaut pas le coup, Jean-Pierre, je t'assure. Il ne faut pas. » Elle d'habitude si calme sortait de ses gonds, ce projet semblait la perturber. Plus tard, j'y repensai et compris ce qu'elle avait voulu me dire. « La Delahaye, c'est notre jeunesse à tous, l'objet qui nous rappelle le plus ton père et qui représente l'époque où nous vivions heureux, tous ensemble. Mais, Jean-Pierre, toute Delahaye qu'elle soit, elle ne nous le ramènera pas. » Maman avait raison. Je ne rachèterai pas cette belle voiture. Qu'elle vive sa vie, désormais. Sur le mur, à hauteur de mes yeux, la reproduction est plus vraie que nature. Et dans mon souvenir, le cabriolet caracole dans sa longue robe grise, sur les routes ensoleillées de Provence, avec mon père au volant, le menton altier, le bras négligemment posé sur la portière. Tout seul, au beau milieu de la voie.

Dans le tiroir de mon bureau, des lettres s'empilent, des petits mots, certains écrits par moi, que je relis pour retrouver les amis disparus. Entre autres, la lettre que j'ai rédigée, il y aura bientôt dix ans, quelques heures après la mort de Jean-Marie, mon copain d'enfance, mon vieux complice dans la chasse aux fantômes... La vie ne nous avait pas séparés mais, contre le méchant crabe, notre amitié dut s'incliner. Des années durant, lorsque je vivais à Monte-Carlo, il vint assister à mes émissions, heureux de mes premiers succès. Lui travaillait dans une banque avec un peu d'ennui, en attendant de réaliser ses rêves. Il n'en eut pas le temps. Quand je téléphonais à l'hôpital, il me prenait toujours de vitesse en disant : « Comment vas-tu ? » Ma réponse se brisait dans l'émotion. Quelques semaines avant sa mort, nous avions organisé un repas en son honneur chez Paul Léaunard, « Paulo », dont la cave est réputée et qui, pour l'occasion, avait sorti ses plus grands vins. Jean-Marie était aux anges. Je me souviens de sa façon de nous appeler « mon grand », alors qu'il nous dominait tous d'une tête. Il était solide, costaud, jamais je n'aurais imaginé que la maladie puisse prendre possession de cette grande carcasse, qu'elle nous enlèverait quelqu'un d'aussi fort... Jean-Marie parlait de son envie de partir au soleil, en vacances. Après... Un après auquel nous préférions ne pas songer. Et il n'y en eut pas. Tous, nous savions que la mort approchait. Il lutta avec courage, le sourire aux lèvres, mais cela ne suffit pas. Ce combat inutile laissa en moi un pénible sentiment d'impuissance et d'injustice. La veille de sa mort, lors de ma dernière visite, il s'excusa de ne pouvoir garder les yeux ouverts. Déjà, il s'éloignait. Il partit comme il avait vécu, avec gentillesse et générosité. Un clin d'œil à son infirmière et il appareilla pour d'autres contrées. Le soir même, mû par une irrésistible envie de lui dire, une dernière fois, mon estime, mon affection, je lui adressai une lettre qui jaillit de ma plume comme une cascade de larmes. « Ne pleurons pas, lui écrivais-je pourtant en terminant cette lettre. Imaginons ton bonheur, ta joie quand dimanche, en arrivant là-haut, tu as pu enfin, quarante-sept ans après, embrasser ton père ! Si tu vois le mien... embrasse-le pour moi. » L'idée que mon meilleur ami et nos deux pères se soient retrouvés m'est infiniment douce et consolatrice.

Une lettre récente est venue s'ajouter aux autres, celle du père Stanislas, père Stan comme nous l'appelions au camp

scout. Je n'avais pas de nouvelles de lui depuis plus de quarante ans... « Je suis toujours en vie ! » m'écrit-il joyeusement.
Âgé de quatre-vingt-un ans, il vient de reprendre contact
avec moi après m'avoir entendu évoquer, sur une chaîne
catholique, mon passage chez les scouts et ma retraite à En
Calcat. Il souhaite que mes pas me portent à nouveau vers son
abbaye, qu'il n'a jamais quittée. « Puisque vous savez apprécier les vertus du silence, sachez que vous serez accueilli ici les
bras ouverts et que vous y trouverez un vieil ami », m'écrit-il.
J'aimerais le revoir, bien sûr, et quelques jours de calme
absolu seraient les bienvenus, mais comment trouver le temps
de faire un saut là-bas ? J'ai beau m'en défendre, le tourbillon
professionnel m'emporte malgré moi. Quoi qu'il en soit, si
nous devons nous retrouver, ce sera dans le silence mais aussi
en dehors de l'abbaye : je voudrais lui parler autrement que
par signes !

Au pied du bureau, j'ai posé la boîte en bois contenant les
cartes postales de mon père. La fameuse boîte à rêves qui,
paradoxalement, ne suscita en moi nul désir de voyages, de
périples. Si mon métier m'a fait découvrir le Brésil, les États-
Unis, l'Iran, le Yémen et bien d'autres pays, à titre personnel
l'aventure, le tourisme ne me tentent pas. En fait, je suis très
casanier, fidèle aux lieux que j'ai apprivoisés, comme l'île
Maurice, où je vais tous les ans. J'y ai mes marques, là-bas
on connaît mes habitudes, je sais qu'on ne va pas m'ennuyer.
J'ai confiance. Peut-être est-ce de la paresse, un manque de
courage, une certaine frilosité, la peur de l'inconfort, de l'in-
attendu... La peur d'être déçu, aussi. Finalement, je reproduis
la manière d'être de mon père, qui ne voyagea que pour son
métier. Je ne me souviens pas qu'il soit jamais parti en
vacances à l'étranger avec maman.

Sur le mur, derrière moi, j'ai accroché une dédicace de Jean Marais, qui date du début des années 80, après sa venue à *L'Académie des neuf*. « Pour Jean-Pierre, que j'admire... » Un dessin, un visage esquissé qui rappelle l'univers de Jean Cocteau. Je ne sais pas ce que Marais admirait en moi mais, venant de cet acteur magnifique, ces paroles m'honorent et me touchent infiniment. Dans un placard à côté sont réunis quelques objets de Tati, ceux qui occupaient son dernier périmètre de vie à la maison de retraite. Son pauvre livre de prières, usé jusqu'à la trame – maintes fois remplacé pourtant –, qu'elle feuilletait du réveil jusqu'au coucher, ses papiers d'identité, ses lunettes, un trousseau de clefs. Son tout petit monde se résumait à cela. Restée demoiselle jusqu'à soixante-huit ans, un âge où tant de femmes s'enferment dans un isolement définitif, elle décida de prendre un compagnon sur petite annonce et se maria grâce au *Chasseur français* ! À l'époque, la démarche était courante. Trois ans plus tard, son mari décédait et elle retrouvait sa solitude. Lorsque ma tante fut trop âgée pour vivre seule, je l'installai au Soleil du Roucas, une maison médicalisée sur les hauteurs de Marseille, face à la mer. Jusqu'à la fin de ses jours, je suis venu tous les week-ends, et parfois en milieu de semaine quand je la sentais fragile. Elle m'attendait avec une impatience joyeuse. Selon les saisons et ses envies, j'apportais des oursins ou des huîtres, que je faisais ouvrir avant chez l'écailler *Au Pescadou*, des fraises et des framboises qu'elle dégustait avec des grâces de petit chat. Et toujours des fleurs et des gâteaux. Lorsqu'elle voyait la boîte en carton de la pâtisserie Saint-Victor, son sourire s'élargissait. Un bon moment en perspective !

Nous déjeunions ensemble sur sa petite terrasse, comme nous aurions joué à la dînette. Souvent, ma tante me parlait de mon père, me racontait le lien qui les unissait, leur estime

253

réciproque. La guerre, les épreuves avaient soudé le frère et la sœur comme jamais. Elle évoquait l'adolescent débrouillard et entreprenant qu'il avait été, et je l'écoutais fasciné, ému. L'après-midi, Tati conviait ses voisines de chambre à partager ses pâtisseries, heureuse de leur montrer qu'on ne l'oubliait pas. Ensemble, nous regardions les coupures de presse me concernant qu'elle avait découpées dans les magazines. Elle ne manquait aucune de mes émissions à la télévision ou à la radio. « Comme ça, j'ai l'impression que tu es là... », me dit-elle un jour, ce qui me donna une joie supplémentaire d'être à l'antenne au quotidien. Je lui devais bien cette attention, cette présence, elle m'a tellement gâté. À la nuit tombée, avant que je ne reparte pour Paris, je restais à son chevet, mes mains posées sur les siennes, en silence. Ses regards vers moi étaient intenses, comme si elle se remplissait de ma présence pour patienter jusqu'au samedi suivant. C'était surprenant de la voir presque immobile, elle qui fut si active toute sa vie, un vrai bulldozer. À présent, elle se laissait vivre... avant de se laisser mourir. Nous partageâmes cette intimité, ces rires pendant une dizaine d'années, puis, à quatre-vingt-douze ans, quand la faiblesse l'envahit, elle s'endormit tranquillement, sous le regard bienveillant de Notre-Dame-de-la-Garde et dans les bras d'Évelyne, alors qu'un tournage me retenait à Paris. J'étais heureux de l'avoir accompagnée jusqu'au bout, qu'elle ait profité un peu de ma réussite, qu'elle en ait ressenti fierté et satisfaction. Puisque mon père n'en avait rien su, il me fallait en rendre compte à quelqu'un qui était de sa famille, de son sang. Ma tante Delphine. Tati.

Tous ces souvenirs me baladent entre mélancolie et amusement. Comme ces objets qui marquèrent mes débuts : un micro, une immense ampoule d'émetteur, la plaque du studio de mes tout débuts au 41, à La Canebière. Sur une étagère, une pierre de l'immeuble qui abritait Radio-Monte-Carlo où j'ai travaillé pendant vingt-cinq ans, démoli en avril 2004. À ma demande, mon ami et complice de RMC, Max, qui vit à Nice, me l'a rapportée. Je sais que dans quelques années je serai content de la prendre en main, de la caresser en repensant à mes dix-huit ans.

« Dis donc, t'étais beau gosse à l'époque ! » plaisante Claude en regardant le mur du couloir d'entrée. Près de la porte, j'ai fixé les unes de couvertures que les journaux m'ont consacrées au fil des ans. La première, je l'ai accrochée comme n'importe quel débutant fier de son petit succès médiatique, ensuite je me suis piqué au jeu et ma collectionnite aiguë a pris le relais. D'un simple coup d'œil, de 1966 à aujourd'hui, je peux mesurer le parcours accompli et me regarder vieillir sur papier glacé. Comme un musée permanent. Je crois ne rien avoir oublié des lieux de pose de chacune des photos et du photographe qui les a prises. Ma vie est là, sur le mur, et j'ai l'impression que c'était hier... Qu'est-ce qui fait une vie ? Cela et beaucoup d'autres choses invisibles pour les yeux. « Quand je pense qu'à notre mort nos enfants feront une belle flambée de tout ça... », murmure Claude en jetant un dernier regard sur les objets, les classeurs qui occupent la pièce. Ces souvenirs conservés avec soin, il suffira juste d'une allumette. Ou bien on les retrouvera sur un stand d'un marché aux puces... En paquets, en lots : cent photos de Jean-Pierre Foucault ! Un passant s'arrêtera peut-être et dira à son amie : « Tiens ! Tu te souviens de Jean-Pierre Foucault ? Mais si, tu sais bien, l'animateur de *Qui veut gagner des champions ?*... ou *des millions*, oui, c'est ça... Dis donc, ça fait un bail... »

Que de souvenirs, que de visages... Et tous ces noms qui se télescopent dans ma tête, si familiers, si lointains. La boulangerie Menelik, la charcuterie Mingo, le boulevard des Neiges, le quartier du Lapin blanc, la Cité radieuse, la pointe du Roucas blanc... Ces noms cocasses ou poétiques qui peuplèrent mon enfance, aujourd'hui enchantent mes souvenirs. Tous ces lieux résonnent encore en moi, comme les rues, les places et les amours perdues rythment les romans de Modiano. Cette prison des Baumettes dont les murs couleur ocre nous semblaient hauts comme des falaises et qui, à présent, sont presque à hauteur d'homme... Quand avec mes copains nous longions à vélo l'enceinte qui délimitait pour nous le monde des bons et des méchants, nous priions le Ciel de n'avoir jamais à y séjourner. Et ce boulevard Leau que j'aurais sans doute oublié si mon copain Christian Rousset ne m'y avait pas offert ma première cigarette, dont le souvenir est définitivement lié au grain de café qu'il me fourrait dans la bouche immédiatement après pour enlever le goût du tabac.

Je suis retourné récemment dans le quartier de Bonneveine. La maison est toujours là, avec les deux garages et, au-dessus de la porte d'entrée, ce numéro 44 un peu stylisé que mon père avait soigneusement collé. Je le revois grimpé sur une échelle, descendant et remontant à plusieurs reprises pour vérifier le bon positionnement des chiffres. En me haussant sur la pointe des pieds, j'ai aperçu la cime des arbres fruitiers du jardin, le haut des marches, la maison au fond. Rien n'a changé. Mais le parcours emprunté pour refaire le chemin jusqu'à la maison, lui, je ne l'ai pas reconnu. Cette route que j'ai prise tant et tant de fois, à pied, en courant lorsque j'étais en retard et que la famille m'attendait pour dîner, en vélo, seul ou à deux dans un équilibre branlant, en Solex ou en voiture, ce trajet de la maison sur lequel, enfant, on semble passer sa vie, je lui étais étranger et il ne m'était rien.

« On s'était pourtant juré de ne jamais devenir adultes... »,
murmure Claude en refermant l'album de notre jeunesse et
en quittant la pièce. Je souris. Il a donc oublié comme nous
étions pressés d'être autonomes et libres, de fuir le joug des
parents ! Je le sens un peu nostalgique, ce soir... Les années
passant, nous avons calmé nos folies, réfréné nos ardeurs,
heureusement pour nous ! Mais nous sommes parvenus à
préserver notre amitié, ce n'est pas si courant, et nous rions
aux mêmes bêtises qu'autrefois. Allez, fermons la malle aux
souvenirs et rejoignons la compagnie des hommes. De la
terrasse où mes amis m'accueillent le verre à la main, je vois le
soleil disparaître à l'horizon, comme avalé par la mer dans une
dernière effervescence de feu. Au loin, des oiseaux passent en
ombres chinoises et traversent les variations colorées du ciel.
Planté au milieu des vagues et indifférent à leurs morsures
répétées, le phare de Planier semble attendre son heure. Il est
là, dans l'obscurité naissante, et il veille. Pour l'heure, il se fait
discret, mais quand la nuit enténébrera le paysage, il balaiera
les falaises et notre maison chaque dix secondes d'une caresse
lumineuse et rassurante. En fidèle gardien de nos rêves.

Remerciements

Mme Paula Foucault, Anne Foucault-Quilichini, Françoise Foucault-Chiozza, Michel Foucault, John Gelbart, Claude Moreau, Jacques Ollivary, Jean-Claude Gaudin, Jean-Louis Sarre, Léon Orlandi, Jean-Daniel Lorieux.

À Claude Mendibil qui avec délicatesse, patience et obstination a su me confesser, me faire dire ce que j'avais enfoui dans ma mémoire, jour après jour pendant quelques mois. Qu'elle en soit ici chaleureusement remerciée.

Table des matières

Retour dans ses pas   11
Dans mon antre   29
Pessa dite Paula   37
À Bonneveine   69
Les cahiers au feu   107
La mort de mon père   139
Les années MOFO   165
Semailles et vendanges   209
Ce qui fait une vie   245

Remerciements   259

Photocomposition CMB Graphic
44800 Saint-Herblain

Impression réalisée sur CAMERON par

BRODARD & TAUPIN
GROUPE CPI

La Flèche

pour le compte des Éditions Calmann-Lévy
31, rue de Fleurus, Paris 6e
en janvier 2005

Imprimé en France
Dépôt légal : février 2005
N° d'éditeur : 13827/01 – N° d'impression : 27789